U0940272

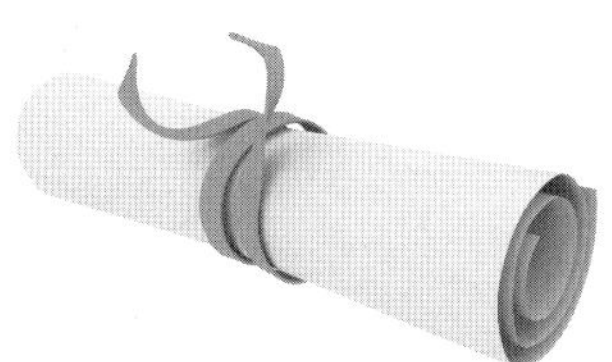

黄埔风云榜
Huangpu Popularity Ranking List
HUANGPU
POPULARITY
RANKING LIST

辛亥革命发生，他积极响应，回国革命。护法运动、北伐东征，不遗余力，一心革命。1925 年孙中山去世之后，论党内地位，论革命资历，廖仲恺、胡汉民、汪精卫、许崇智皆在蒋介石之上。谁知廖仲恺遇刺，蒋介石联汪驱胡倒许，再迫汪出走，未及二年，就顺利地成为了国家的最高领袖。中原大战，横扫南北，东北易帜，形式上完成了民国的统一。

他也是爱国的，只是在“攘外”与内战之间做出了错误的决策，说什么“攘外必先安内”，置国内矛盾于民族矛盾之上，面对日寇的入侵与屠戮，一度一味地丧师失地，百姓流离，最终民怨沸腾，至日本发动全面侵华战争，才不得不主张地无分南北，人无分老幼，一致抗日，在正面抗日战场做出了巨大的牺牲与贡献。

他能成为枭雄，在于打造了一个黄埔军团。在“一个主义一个党”的理念指导下，树立个人权威，树立服从意志，倾力打造黄埔系。除了对手红色黄埔系外，在蒋记黄埔系内，他亦不让任何人独大，而是制造了“三鼎甲”格局：陈诚土木系、胡宗南系、汤恩伯系，外加何应钦系、顾祝同系、戴笠系，培养了“五虎上将”、“八大金刚”、“十三太保”，乃至一百零八黄埔名将。

黄埔枭雄蒋介石

HUANGPU POPULARITY RANKING LIST

张晓兰◎著

人民东方出版传媒
東方出版社

责任编辑：孙兴民
装帧设计：史宪罡
版式设计：东昌文化
责任校对：张　彦

图书在版编目（CIP）数据

黄埔枭雄蒋介石 / 张晓兰 著 . – 北京：东方出版社，2014.1
（黄埔风云榜系列）
ISBN 978 – 7 – 5060 – 5553 – 6

I. ①黄…　II. ①张…　III. ①蒋介石（1887~1975）– 生平事迹
IV. ① K827=7

中国版本图书馆 CIP 数据核字（2012）第 250845 号

黄埔枭雄蒋介石
HUANGPU XIAOXIONG JIANGJIESHI

张晓兰　著

東方出版社 出版发行
（100706　北京市东城区隆福寺街 99 号）

保定市北方胶印有限公司印刷　新华书店经销

2014 年 1 月第 1 版　2014 年 1 月北京第 1 次印刷
开本：710 毫米 ×1000 毫米 1/16　印张：21　字数：290 千字

ISBN 978 – 7 – 5060 – 5553 – 6　定价：40.00 元

邮购地址 100706　北京市东城区隆福寺街 99 号
人民东方图书销售中心　电话（010）65250042　65289539
发行电话（010）65210059　65210060　65210062　65210063

黄埔枭雄蒋介石
HUANGPU XIAOXIONG JIANGJIESHI

目 录
CONTENTS

绪论
历史天平上的蒋介石

一度君临天下四分之一个世纪的蒋介石，一度左右20世纪中国历史走势的蒋介石，吸引着人们对他进行不懈的研究。然而，在这浩如烟海的研究、探讨中，蒋介石的历史形象却不断地被扭曲着：有些人称他为“野心家”、“阴谋家”、“革命叛徒”、“人民公敌”……，而另一些人则称他为“政治家”、“军事家”、“革命领袖”、“民族救星”……。但是，这些泾渭分明、反差巨大的形象，无论是正面的，还是反面的，都是经过了“有色”的人“包装”而出笼的。如果我们想要真正了解民国的史事，想要认识一个比较真实的蒋介石，就要拨开层层的历史迷雾，以一个局外人的心态来看待民国时期的血雨腥风。

在这里，我们可以很客观地说，蒋介石不是一个完人，也不可能是一个完人。他叱咤风云的一生，既是光辉灿烂的缩写，也有阴暗无光的画卷。那么，在民国那段大开大合、风雨飘摇的动荡年代，蒋介石又是如何挥洒出他人生的浓墨重彩的呢？让我们回到几十年前烽火四起的年代，去追寻他黄埔起家、北伐督军的足迹，去感受他君临天下、左右时局的豪情，去体悟他内外交困、举步维艰的无奈，去全方位、多角度地接近和认识蒋介石这位民国时代的“黄埔枭雄”。

蒋介石出生于一个战火连年、局势动荡的年代。所谓“盛世兴文，乱世习武”，在枪杆子成了挺直腰杆的本钱的时代，但凡有血性、有良知的爱国志士，莫不以投笔从戎、振军兴国为己任。蒋介石，这个浙江溪口没落盐商的后代，也并未按照父辈的设想去走一条金榜题名、光宗耀祖之路，而是跟从时代的潮流选择了弃文从武，铁血治世。然而，蒋介石在 35 岁之前并不显山露水，也没什么惊天壮举，甚至还有些穷困潦倒，以至于不得不投机十里洋场，不得不托庇清堂帮会，甚至于混迹于烟花柳巷。只是“时势造英雄”，更值得蒋介石庆幸的是，他“打天下”的创业经历，正好与中国历史风云际会。

1911 年，24 岁的蒋介石在陈其美的带领下，义无反顾地走上了革命道路，也就在不经意间融入了中国近代化的进程，13 年之后，宦海沉浮、潮起潮落的蒋介石，已然开始左右中国历史的走向，1928 年，41 岁的他更是获得了压倒一切的权力，走上了人生的巅峰。蒋介石似乎是在一夜之间崛起于中国政坛的。不过，他“成功固然出于意外之迅速，失败也来得离奇”。曾几何时，势不两立、刀剑相向的国内各派势力，在国家民族生死存亡的关键时刻，本着“兄弟阋于墙外御其侮”的精神，承认蒋介石为民族领袖、最高统帅，然而，就在中国出现和平统一的一线希望之时，被胜利冲昏了头脑的蒋介石，却妄图携着抗战胜利的余威，一劳永逸地解决共产党问题。孰料，他的八百万大军竟在短短三年之内，湮灭在了人民战争的汪洋大海之中，而他自己也不得不仓皇诀别大陆，偏安孤岛台湾。

也许，共产党问题是蒋介石一生最大的遗憾，不过，“祸兮福之所倚”，他在大陆无法实现的政治抱负，却在亡命孤岛之后实现了，例如，土地改革、地方自治、教育普及等等。如此的结果，蒋介石也许做梦都没有想到！遥想当年，对国家未来充满无限憧憬的他，空有振军兴国、整顿吏治的抱负，却没有一展拳脚的广阔舞台，各大派系的掣肘，地主买办的叫嚣，无不让他瞻前顾后，举步维艰。毕竟他只是各路诸侯中实力较强的一股力量，毕竟他离不开大地主、大买办的鼎力支持。“同志之间，派系分歧，利害摩擦，……以致整个的党（指国民党），形成一片散沙，最后共党乘机一击，遂致全盘瓦解，彻底崩溃”，这些话是蒋介石的肺腑之言，这些现象让他痛心疾首而又无奈万分！不过，40 年代大动乱的清洗和淘汰，却在某种程度上帮他消除了党内倾轧，从而为蒋介石在我国台湾地区进行大刀阔斧的改革营造了条件，台湾地区的经济实力随之跨入了“亚洲四小龙”的行列。

可以说，“另起炉灶，重建基础”的蒋介石，在台湾地区的实验还是相当成功的。能够迅速走出在大陆失败的阴影，而在台湾地区建立起稳固的统治，除了蒋介石之外，还有何人能做到！实际上，蒋介石是至今唯一同时统治过大陆和沿海地区台湾岛的近代中国领导人，不管是从大陆“败寇”这一角度来说，还是从台湾“成王”这一角度来说，蒋介石均是对中国历史具有远大影响的罕见人物，也是对中国历史发展有着大功大过的复杂的民国枭雄。

一、蒋介石的大过

蒋介石的大过有目共睹，不容抹杀。

1. 清党剿共

在全国革命形势不断高涨之际，逐渐褪去“左派光环”的蒋介石，在寻找到新的靠山后，有恃无恐地背叛了革命，从南昌到九江，从安庆到上海，走一路，杀一路，踏着血迹斑斑的尸体铺就的“黄金路”，他一步步地走向了权力巅峰！蒋介石的行为纯属恩将仇报，他竟将枪口对准了用生命为之摇旗呐喊的革命“友党”，他竟突然从背后向“生死与共”的兄弟举起了“屠刀”，如果没有兄弟阋墙，国民党不会分裂；如果没有清党剿共，国家不会陷入内乱。各派齐心协力、扫除北洋军阀、建立强大国家，并不是不可能之事，蒋介石也完全可以凭借当时的威望，以及领导北伐的功绩，成为名副其实的国家统帅。可惜，他太性急了，为了大权独揽，乾纲独断，他不惜一切，最后他成功了，不过丧失了民心，也种下了苦果。

2.“攘外必先安内”

在日本侵略者不断蚕食中国领土之时，蒋介石执行“攘外必先安内”的政策，恐怕是他一生所犯下的最大的错误。这个错误的严重程度不仅最后注定了蒋介石自身的命运，也给中华民族带来了灭顶之灾。其实，“九·一八”事变只是日本对中国的一次试探，当时日本并无力发动大规模战争，在是否大举侵略中国问题上一直犹豫不决，是蒋介石妥协退让的政策，以及东北军拱手让出领土的举动，极大地坚定了日本武力全面入侵中国的决心。与此同时，东北地区丰富的资源及广阔的市场，帮助日本摆脱了20世纪30年代世界经济危机的阴影，并使其初步获得了全面侵华的能力。可以说，“九·一八”事变是日本14年侵华战争中，代价最小、得利最大的一次军事行动。自此之后，日本政府通过“以战养战”的策略，把东北作为战争的后勤基地，向中国内地步步紧逼，直至1937年发动全面侵华战争，中国的半壁江山随之陷入日本的铁蹄之下。虽然蒋介石最终经过“西安事变”这场兵谏，结束了对共产党的穷追猛打，并加入了抗日民族统一战线，不过，可惜的是，中华民族已为此付出了沉重的代价，也错过了扼杀罪恶萌芽的最好时机，而蒋介石引以为豪的“黄金十年”，竟以南京大屠杀作为结局。

3. 全面内战

抗日战争胜利结束之后，蒋介石的形象变得高大起来，“抗战领袖”、“民族救星”、“全国统帅”的桂冠，一顶顶地戴在了他的头上，长期受其打压、追杀的中国共产党，也在国民党承诺实现政治民主化的前提下，承认了蒋介石在全国的领导地位。然而，太过迷信武力的蒋介石，为了实现其专制独裁统治，亲手扼杀了中国实现民主的最后一点可能。不顾及民众呼声的蒋介石，最终也被民众无情地抛弃了，如果蒋介石没有挑起内战的话，依当时国内局势和民心所向来看，他完全可以成为联合政府的首脑，完全可以弥补过错，名垂千史，只可惜，历史永远没有假设！

二、蒋介石的大功

毋庸置疑，蒋介石是有大过的，但是，他的大过并不能掩盖他的大功。尽管世人对他的评价见仁见智，但是，有一点是可以肯定的，他领导北伐，一统中国；整合力量，抗日卫国；稳固边疆，维护主权，这些都有功于民族，无愧于后世。

1. 领导北伐，统一中国

自 1916 年袁世凯抑郁而终后，群龙无首的北洋军阀分裂成了直系和皖系，随后，奉系、桂系、滇系等相继形成，为了争夺地盘，扩充实力，各派军阀连年混战，以致社会动荡，民不聊生。自此之后，打倒北洋军阀，武力统一全国，成了中国人民的迫切愿望，因而，孙中山决意为民请愿，誓师北伐，只可惜，天不假年，未能如愿！孙中山病故之后，继承总理遗志的蒋介石，凭借黄埔军事集团，领导国民党进行了两次北伐，不仅扫除了割据地方的旧军阀势力，整合了中国的军事力量，还打击了帝国主义和封建军阀的反动统治，从而在形式上完成了对全国的统一。尽管这种形式上的统一有名无实，但它毕竟结束了军阀混战的局面，并巩固了中央政府的权力，对觊觎中国领土已久的日本来说，这不啻于晴天霹雳。毕竟在外敌入侵之时，一个统一的、强大的中央政府的存在，为整合全国力量抗击外国侵略者创造了有利的条件。

2. 整合力量，抗日卫国

“如果战端一开，就是地无分南北，人无分老幼，皆有守土抗战之责任，皆应抱定牺牲一切之决心……”，1937 年 7 月 17 日，作为全国领袖的蒋介石，在庐山宣布对日抗战。听到如此慷慨激昂的抵御宣言，中华儿女无不热血沸腾，他们纷纷抛下个人恩怨、党派分歧，义无反顾地投身到了抗日大潮中，奏响了一曲曲悲壮的抗日战歌。尽管蒋介石早期“攘外必先安内”的政策，给国家和民族带来了沉重的灾难，尽管蒋介石在抗战中做了不少令“亲者痛，仇者快”的事情，造成了大量军队的伤亡，但他在抗战中的领袖地位是无人可以替代的。如果没有蒋介石的振臂一呼，整个中国还是一盘散沙，全民抗日就根本无从谈起。更为重要的是，蒋介石的国民党军队是抗战的主要力量，牵制了日军70%的兵力。不管怎么说，蒋介石在对日抗战中运筹帷幄、忍辱负重、坚持到底，实在是功在国家。正如毛泽东所言，“假如没有国民党政策的转变，要建立抗日民族统一战线，是不可能的，……国民党前后有两个伟大的领袖，第一个是孙中山，第二个就是蒋介石，……蒋是‘民族领袖’，‘最高统帅’。”

3. 稳固边疆，维护主权

尽管蒋介石在外交上采取的是温和的、软弱的路线，但他却凭借着锲而不舍的精神，废除了晚清签署的一系列不平等条约，收回了东北、台湾及澎湖列岛的主权，与此同时，他还在内忧外患、举步维艰的情况下，稳固了新疆、西藏、青海等边疆地区，巩固了国家的统一，避免了祖国的分裂。可以说，蒋介石一生都在坚定地维护中国领土的统一和完整，即使后来退守孤岛台湾，他也始终坚持“一个中国”的立场。毋庸置疑，蒋介石非常痛恨大陆的红色政权，也非常希望将台湾建成“反共基地”，但他却更痛恨分裂国家的“台独分子”，在他“谁搞台独，我就搞谁脑袋”的决心与号召下，“台独”势力数十年来无所遁形，毫无作为。正是蒋介石“根在大陆”的理念，以及“一个中国”的立场，使得台湾地区虽与大陆隔绝了几十年，但仍保存着中华文化的血脉，从而为“反对台独，促进统一”保留了根基。

1974年，越南政府不顾中国政府的一再警告，派兵侵占西沙群岛，蒋介石抛开个人荣辱、党派纷争，为解放军通过台湾海峡大开绿灯，并派遣军舰一路护航，这一表现，更是让所有的中华儿女为之感动。在这场中国海军史上最光辉的战役中，人们不仅记住了蒋介石那句话——“你不知道西沙吃紧吗？你们要一路护航，保证舰队安然通过，还有准备补给船，给前线送给养。”——

更对蒋介石有了全新的认识和评价。

蒋介石是位相当有争议的民国领导人，既有大功又有大过，但撇开理想、目标、主义的分歧，撇开国共两党的纷争与对抗，客观地说，他不失为民族的领袖。在两岸关系不断改善之际，我们对于主导着近代中国走势的蒋介石更应该全面、客观地看待，不应忘记他对国家和民族所作出的不可磨灭的历史贡献。

第一章
故乡·家世·教育

第一节　浙江奉化溪口

悠悠“禽孝乡”

打上蒋氏烙印的浙江奉化溪口，因诞生了蒋家王朝的两代“掌门人”而名扬四海，国民党御用文人更是将其誉为“地杰人灵”，其中虽不乏歌功颂德、溜须拍马之嫌，却也有其可信之处。

据史料记载，溪口旧称“禽孝乡”，乃是一座始建于1006年的千年古镇，自唐宋以来就是浙东地区著名的旅游胜地和物资集散地，这里不仅山明水秀、风光旖旎，而且物产丰盈、交通便利。所谓溪口是指甬江上游支流锦溪的入口处，因剡溪之水而得名。剡溪发源于剡界岭的大湖山，由新昌入奉化境，九曲而汇于甬江，东流入海，人称剡源九曲。九曲公塘以下称剡溪，由西向东流过全镇，至东端，有武岭头与溪南山阻隔成口，注入锦溪，故名溪口，亦称锦溪村。又以武岭横亘镇东，以山名命名也，也叫做武岭。据此，蒋氏宗谱题签自称《武岭蒋氏宗谱》，蒋介石自书籍贯为浙江奉化武岭，而不书溪口。据考证，溪口蒋氏原来居住在宁波，唐朝时期迁居奉化，元朝以后又迁居溪口，“历代勤劳务农”，没有一人入仕当官。蒋介石小时候“近百户人家聚居在一条街上，就在剡溪边，只有几家小店铺，是米行、酱油店、饭馆、茶馆”。

据传，坐落于群山环绕之中的溪口，拥有广为天下闻的十大景观，诸如碧潭观鱼、雪峰晚照、奎阁凌霄、松林晓莺……不知多少骚人墨客，闻讯前来寻幽探胜；而坐落于宁波西南 39 公里处的溪口，更是浙东新昌、天台地区通往宁波港口的交通要冲。众所周知，宁波有甬江与大海相通，入海向北可达上海、天津，向南可达福州、厦门、广州。如此怡人的风景，如此便利的交通，使得溪口早在唐宋时期便已小有名气，当时不少达官贵人，选择溪口作为终老之地，就足见其在千年前就有一定的影响力。到了民国，随着蒋介石的飞黄腾达，“地杰人灵”的溪口更是名扬海内外。

今日溪口

因受惠于民国第一要人蒋介石，溪口跃居为民国重镇，至解放前夕，就已拥有 900 多户人家，而蒋氏则是镇上一个大姓族，约占总人口的半数以上。沿着剡溪北岸的武岭路西行二百米，就是蒋家老宅——丰镐房，其名乃取周文王建都丰邑，周武王建都镐京之意。

溪口老宅伴随着蒋介石度过了无比快乐的童年，以至于他飞黄腾达、身居显位之后，依然对故乡念念不忘，每逢清明节或生日之际，他总要回乡，或扫墓祭祖，或寄情山水，或翻新老宅。1924 年蒋介石以黄埔校长身份回乡祭祖，在潭墩山建造两层楼房，题名为“乐亭”，当地人习惯称之为“文昌阁”。据风水先生说，这里乃“伏虎吸水”之地，因此，向来迷信的蒋介石，将“乐亭”变成了私人别墅，每回溪口，多住于此。“乐亭”旁边筑有“憩水桥”，站在桥上，俯瞰“碧潭”，别有一番风味，蒋介石和宋美龄时常在此

蒋介石故居文昌阁

垂钓观鱼，流连忘返；1930 年，回乡调养的蒋介石着手翻修老宅，丰镐房才得以形成今日“前厅后堂、两厢四廊”的格局。当民国时期国内形势急转直下，蒋家王朝即将土崩瓦解之时，蒋介石依然滞留溪口，“留恋湖光山色之中”，正如老话所说，“美不美，故乡水；亲不亲，家乡人。”

蒋介石寝陵右侧参观回廊

然而，天不遂人愿！1949 年，在大陆苦心经营 22 年之久的蒋介石，不得不诀别故乡，败走台湾，自此之后，他再也没能踏上这方热土。据说，1961 年左右，蒋介石途经台湾埤尾时，觉得此处青山碧水，翠竹丛丛，像极了自己的故乡溪口，故将埤尾更名为“慈湖”，以寄托自己的思乡之情，故而，慈湖又有“台湾溪口”之称。此外，蒋介石还命人在埤尾建造了行邸——慈湖宾馆，这是仿照溪口蒋家老宅建造的四合院式的建筑，附近还建造了慈母桥和慈母亭，每每想念故土溪口之时，蒋介石就会来此居住，并时时向西北方向眺望，这是他生前的遗愿：叶落归根，魂归故土。因而，蒋介石的灵柩至今没有下葬，而只是暂厝慈湖，以待将来“奉安”于令他魂牵梦绕的故乡。

人民解放军进驻溪口

1949 年，在人民解放军挺进浙江奉化之时，毛泽东同志专门作出重要指示：“在占领奉化时，不要破坏蒋介石的住宅、祠堂及其他建筑物”，首先进驻溪口的第 7 兵团第 21 军第 61 师，坚决地执行了这一指示。据史料记载，驻扎在丰镐房的解放军，从未用过蒋介石家里的任何东西。当时解放军的粮食异常紧张，一天三餐只能喝些稀粥，而丰镐房里就存放着20多袋大米，即使这样，战士们也从未打过这些粮食的主意。

正是由于共产党和毛泽东的远见卓识，溪口蒋宅得以完好无损地保存了下来，并在祖国统一大业和发展当地旅游经济中收到了意想不到的效果。20世纪50年代中期开始，根据国内外形势的急剧变化，国共双方开始秘密接触，期盼着以和平方式解决台湾问题，尽管此次尝试最终未能成功，但共产党妥善保护蒋家老宅的举动，却让偏安孤岛的蒋氏父子异常欣慰。中共中央还通过各种渠道，将摄于蒋家老宅的照片送到了蒋氏父子手中，这些照片不但勾起了蒋氏父子的思乡之情，还对海峡两岸的交流起到了促进作用。

蒋介石故居

1979年，中共中央决定拨专款修缮在“文革”中遭到部分破坏的蒋氏墓宅，并向包括蒋经国在内的台湾地区上层人士发出了“回乡看看”的邀请。1984年，蒋家老宅作为旅游景点正式对游人开放，蒋氏亲友、旧部闻讯赶来，一窥究竟。1991年，溪口被列入国家重点名胜风景区，1996年蒋氏老宅被国务院列入“近现代重要史迹代表性建筑”以及“第四批全国重点文化保护单位”，自此之后，参观蒋家老宅的海内外游客，年年超过百万人次，其中，来自台湾省的游客更是年年递增，从这一角度来说，浙江溪口以及蒋氏老宅，对促进海峡两岸的交流以及发展当地的旅游经济都大有裨益。

第二节 农商世家

“玉泰盐铺”

蒋氏家族乃溪口大姓，约占全镇总人口半数以上。按照旧例，《武岭蒋氏宗谱》每隔 30 年纂修一次，蒋介石对此始终兴趣浓厚、热情不减。即使在 1948 年，国内局势风雨飘摇之时、蒋家王朝摇摇欲坠之际，蒋介石依然聘请吴稚晖为总裁，陈布雷为总编纂，为蒋氏家族大书特书。但凡修谱，列举世系，总要找寻显赫的祖根，以示荣耀。1948 年这次的纂修宗谱，蒋家终于在宁波找到了显赫的祖根，并一直追溯到公元前 12 世纪的周公，“其先出自周公第三子伯龄”。

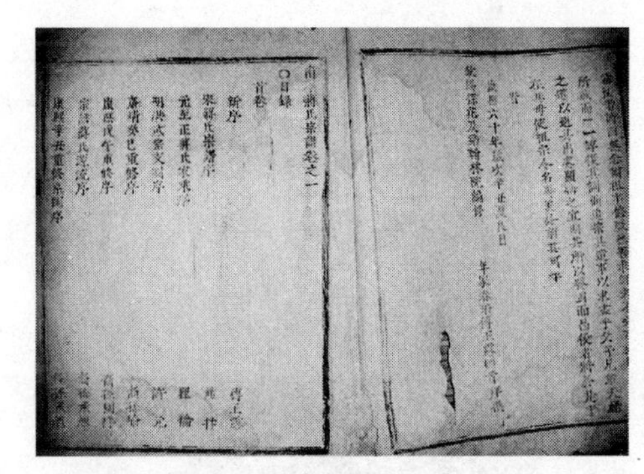

清朝中期岑南蒋氏族谱

根据《左转》记载，“凡蒋、刑、茅、胙、祭，周公之胤也。”也就是说，蒋氏之源出自周公。但是，溪口蒋氏的远祖，只能追溯到五代时迁居宁波的蒋光、蒋宗霸，再往上追溯则无任何证据可寻了。硬要将自己与历史上的显贵扯上关系，不过是自欺欺人而已。俗语说，英雄不问出处！更何况，蒋家的列祖列宗，有哪一个比蒋介石更荣耀显贵？

根据可靠的历史文献，溪口蒋氏远祖可以确认为宁波的蒋光、蒋宗霸父子。在唐朝时候，蒋光、蒋宗霸的子孙由宁波迁居奉化，传至北宋神宗时期，蒋浚明迁入禽孝乡三岭，后至元朝末年，蒋仕杰又从三岭迁至武岭（即溪口）。蒋介石自称“迁四明第二十八孙”就是从蒋宗霸算起的。自 16 代太公蒋仕杰迁居武陵开始，蒋氏家族世代以务农为生，从未有一人入仕，至蒋介石的祖父蒋斯千时，蒋家才开始弃农经商，遂致富饶。正如蒋介石在《玉表公行状》中所说，“兼居职盐鹾，生计日渐饶裕”。

蒋斯千（1814—1894）的生活时代正值大清帝国从美梦中惊醒的时期。在西方列强“船坚炮利”的威逼之下，天朝上国委曲求全，割地赔款，一时之间，洋务、洋货如潮水般涌入中国，而本国的自然经济却逐步瓦解。在资本主义不断渗入内地的时候，毗邻通商口岸宁波的溪口，成了浙东山区重要的物资集散地。

凭借着精明的头脑和敏锐的洞察力，蒋斯千迅速放弃了祖辈世代耕种的土地，转而运销食盐，贩卖茶叶，并建立了自己的商号“玉泰盐铺”。这是溪口镇上唯一一家经营官盐专卖的店铺，虽然商号名为盐铺，但蒋斯千的业务范围并不仅限于此，除了从宁波批发食盐外，他还从富阳运来石灰，从芜湖贩来大米，从山区倒卖茶叶，同时酿酒兼营糟房，自此之后，蒋氏家族日渐富裕。

可惜好景不长在！蒋斯千发迹后不久，太平天国农民运动便爆发了。携着击垮江南大营的余威，太平军浩浩荡荡向东席卷而来。1861 年 12 月，太平军攻下了宁波、奉化、溪口等地。由于战争的影响和破坏，宁波府各县人口锐减，商业萧条，蒋斯千经营的玉泰盐铺也随之关门大吉。直到太平天国运动失败之后，经过一段时间的休养生息，玉泰盐铺才得以重新开张，不过，年事已高的蒋斯千，逐渐将店铺的事情交给了次子蒋肇聪打理，自己则吃斋礼佛、坐享清福去了。

洪秀全铜像

蒋斯千不仅持家有方，经商有道，而且对医术颇有研究。蒋斯千将家族生意交给儿子之后，便经常入山采药，为邻里乡人看病治病。蒋介石是蒋斯千最疼爱的孙儿，小时候几乎天天跟祖父在一起。尽管蒋斯千去世之时，蒋介石年龄尚小，但祖父的乐善好施却给他留下了深刻的印象，正因为这样，蒋介石一生都非常尊崇自己的祖父。

“埠头黄鳝”

蒋介石的父亲蒋肇聪（1842—1895），是蒋斯千的次子，因大哥蒋肇海过继给了二伯，他才得以承继蒋斯千一支的香火，接手了父亲开创的家业。据《蒋公总统行谊》载，蒋肇聪“少有大志”，“而且是一个努力进取的人”，曾经梦想着入仕为官，“能替国家效力”。不过，梦想与现实总是相差太远。熬过兵荒马乱的动荡岁月之后，玉泰盐铺终于重新开张了，可蒋斯千却年事已高，逐渐疏远了店务。蒋肇聪为了让父亲能安享晚年，毅然放弃了自己的“大志”，操持起了父亲开创的家族事业。

蒋肇聪崭露头角的时候，正值商品经济大发展之际，随着外国商品不断地倾销到中国，各通商口岸的自然经济进一步解体了。等到了 1884 年，整个宁波地区“巡行百里，不闻机声，耕夫馌妇，周体洋货”。正是抓住了商品经济大发展的机遇，聪明能干的蒋肇聪才使蒋氏家族成为溪口镇上有名的“十甲户”之一。谁能想到，20 岁刚出头的愣头小子竟然比自己的父亲更具有商业头脑，蒋肇聪不仅将玉泰盐铺治理得井井有条，而且还日益扩大店铺规模——这时的玉泰盐铺雇佣经理、伙计、账房、学徒以及长工多人，资本不下二三千银元。

商业经营上的成功，让蒋肇聪获得了“埠头黄鳝”的绰号，意思是他为人灵活，极少吃亏。此外，蒋肇聪还能说会道，善于调节纠纷，因此邻里、乡亲之间不管发生什么事情，都喜欢让他来处理，而天生一副热心肠的蒋肇聪也常以此为乐，正如《蒋公介石序传》中所说，蒋肇聪“常常为本镇镇民之间仲裁人”。毫无疑问，蒋肇聪在溪口算得上是一位异常活跃的地方人物了。

蒋肇聪虽然生意兴隆，家道小康，但婚姻生活却不美满。蒋肇聪 40 岁时，他的元配夫人徐氏病故，留下儿子蒋界卿，女儿蒋瑞春。不久，中年丧偶的蒋肇聪续娶孙氏，可惜不到两年时间，孙氏便因时疫撒手而去。1886 年，蒋肇聪迎娶寡居的王氏为继室，

蒋介石的母亲王采玉

王氏名采玉，勤俭能干，温和朴实，熟读诗书，尤精于女红。

结婚一年之后，王氏生下了一个小男孩，祖父蒋斯千为其取族名周泰，小名瑞元，即蒋介石。尽管蒋介石顽梗异常，但祖父却对他疼爱备至。谁也没有想到，这个小男孩日后竟会成为叱咤中国政坛几十年的要人。后来，王氏又为蒋家生下了两女一子——瑞莲、瑞菊、瑞青，不过，瑞菊几个月就夭折了，而瑞青只活了不到四岁。

1895 年夏，蒋肇聪身染霍乱，撇下了妻儿撒手人寰，那年蒋介石只有 8 岁。蒋肇聪没能看到儿子走向权力的巅峰，而蒋介石日后也极少谈及父亲，因为他是由母亲抚养成人的，而父亲在他心中不过是一个模糊的影子而已，尽管如此，飞黄腾达后的蒋介石，依然请人写了墓志铭，称赞印象不深的父亲，甚至亲自撰文，追述父亲对子女的期盼，“吾少承先人业，……尔辈得一意读书，异日倘有所成，亦可稍补吾憾也已。”

不到一年的时间，蒋家连续失去了两位当家人，这使得本来殷实的生活突然变得异常艰辛，家道由此一落千丈。孤儿寡母相依为命的辛酸日子，让王氏无力为丈夫大办丧事，直到 1913 年蒋介石成人之后，才和兄长蒋界卿一起将父亲与元配徐氏、继配孙氏合葬。

慈母如严师

虽然蒋介石很少提及自己的父亲，但他对母亲王采玉却有着不同寻常的敬仰之情。纵观蒋介石的一生，我们不难发现他经常颂扬和怀念母亲，即使在后来飞黄腾达、日理万机的时候，也依然频繁地回乡扫墓祭祖。我们可以这样说，在蒋介石的心目中，母亲之墓就是蒋家祖墓，每每回乡短暂居住，为的就是追念母亲、寄托思母之情。

自 1949 年诀别大陆、退守台湾之后，蒋介石思乡怀母之情更甚。为此，蒋介石专门在台小筑慈湖，并在慈湖宾馆附近建造了慈母亭和慈母桥。蒋经国在《守父灵一月记》四月二十七日条中曾解释说：父亲名此小筑为慈湖，其意即在纪念祖母也。凡此种种，足见蒋介石对母亲的深厚感情。

王采玉（1864—1921）出身于书香门第。王采玉之父王有则虽然没有取得功名，却是当地有名的博学之士，既熟读诗书，又精研医术。聪明伶俐的王采玉，幼承父教，知书达理，尤其学得一手好“女红”。可惜她却生不逢时，一生坎坷！

王有则一介书生，不事生产，又因家庭人口众多，终致家道败落。为了支撑艰难的生活，王采玉帮助母亲纺纱织布，以补贴家用。18 岁那年，王采玉嫁给曹家田村的余某为妻，虽然丈夫性情暴躁，但儿子的降生却让她对未来充满了信心，可惜天有不测风云！夭子，丧夫，亡父，一连串的打击，让心灰意冷的王采玉遁入空门，带发修行。

素菜淡饭、青灯古佛的日子，让王采玉的心情平复了很多，她本想就此终了一生，可在机缘巧合之下，王采玉与蒋肇聪走到了一起！玉泰盐铺掌门人蒋肇聪，两年之内连丧两妻，为了照顾年纪尚幼的儿女，他意欲再娶一房妻室。恰巧，玉泰盐铺的账房先生王贤东是王采玉的堂兄，在得知了东家的想法之后，便将自己的堂妹推到了蒋肇聪的面前，而虔诚礼佛的王采玉听信了相士“必出贵子”之言，于 1886 年 6 月嫁给了 45 岁的蒋肇聪。

王采玉做了玉泰盐铺的女主人后，勤俭能干，持家有道，瑞元、瑞莲、瑞菊、瑞青的到来，更是给蒋家带来了无限的欢乐。同样虔诚礼佛的蒋斯千，坚信蒋介石的出生应了“必出贵子”之言，所以对蒋介石关怀备至，并寄予“光宗耀祖”的厚望。夫妻恩爱、生活无忧的王采玉也认为自己已时来运转，可惜，更大的不幸却悄然而至了。

1894 年冬，蒋斯千以 81 岁的高龄谢世，紧接着，1895 年夏，蒋肇聪身染时疫，撇下妻儿撒手西去。不到一年的时间，蒋家接连失去了两位当家人，这对 32 岁的王采玉来说，无异于一下子就塌了半边天。更何况，蒋家的 6 个孩子，除了瑞春出嫁外，其他尚未成人，界卿年纪稍长，却仍在读书，而自己生养的四个孩子中最大的仅有 8 岁，尚年少无知，这个苦命的女人将如何挑起抚儿育女的重担呢！

谁知“屋漏偏逢连阴雨”，自蒋肇聪死后，蒋界卿常与后母王采玉争执，最后还在族人的挑唆之下，提出了分家另过的要求。不愿争执家产的王采玉，将 1/3 以上的家产分给了蒋界卿，而自己仅留了玉泰盐铺和一些薄田，自此之后，王采玉靠着这份家业，抚养幼子，日子过得异常拮据。然而，不幸并没有就此放过这个苦命的女人，在分家后不久，幼女瑞菊、幼子瑞青又相继夭折，一次次丧失亲人的痛苦，让王采玉只能借助于青灯古佛、长斋礼拜寻求精神上的慰藉与寄托。

不管如何的悲痛欲绝，不管如何的心灰意冷，日子总得过下去，何况还有两个年幼的孩子需要照顾。经历了接踵而来的家庭变故之后，王采玉也变得异常坚强，每天做完诵经念佛的必修课后，便开始了繁重的家务劳动，烧饭，洗衣，打扫……虽然相较于食不果腹的人家来说，王采玉孤儿寡母的生活还算不错，至少还可以吃饱穿暖，但若比起昔日“十甲户”之一的日子来，可谓一个天上一个地上。更何况，在恶人当道的旧社会，孤儿寡母受到欺凌是不可避免的。后来曾有人将此时蒋氏母子的生活形容为“状至惨恻”，虽然其中不免夸张的成分，但也从另一侧面反映了他们当时生活的艰辛。

命运越是不幸，王采玉培育幼儿成器的决心越是坚定，她将所有的希望都放在了儿子身上，可年少懵懂的蒋介石却生性顽劣。1921 年，王采玉病逝之时，愧疚难当的蒋介石在母亲墓前题词，坦然承认自己过去调皮捣蛋，让母亲伤透了心，“祸及贤慈，当日梗顽悔已晚；愧为逆子，终身沉痛恨靡涯”。

慈庵

王采玉虽然身世可怜，命运坎坷，为了儿子成器，更是含辛茹苦，费尽心血，但晚年的她也算扬眉吐气了。在政坛初露锋芒的蒋介石，为母亲带来了无限荣耀。不仅如此，发迹后的蒋介石对母亲异常孝顺和眷恋，不管身在何处，他总会时不时地回家探望母亲，尤其在王采玉生病卧床之时，蒋介石更是朝夕相伴，亲侍汤药。

王采玉逝世之后，孙中山、谭延闿等国民党要人齐致唁电，闽粤鄂湘等各处吊客齐集倚庐，孙中山更是在祭文中称赞蒋母之功:“恩勤辛苦，以抚遗孤，养之长，教之成”，“慈爱异常母，督责如严师”。1923年蒋介石在母亲墓址旁另建新式洋房三间，取名为“慈庵”，庵的门额由谭延闿书题，中堂两匾“慈云普照”、“为国劬劳”则为孙中山所赠。1930年，大权独揽的蒋介石，为了母亲更是大兴土木，扩建“慈庵”，倘若蒋母在天有灵，看到儿子这般叱咤风云，这般孝顺眷恋，她该心满意足了。

“瑞元无赖”

1887年10月31日的午后，一个小男孩在玉泰盐铺后屋楼上呱呱坠地，祖父蒋斯千为他取名瑞元，又名周泰、中正。这个孩子是在家人的翘首企盼中来到人世的，虔诚礼佛的祖父和母亲都相信，襁褓中的婴儿有朝一日必将“光宗耀祖”。

众所周知，浙东地区人杰地灵，素有“江山代有才人出”的美誉，这句话在天资聪颖的蒋介石身上也得到了印证。毋庸置疑，生活在浙东地区的人，自然而然会深受熏陶。事实上，蒋瑞元自出生之日起，就背负着祖、父两代人对他的殷切期望——“一飞冲天，光宗耀祖”，即使在家庭变故接踵而来之时，母亲培养他成大器的决心也始终未曾改变。

然而，蒋瑞元幼年时却偏偏顽劣成性，以至于经常闯祸闹事，弄得全家不得安宁。例如，喜欢舞刀弄枪的他，经常偷偷溜到大街上，指挥孩子们对阵作战，衣破鞋丢、皮伤血流、嚎啕大哭者层出不穷，家长纷纷上门问罪，伤透脑筋的王采玉，办法用尽，可从不生效；再如，蒋姓族人在大年初一这天，有参拜宗祠后分芝麻糖的习俗，但顽劣的蒋瑞元却从不肯排队领取，为了能够抢先领到糖饼，他竟然在雪后湿地中爬摸打滚，然后在人群中乱撞乱擦，无奈的人们只能让他先领。

蒋瑞元“顽梗异常”的性格，最终发展成了“撒泼耍赖”的劣习。据蒋介石的同学蒋周兰的女儿回忆，有一次，犯了塾规的蒋介石，被私塾先生惩罚，可先生刚举起戒尺，他就已倒在地上，边哭边闹边打滚，正因为此，蒋瑞元成了溪口镇上无人不知、无人不晓的“瑞元无赖”，顾名思义，是指他顽劣异常，每当不能如愿时，便使用撒泼耍赖的办法达到目的。

为了让儿子成大器，以免贻误终生，蒋母不知花费了多少心思，不知流下了多少辛酸泪！每每看到母亲伤心难过的样子，孝顺的蒋瑞元总是低头认错，任凭母亲责罚，然而几天之后又会故态复萌。有人说，童年的经历造就了一个人的性格，而人的性格又决定着人的命运，这些话确实有些道理。纵观蒋介石的一生，我们不难发现，他在儿时形成的撒泼耍赖的性格，一直贯穿其政治生涯的始终。在追随孙中山不到 8 年的时间里，蒋介石动辄因对人事或无足轻重的事情不满，而不管不顾地擅离职守；即使在飞黄腾达之后，他也屡次下野，以退为进。正如《蒋介石传》的作者布莱恩·克洛泽所说，每当形势不能随其心愿时，蒋介石就会以下野的方式以退为进，其结果往往是，他一旦复出，职权就会更大。再如，“西安事变”中被孙铭九捉住时，蒋介石就坐在地上耍赖，以及对付李宗仁、汪精卫等政敌的政治手腕，无不显现着“瑞元无赖”的性格特征。

第三节 传统教育与民主思潮

崇拜旧学

鸦片战争以来，西学东渐，不过，在中国的广大农村，传统文化依然根深蒂固。溪口蒋氏虽算不上耕读世家，却也深受封建文化的影响，尤其是蒋母亲王采玉，在她父亲的耳濡目染之下，“深明春秋大义”和“儒家忠孝大节”，所以，自小听着母亲故事长大的蒋介石，对儒家文化推崇备至，不仅在日后的施政中广泛贯彻儒家道德学说，而且还用儒学塑造子女的品行。蒋介石要求蒋经国熟读四书，尤其是《孟子》，甚至偏安台湾之后，他依然要求台湾地区的高中学生读《论语》和《孟子》。儒家思想对蒋介石的影响由此可见一斑。

因害怕顽劣成性的蒋瑞元一无所成，贻误终生，对其寄予厚望的长辈们，决定在他未及入学年龄之时，延请秀才任介眉来家坐馆，以期通过读书，化解蒋介石的顽梗之习。于是，1892 年，6 岁的蒋瑞元入家塾开蒙；1893 年，蒋家改聘蒋谨藩为蒋瑞元讲解《大学》、《中庸》，蒋斯千病故之后，蒋家重新请来了任介眉，在任介眉的指导下，9 岁的蒋瑞元读完了《论语》、《孟子》。

就在蒋瑞元醉心于儒家道德学说之中时，横行于溪口的大瘟疫夺走了父亲蒋肇聪和塾师任介眉的生命。接踵而来的家庭变故，更加坚定了王采玉抚养儿子成器的决心，自此之后，她含辛茹苦，节衣缩食，为儿子聘请名师。任介眉去世之后，王采玉又将蒋谨藩请了回来，在此后的四五年时间里，蒋介石跟着老师学习了《礼记》、《孝经》、《千字文》、八股文等等。

蒋瑞元 12 岁那年，望子成龙心切的母亲将他送入私塾，接受科举式教育。毋庸置疑，蒋母希望儿子通过名师指点，能够获取功名，走上仕途之路。在这段时期，蒋瑞元先后从姚宗元、毛凤美、毛思诚等学习《尚书》、《易经》、《左传》。因为得到了名师的

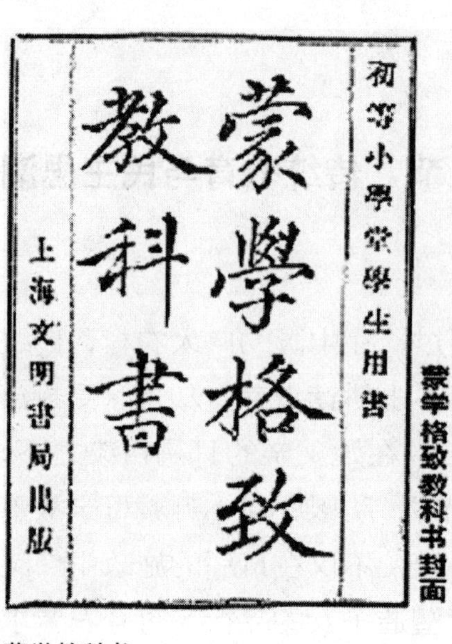

初等小學堂學生用書

蒙學格致教科書

上海文明書局出版

蒙学格致教科书封面

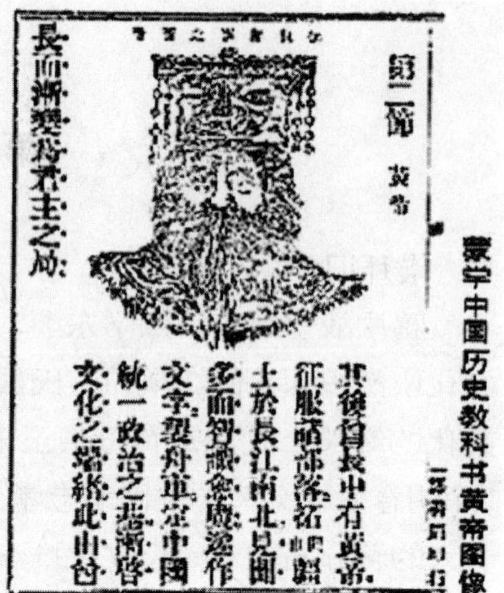

第一節 黃帝

長而漸變爲君主之局

其後酋長中有黃帝，征服諸部落，拓地闢土，於長江南北見聞多而智識愈廣，遂作文字，製舟車，定中國統一政治之基，漸啓文化之端緒，此由始

蒙学中国历史教科书黄帝图像

蒙学教科书

指点，蒋瑞元的学业进步飞快，顽劣调皮、撒泼耍赖的行为也大为收敛。1902 年，胸有成竹的蒋瑞元到奉化县城（今浙江省宁波市奉化市）参加童子考试，虽然结果让人气馁，但这次科举考试，却是他读书生涯的转折点。亲眼目睹科场黑暗的蒋瑞元痛心疾首，正是在这个时候，他萌生了放弃科举，进入新式学堂的念头。

众所周知，19 世纪末 20 世纪初，随着民族危机的日益加深，大批爱国知识分子开始向西方探求救国真理，西方学说随之传入中国。以康有为、梁启超为首的维新派，为了宣传改良思想，组织学会，创办报刊，开设学堂;《辛丑条约》签订之后，清廷更是鉴于国耻、国祸逼上眉睫，而决定创办新式学堂，于是，旧式蒙馆逐渐没落、停办，以前的私塾先生摇身变为新式学堂的教师。在溪口小镇埋头苦读的蒋瑞元，因到宁波参加考试而大开眼界，废科举、兴学堂的议论，在他心中掀起了层层波澜，经过再三考虑之后，蒋瑞元决定

18 岁的蒋介石

放弃科举，进入新式学堂。

1903年，深明大义的蒋母为了儿子的前程，毅然将蒋瑞元送入奉化县城的凤麓学堂。两年之后，18岁的蒋瑞元又升入宁波府城的箭金学堂，在这所规模大、水平高的新式学堂里，蒋瑞元一面接受西方文化的启迪，一面继续学习传统文化，例如，他从竺麟祥学习《礼记》，从周凤祺学习《周礼》，从顾清廉学习《诸子集成》、《古文观止》、《说文解字》、《孙子兵法》等等。

总而言之，蒋瑞元从幼年入塾，到青年进新式学堂，所接受的教育大部分是儒家文化，这对他的一生产生了深远影响。儒家学说不仅成为蒋介石掌权之后制定方针政策的理论基础，而且也成了他日后教育子孙后代的理论依据，正如江南所说："蒋先生的理想，受他自己生长时代的局限，是个典型的国粹主义者。认为半部《论语》可以治天下，认为在故纸堆里，有为人治中的指南针。"

正是因为蒋介石早年深受儒家文化的影响，后来他在教育蒋经国时，特别强调学习、发扬儒家学说，可以说，蒋经国幼年时期所受的教育，几乎是蒋介石当年的翻版——幼年入塾，诵读经史，之后进入新式学堂，接受新思想、新文化。蒋经国在回忆自己的童年时曾说，"父亲指示我读书，最主要的是四书，尤其是《孟子》，对于《曾文正公家书》，也甚为重视。……""（父亲对我说）你于中文，如能懂一部四书的意义，又能熟读一册《左》《孟》《庄》《骚》菁华，则以后作文就自在了。"由此可见，蒋介石受传统文化影响之深。

吸纳新潮

蒋瑞元诵读诗书之时，正值清末民初社会变革的动荡年代，西方民主思潮与中国传统文化的激烈碰撞，无时无刻不在冲击着这个求知欲极旺、可塑性正强的年轻人。在这样的历史大背景之下，蒋瑞元适时地投身到了如火如荼的大千世界中去，并尽情地接受着新思想、新文化的熏陶和启迪，与此同时，他的内心世界也在悄然地发生着变化。

蒋介石当年上过的私塾

第一个向蒋瑞元灌输西方民主思想的，就是他的开蒙老师蒋谨藩。蒋谨藩乃溪口著名的汉学家，当他第二次到蒋家做塾师时，正值民族危机不断加深、“戊戌变法”运动逐渐兴起之时，深受维新思想影响的蒋谨藩，不禁对资产阶级民主制度产生了无限向往之情。在授课的过程中，蒋谨藩总是有意无意地宣扬“自由、平等、民主”的思想，所有这些无不引起蒋瑞元的共鸣。自从家庭变故一再发生之后，蒋家家道一落千丈，孤儿寡母受尽歧视和欺凌，对旧社会与恶势力愤愤不平的蒋瑞元，自然比较容易接受资产阶级的民主观念。

1899 年从姚宗元读书之后，蒋瑞元认识了革命家竺绍康。竺绍康曾受业于姚宗元，后加入光复会，与秋瑾、陶成章、徐锡麟等一起进行革命活动。成为浙江著名会党首领之后，竺绍康依然常到姚宗元的私塾来，与恩师畅谈世界大势。竺绍康那器宇轩昂、神采飞扬的气质，以及对祖国前途的关切与担忧，给 13 岁的蒋瑞元留下了深刻印象，基于这段特殊的经历，两人后来过从甚密，成了忘年之交。

1902 年，蒋瑞元第一次参加科举考试。这时的科考虽然依旧进行，但早已日薄西山，弊端重重了。亲眼目睹科场黑暗的蒋瑞元，下定决心，摒弃旧俗，接受新学。在征得母亲和妻子同意之后，蒋瑞元于 1903 年进入凤麓学堂。这是一所新式学堂，不仅开设国文、经学等传统科目，还开设英文、算术等西学科目，在深入了解了西方的自然、社会科学之后，蒋介石的民主意识变得更加强烈了。

然而，凤麓学堂正处于旧式塾馆向新式学堂过渡的阶段，虽然开设了英文、算术等科目，但《礼记》、《周礼》等传统经史的讲授仍占很大比重，也就是说，凤麓学堂不过是新瓶装旧酒，这让学生们大失所望。于是，蒋瑞元被同学们推举出来，作为代表与校方交涉。据说，蒋瑞元在批评学校教育方式时，“盛气趋前，情态激烈”，因而被校方称为“首谋捣乱分子”，险遭校方开除，幸亏广大同学声援，这才免遭扭送官府查办、勒令退学的处分。不过，这件事情却很可能是蒋瑞元1904年转入龙津学堂的诱因。

尽管在凤麓学堂有过不太愉快的经历，但这些却让蒋瑞元受益匪浅。在这里，蒋瑞元结识了很多朋友，这些朋友甚至他们的子孙，日后大多成为蒋氏父子的亲信和干将。例如，余飞鹏，蒋介石的交通部部长，其族侄余济时，蒋介石的军务局局长；周枕琴，蒋介石的军需署署长，其侄孙周宏涛，蒋经国的财政部次长、财务厅厅长。此外，江怀清、张硕卿、俞镇臣等人，也因跟随蒋介石而发迹，并荫及他们的子孙。

龙津学堂原为龙津学院，1901年清政府通令各省创办学堂之后，龙津学院在奉化城内首先改革学制，并聘请日本人执教，爱国青年趋之若骛。或许正是在日本教师的影响下，蒋瑞元才萌生了留学东洋的念头。在凤麓学堂学习一年之后，蒋瑞元经舅父孙凤琴介绍，进入了宁波箭金学堂。众所周知，宁波是中国最早对外开放的五个通商口岸之一，很早就受到了西方资本主义的影响，所以，被誉为“浙东第一”的箭金学堂与半新半旧的凤麓学堂不同，它不仅开设种类繁多的西学科目，而且执教老师思想开明、关心时政、甚至同情革命，被毛思诚誉为“二世治教”的顾清廉就是其中的一位。

今日的奉化中学

生员出身的顾清廉，本是专治性理之学的儒学大师，但在国难当头、内忧外患之际，这位书生开始关注起国内时局、世界大势来。因此，蒋介石在箭金学堂，不仅学完了《诸子集成》、《说文解字》、《古文观止》等国学科目，还初步了解了孙中山及革命党人在海内外活动的情况。这是蒋瑞元第一次听说孙中山的名字，或许连他自己都不会想到，日后竟然会跟孙中山及其革命党紧密地联系在了一起。

这一时期，效仿日本、富国强兵已成为国人的共识，留学日本也已蔚然成风。所以，顾清廉在和学生们畅谈国内外大势时，总是有意识地以日本由弱变强的例子，向学生们灌输强兵是富强前提的思想，“一个国家想要独立生存，就不可以缺少军事力量，为了将来有一天能够担当捍卫国家的任务，就得要学习军事”。此外，他还鼓励学生们出国学习，“青年欲大成求新，当出国留学异邦”。

顾清廉的鼓励与号召，引起了蒋瑞元内心的共鸣，自小好斗尚武的他似乎从中看到了锦绣前程。于是，蒋瑞元痛下决心，弃文从武，东渡扶桑。自此之后，蒋瑞元的人生轨迹发生了巨变，他的前途命运也随之与枪杆子联系在了一起——依靠黄埔军校起家，凭借蒋记黄埔军团攫取权力……也正因为此，飞黄腾达后的蒋瑞元，十分敬重顾清廉，“吾国载籍之繁富，学术渊源之广远，得略涉其涯涘，以及通晓读书法，窥见汉文门径，皆顾先生一手陶成之”。

效法祖师爷曾国藩

值得注意的是，与强烈批判传统文化的新青年不同，蒋介石虽然吸纳新思潮，却没有废弃封建旧学，甚至他还利用手中掌握的大权，不遗余力地发扬以儒家为代表的传统文化。尤其是1926年以后，蒋介石废弃新学，专读旧学的转变，从另一个侧面告诉我们，他吸纳新思想、入读新学堂，不过是顺从时尚、趋时而动罢了，蒋介石真正推崇的依然是中国传统文化。正如杨天石在《找寻真正的蒋介石》一书中所言，蒋介石读新学诸书，常常食而不化，而读旧学诸书，则如鱼得水。

纵观蒋介石的一生，我们不难发现，在所有封建旧学大家之中，他最为推崇曾国藩。众所周知，曾国藩素有写日记的习惯，蒋介石在这一点上可谓是“青出于蓝而胜于蓝”，正如蒋自己所说，“几十年来，我每日必有日课，每日必有日记，虽在造穴颠沛之中，也没有一日间断。”在蒋介石所遗留下来的日记当中，我们随处可见他对自己偶像及其著作的崇敬、敬仰之情。例如，他在1921年的日记中曾这样写道：“晚编《曾文正公全集》。此书已经看过，甚以为遗失于永泰县之役。今竟复见，不啻旧友重逢也。”

曾国藩铜像

日记中提及的永泰之役是指1918年蒋介石讨伐李厚基的那场战役，在这场甚为激烈的战役中，误中敌人缓兵之计的蒋介石弃城而走，虽然幸免于难，逃过一劫，但他却在仓皇之中将随身携带的曾国藩著作连同日记遗失，蒋介石对此深以为憾，当他再次阅读《曾文正公全集》时，竟然自称“不啻旧友重逢”，由此可见蒋介石对曾国藩著作的特殊感情。事实上，可以毫不客气地说，曾国藩的著作对蒋介石而言堪称《圣经》。

蒋介石幼年时虽顽劣异常却极爱读书，而且他在读书时，喜欢以红蓝铅笔批注，并写心得，这一良好习惯一直坚持了下来，可谓数十年如一日，即使在如火如荼的战争时期，即使在飞黄腾达、跃向权力巅峰之后，他依然随身携带书籍，随时翻看并加以评论。此外，蒋介石读书还有很大的一个特点，就是“在阅读某一种书籍时，没有终卷以前，绝不旁骛其他书籍。”

毋庸置疑，蒋介石读得最多的当属曾国藩的著作，1925年1月9日，他在日记中称赞曾国藩的文章，“看《曾文正公杂著》，其文章真可告不朽矣！”1926年3月8日又在日记中写道：“昨今

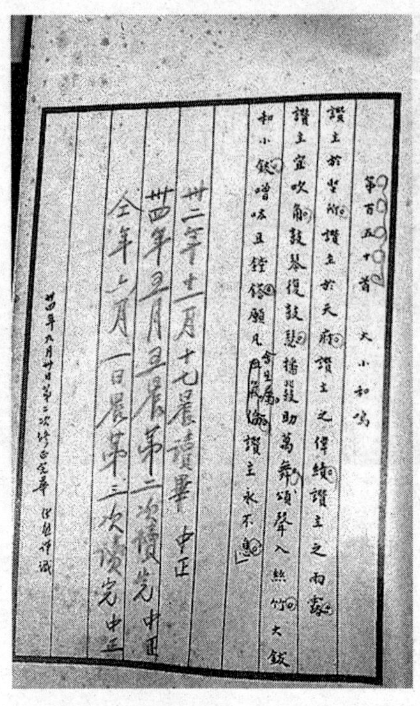

蒋介石日记一页

两日，看曾公《嘉言抄》，乃知其拂逆之端，谤毁之来，不一而足。而彼劝其弟以咬牙立志，悔字诀与硬字诀，徐图自强而已。”

蒋介石一生效法曾国藩的为人处世，为了克服年轻时养成的坏毛病，蒋介石花费了大量时间反复阅读曾国藩的著作，甚至节录其中语录写入日记当中，作为自己立身处世之标准。1922 年岁首，蒋介石曾节录曾国藩的“嘉言”作为自己的“借镜”。其内容有：“虑忘兴释，念尽境空”；……“事亲以得欢心为本，养生以少恼怒为本，立身以不妄言为本，居家以不晏起为本，做官以不爱钱为本，行军以不扰民为本”……1925 年 1 月 2 日，他又将曾国藩的“惩忿窒欲”、“逆来顺受”、“虚心实力”、“存心养性”、“殚精竭虑”、“立志安命”等“嘉言”抄在当年日记卷首。

蒋介石除了将曾国藩看作立身处世的楷模之外，还在训诫子孙、治兵从政上实践其祖师爷的理论。蒋经国在回忆蒋介石时曾经说道：“父亲对于我们兄弟的教育，是非常严格和认真的，不管在家、在外都是经常来信指示我们写字、读书和做事、做人的道理。”对曾国藩推崇备至的蒋介石，甚至要求子女熟读《曾文正公家书》。事实上，蒋介石希望儿女通过阅读“祖师爷”的著作，能从中感悟出做人的道理来，也就是说，蒋介石是在以曾国藩对子弟的训诫为榜样，严格要求自己的子弟。

在黄埔军校任校长期间，蒋介石更是将“效法曾国藩”做到了极致。一方面，他亲自编写了教本《曾国藩军事语录》，以期黄埔师生能以曾国藩的训导作为立身处世的标准；另一方面，他又刻意模仿曾国藩的带兵经验。曾国藩的湘军是中国近代化军队的典范，但它却又是乡土观念、血缘关系极强的私人化军队，虽然下级绝对服从上级的命令，但他们却不一定会服从上上级的命令，更通俗一点的说法就是，谁招来的部队就听谁的命令，所以，即使曾国藩亲自出马，也未必指挥得动非他直属的部队。不过，湘军中的高级将领却极为忠心，他们也只服从曾国藩的命令，此外，任何人都休想指挥他们。

对曾国藩顶礼膜拜的蒋介石，对祖师爷的带兵经验亦颇有心得，可谓“出于曾而又胜过曾”。为了完全掌握黄埔学生军，以建立绝对效忠于他的嫡系部队，蒋介石可谓煞费苦心，事实上，在黄埔军校招生时期，他就已经开始效法曾国藩了。首先，蒋介石派出亲信到浙江、上海等地招收黄埔学员，以期通过同乡、亲戚关系建立私人化的部队。紧接着，他开始培植亲信，并将他们安插到军中任职，一切准备就绪之后，蒋介石又开始频繁利用手中权力，破格提拔自己的亲信，并且将最好的装备留给绝对服从于自己的部队。

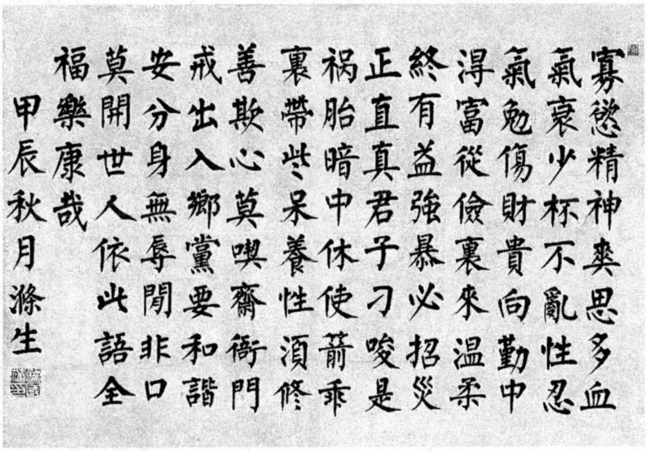

曾国藩书法作品

与此同时，蒋介石还时不时地寻找机会向黄埔学生训话，尤其强调学生要绝对服从校长，“党员一定要服从上面命令，绝对没有平等的余地。”“现在本校就是以校长为领袖，大家就应该服从校长的命令。”现在回顾那段历史，我们很清楚地看到，蒋介石效法曾国藩、培植嫡系部队的做法是非常成功的，正是凭借着这支御用军队，蒋介石才得以打下了自己的天下。

第二章
决意与旧社会抗争

第一节　留日海归派

弃文从武

天资聪颖的蒋瑞元按照父辈的设想，应该走一条金榜题名、光宗耀祖之路，然而，他却没有沿着这条人生轨迹走下去。在中国那个风雨飘摇的动荡年代，长期被社会边缘化的军人团体，逐渐开始主导历史的走向，所谓“乱世英雄起四方，有枪就是草头王”，在恶人当道、军阀混战的时期，手中的军队才是获取权力、光宗耀祖的本钱，于是，在投笔从戎成为时尚之际，自小好斗尚武、而又求取功名无门的蒋瑞元，终于选定了自己的人生目标——弃文从武。

“要想懂得兵法，获得新的知识，保卫自己的国家，就应该到外国去留学。”自从天朝上国惨败于东洋岛国之后，中国的热血青年才真正认识到了明治维新的含义，看到了日本由弱变强的事实，于是，留学日本蔚然成风。据统计，19 世纪末 20 世纪初，留日学生人数远远超过了留学其他国家人数的总和。在这样的时代大背景之下，深受老师顾清廉启发的蒋介石，最终下定决心，顺应潮流，东渡扶桑，学习陆军。

1906 年 4 月，蒋瑞元首次踏上了日本国土。这是蒋瑞元向往已久的地方，他希望通过自己的努力，可以学成归国，一展抱负。可惜，在日本的求学之路并没有想象中的那么平坦。由于革命思潮迅速蔓延，为了维护摇摇欲坠的统治，清政府特与日本政府签订条约——不准中国留学生自费学习陆军。蒋瑞元没有朝廷的推荐公函，因此不能进入军校学习，无奈之下只能转入其他学校，继续学习日语。这年冬天，蒋瑞元收到了母亲要他回乡为妹主持婚礼的家书，于是，蒋的首次留学生涯以无功而返告终。

常言道，有志者事竟成。第一次留学失败的经历，并没有使蒋瑞元气馁，为妹妹办完婚事之后，他重新投入到了为理想而奋斗的努力中去。非常凑巧的是，就在此时，清政府陆军部的“通国陆军速成学堂”（即保定军校前身）第一次在全国范围内公开招考，其中浙江省有 14 个公开招生名额，谁也不会想到，蒋瑞元竟会在千余名考生中脱颖而出。

保定陆军军官学校

一年之后，幸运之神再次降临！清朝陆军部决定在保定军校考选 40 名学生去日本留学。蒋瑞元本来并没有报考资格，可是经过一番积极争取之后，他不仅获得了考试资格，还被破格保送去日本留学。对蒋瑞元来说，这是他再次为梦想而奋斗的契机，无论如何，他都要紧紧地抓住这很难得的机遇。1908 年春，重返东瀛的蒋瑞元，进入了振武中学，学习炮兵专业。

位于东京牛区河田町的振武中学，是日本专门为赴日留学生开设的陆军预备学校，学制为三年，学生毕业后分派到各连队实习。蒋介石是振武中学第十一期学生，1910 年毕业，之后以士官生候补的身份，进入陆军炮兵部队第 13 师团第 19 连队实习。实习生是二等兵，生活非常艰苦，每天五点钟起床，用冷水洗脸、洗澡后，开始军事训练，虽说是军事训练，其实不过是做些喂马、洗马、服侍上级之类的杂活。

尽管在炮兵部队实习的这段时间蒋瑞元并没有学到真正的军事科学，但他却对日本军队严格的等级制度以及武士道精神产生了浓厚的兴趣。下级必须无条件地服从上级的命令，是日本军队的一大特点。身为二等兵的蒋介石，在军中的地位非常低，他的上面有上等兵、下士、中士、曹长、特务长、正式军官……以至于他后来回忆说："这许多军官士曹，一级一级的管着我们"。

蒋介石认为，日本士兵之所以能绝对忠于所属集团，绝对服从上级命令，严格遵守纪律，是因为他们拥有"武士道"精神，而"武士道"精神又源于中国的传统文化，因此，崇拜旧学的蒋介石对儒家文化更加推崇备至。事实上，日本留学生涯让蒋介石对如何治兵有所感悟，并把这些用来训练军队。蒋介石认为，"一国军队如果做到精强战力，就要有三个要素：绝对服从命令；军队官兵要有中心信仰；军队为士兵最优良的职业学校。"就在炮兵部队实习即将期满之时，武昌起义点燃的辛亥革命的熊熊大火迅速烧遍了整个中国。得到这一消息的蒋瑞元，欢欣鼓舞，跃跃欲试，不久之后，在如火如荼的大革命中，我们便看到了他四处奔波的身影。"腾腾杀气满全球，力不如人万事休！光我神州完我责，东来志岂在封侯！"蒋瑞元在留学期间写给表兄的这首七言绝句，真实地反映出了他在革命前夜的心境：一方面，在那个最能激荡爱国之心的革命年代，深受仁人志士熏陶的蒋瑞元迸发出了无限的革命激情，他决意投身革命救国救民；另一方面，胸怀大志的他也梦想着在动荡的乱世中，干出一番大事业，指点江山，出人头地。

总而言之，弃文从武、东渡扶桑，是蒋瑞元人生旅程的重大转折点，自此之后，他与"枪杆子"结下了不解之缘。

保定军校

第一次东渡日本无功而返之后，另辟他径的蒋介石考入了"通国陆军速成学堂"，这是我国近代军事教育史上第一所教学设备一流、教学人才一流、教学理论一流的正规化高等军事学府，对蒋介石而言，进入这所军事圣地是他人生旅程中里程碑。自此之后，蒋介石利用自己在保定军校建立起来的人脉资源，着手训练自己的“子弟兵”——“黄埔系”，也正是依靠着以“保定系”为前导的“黄埔系”，蒋介石才夺得了天下，坐稳了江山。

通国陆军速成学堂，位于河北保定旧城东北。所谓“盛世兴文，乱世习武”，在国无宁日、战火连年、局势动荡、民不聊生的年代，有识之士莫不以投笔从戎、振军兴国为己任，处于这样特殊的历史大背景之下，从1902年开始，直隶总督袁世凯在引进西方先进军事技术和教育体制的基础上，在保定地区先后开办了一系列军事学堂，例如，北洋行营将弁学堂、北洋陆军速成武备学堂、北洋通国陆军速成学堂、陆军军官学堂、陆军预备大学堂等等，从传统意义上而言，上述这些军事学堂可统称为“保定军校”。

1912年2月，袁世凯就任中华民国临时大总统之后，将陆军预备大学堂迁往北京，更名为陆军大学，同年10月，为了培养北洋初级军官，袁世凯决定在保定速成学堂和预备大学堂的基础上，开办保定陆军军官学校，这也就是我们习惯上所说的“保定军校”。从1912年正式创办，到1923年被迫停办，保定军校在这十多年的时间里，通过系统化、正规化的教育，培养出了6574名军事人才，包括步兵、炮兵、骑兵和工兵、辎重兵。

保定陆军军官学校教材

要是从北洋军事学堂开始算起的话，这所军事圣地培养出来的人才就更是不计其数了。据统计，广义上的保定军校培养了15000余名军校学生，其中有1600余人获得了将军头衔，约占毕业总人数的1/10，真可谓是名副其实的“将军的摇篮”！如此骄人的成绩，恐怕就连久负盛名的美国西点军校，也望尘莫及吧。从保定军校走出来的这些活跃于民国舞台、叱咤风云的人物，包括吴佩孚、孙传芳、蒋介石、李济深、张治中、傅作义、白崇禧、王柏龄、顾祝同、叶挺、陈诚等等，以自己的远见卓识和铮铮铁骨，深深震撼着、甚至改变着近代中国历史的发展走向，保定军校亦因人才辈出而名扬海内外。

保定军校原由清朝政府督办，后来隶属于北洋政府陆军部，因而，它在某些方面不可避免地因循守旧，保守落后，但是，我们也应该看到，保定军校开办之时，恰值中国处于大变革、大动荡、大改组的时期，随着西学不断地涌入中国，深受熏陶的保定军校也呈现出了顺应潮流、积极向上的一面。简而言之，保定军校的教学方法、课程设置、机构设置等，基本上都达到了近代德国和日本的军校的标准，从而开创了中国近代军事教育史上的先河：

首先，保定军校在参照军事强国德国、日本的军校教育模式的基础上，结合中国的实际情况，制订了理论联系实践的教学方法——先由教官讲解军事战术、兵器测绘等理论知识，然后再到野外进行实地演习。这一令人耳目一新的教学方法，不仅提高了保定军校的教学质量，还为日后各类军校提供了可资借鉴和效法的人才培养模式。

其次，保定军校校本部的校长、教育长、教育副官，大部分都是接受过英、法、德、日等国的正规军事教育的军事海归派，具有非常高的军事素养和领导水平，而负责训练学生的教员和科队长，则大多是留德、留日的学生，以及陆军大学的优秀毕业生，尤其以日本士官学校毕业生居多。值得一提的是，保定军校的所有教官均为本国军官，这是中国军事教育史上破天荒的一次，它不仅顺应了中国军事教育发展的潮流，还减少了帝国主义对中国军事教育的干涉。

总而言之，保定军校对中国近现代军事教育产生了不可磨灭的影响，它所创立的教学方法、教学体制、教学内容，一再被其他院校不同程度地借鉴和模仿。例如，1919 年 2 月开设的东北陆军讲武堂，几乎完全模仿了保定军校的教育体制，甚至它所使用的教材都跟保定军校一模一样。再如，南京政府开设的 53 所军校中，有 21 所学校的校长和教育长由保定军校毕业生担任，保定军校在中国军事教育史上的影响由此可见一斑。

当然，受保定军校影响最深的应属黄埔军校。在苏联和中共帮助下建立起来的黄埔军校，虽然在军事编制上仿效苏联模式，但在军事教育上却沿袭了保定军校的风格，尤其引人注目的是，黄埔军校创建时期的教学力量、管理力量，几乎是清一色的保定军校毕业生。例如，校长蒋介石、副校长李济深、教育长王柏龄、校务委员白崇禧、战术教官顾祝同等等，即使黄埔军校在各地设立的分校，也同样以保定军校毕业生为核心骨干。

正因为保定军校是我国第一所正规军事院校，而且教育质量非常高，所以它的毕业生深受欢迎。据统计，从 1926 年北伐战争开始到 1949 年新中国成立的这段时期，所有军政要人中毕业于保定军校的人数达到总人数的 30% 以上。此外，“保定系”人马还长期控制着中央和地方的政权，例如，国务总理、行政院长、内政部长、交通部长、驻外公使等等。

蒋介石于 1907 年进入保定军校，并且始终在保定系中处于主导地位，而保定系则是他最基本的支持力量。正是依靠保定系的师生、同学，蒋介石才培植出了自己的嫡系“黄埔系”，而保定系的核心骨干，则大多成为“黄埔系”的将领，绝对忠于蒋介石，绝对服从蒋介石。当然，在那段大开大合的民国历史中，保定军校毕业生也分道扬镳了，有的成了独霸一方的军阀，有的成了蒋介石的御用工具，也有不少人投身到了革命阵营中，总之，他们以自己的独特方式，在中国近代历史上挥洒出了人生的浓墨重彩。

第二节　不成功便成仁

领路人陈其美

1906年4月，蒋介石第一次东渡日本，虽然未能得偿所愿，却在机缘巧合之下结识了陈其美。陈其美（1878—1916），浙江吴兴人，同盟会的重要骨干，被革命导师孙中山视为得力助手。虽然两人相识之时，名不见经传的蒋介石没有任何政治资本，而陈其美却已是革命阵营的领军人物，但两人却极为投缘，于是，蒋介石、陈其美以及另一位同乡黄郛效法“桃园三结义”，互换兰谱，结为兄弟。蒋介石自己都不会想到，当年的这份感情投资，竟然为他带来了意想不到的政治“红利”。

陈其美肖像

桃园三结义后不久，求学无门的蒋介石在母亲的催促下，回国另谋出路去了，而陈其美却在这年冬天加入了中国同盟会。当1908年春天蒋介石再次踏上日本国土时，他的义兄已成为同盟会的骨干成员了，这对蒋介石的触动是非常大的。与此同时，蒋介石的思想也悄然发生着变化，处于革命力量核心领导层的陈其美，让他结识了一大批革命领袖人物，这些仁人志士的革命激情，无时无刻不在冲击着他。不久后，蒋介石在陈其美的推荐下，他加入了中国同盟会。凡是熟悉这段历史的人都很清楚，总部设于东京的中国同盟会，在孙中山离开日本之后，就已经四分五裂了，因陈其美是孙中山的亲信和干将，所以，与其说蒋介石加入了中国同盟会，倒不如说他站到了孙中山、陈其美这一边。加入中国同盟会之后，蒋介石的革命热情高涨，他不仅经常与其他会员探讨革命真理，纵论天下大势，还经常将《革命军》、《猛回头》、《警世钟》等书籍带在身边，以便经常翻看阅读。

随着国内革命形势的进一步发展，尚未完成学业的陈其美决定提前回国，投身到如火如荼的革命斗争中去。只可惜，陈其美多次策划江浙一带起义，却甚少见到成效。当辛亥革命的熊熊烈火迅速燃遍全国的时候，陈其美与志同道合者们决定乘着武昌起义的东风，再次策动沪、杭地区起义，为了加强这一地区的革命力量，他发出了“十万火急电报”。

事实上，蒋介石在辛亥革命期间的活动，都受命于陈其美，例如，参加杭州光复之役、进攻江南制造局、策动肇和舰起义、攻打江阴要塞等等。正是因为陈其美的引路，蒋介石才得以迅速地融入到轰轰烈烈的大革命中去，也正是鉴于与陈其美的关系，蒋介石在革命中表现出来的大无畏精神，才得以迅速得到党内同志的认可，孙中山专门以“教子有方”表彰蒋母王采玉，显而易见，这其实是对蒋介石的赞许。

陶成章

投之以桃，报之以李。对陈其美的知遇之恩、提携之功，蒋介石不仅铭记于心，亦能知恩图报，刺杀革命元勋陶成章就是蒋介石对大哥陈其美的“回报”。陶成章（1878—1912），浙江绍兴人，同盟会骨干成员，也是革命阵营中的头面人物，不过，加入同盟会后的陶成章却经常打着光复会的旗号行动，这让陈其美极为不满。尽管同盟会与光复会宗旨不一，也存在不少冲突，但在革命初期却能相互扶持。及至1910年，陶成章因与孙中山意见不和，而在东京重组光复会后，双方的矛盾开始激化。重新竖起光复会旗帜的陶成章，数次前往南洋，发展组织，募集经费，从而严重影响了同盟会在这一地区的利益。刺杀陶成章还涉及陈其美个人的权力欲望。当武昌起义的硝烟还未散尽，陈其美就派出蒋介石四处活动，意欲能使自己顺利就任浙江总督，而浙江各界却支援陶成章。这些因素让陈其美决心除掉陶成章，蒋介石为了报答陈其美之恩，最后收买歹徒将陶成章暗杀于医院中。

为了救国不遗余力的革命元勋竟然死于非命，消息传出之后，举国震惊，各界人士纷纷要求严惩凶手，沪杭地区更是炸开了锅。"不胜骇异"的孙中山指出，"抱革命宗旨十有余年，奔走运动，不遗余力。光复之际，陶君实有巨功。猝遭惨祸，可为我民国痛惜。"孙中山电令陈其美"严肃究缉，务令凶徒就获，明正其罪，以慰陶君之灵，泄天下之愤。"陈其美迫于舆论压力，不得不做些表面文章，他一方面悬赏1000元缉拿凶犯，另一方面却安排凶犯蒋介石潜往日本，蒋介石创办《军声》杂志，讨论军事形势，研究军事学术，就是在犯下凶案、亡命日本之时。

需要注意的是，我们应正确看待蒋介石刺杀陶成章案。毋庸置疑，在辛亥革命的历史上，蒋介石买通凶手枪杀革命元勋，对革命志士的震撼、以及对革命前途的影响，是非常巨大的，自此之后，光复会一蹶不振。事实上，陶成章之死是光复会倾覆的先声，蒋介石之罪无法湮灭。但是，我们也应该看到，这时的蒋介石在革命阵营中还是无名小辈，他哪里有资格"怒而杀之（陶成章）"，回顾蒋介石早期参与的革命活动，哪次不是听命于陈其美的指挥！所以，蒋介石在陶成章案中不过是奉命行事的杀手而已。

具有讽刺意味的是，陈其美为了争夺权力大搞暗杀，而自己最终却死于暗杀。为了加强东北地区的革命力量，陈其美开始在大连四处奔波。对陈其美恨之入骨的袁世凯不仅绞尽脑汁地对付他，并且授意日本关东军都督府，"不断严密监视，并妨碍其行动”。满铁副总裁伊藤大八于 2 月 13 日向外务省报告曾与张作霖晤谈，张秘密表示：“说老实话，大总统（袁世凯）有命令，不论用任何手段，都要将陈其美逮捕，请教可有什么好的办法没有?”由此可见，袁世凯对陈其美的憎恶程度。

当袁世凯为了称帝而决定与日本政府勾结，并签署丧权辱国的“二十一条”时，陈其美的厄运到来了！1916 年 5 月 18 日，袁世凯派出特务将陈其美刺杀于日侨山田家中，慑于袁世凯的暴政，陈其美暴尸三日而没有人敢去认领。闻讯而来的蒋介石冒着风险，替兄收尸，经纪丧葬，撰写祭文：“义弟蒋介石致文英士兄之灵曰，呜呼，自今以后，世将无知我之深，爱我之殷，如公者乎？……所约者何如辞，非生死相共之誓词乎。”陈其美的被刺身亡，使上海革命党失去了领军人物，革命活动随之陷入瘫痪状态，而由陈其美引入革命队伍的蒋介石，亦因此失去了革命领路人，而一度徘徊观望。不过，陈其美早已为蒋介石铺好了路，早在 1913 年，蒋介石便在陈其美的引荐下，谒见了中国革命的先行者孙中山。虽然在很长一段时间内，蒋介石一直受命于陈其美，并没有与孙中山取得直接联系，但陈其美的去世却让心情悲痛的孙中山，开始重视起蒋介石来。正如蒋介石在 1925 年 3 月 30 日《祭总理文》说孙中山“期我以继英士之业”。由此可以说，陈其美为蒋介石打通的关节起着长期效应。

正因为感念陈其美对自己的恩情，蒋介石发迹之后，着力提携陈其美的两个侄子——陈果夫、陈立夫，而陈氏兄弟亦不负蒋之期望，他们不仅是蒋介石“打天下”的中坚力量，还是蒋介石“坐天下”的四大支柱之一，以至于出现了“蒋家天下陈家党”之说。

投身于民主革命

1911 年，武昌起义爆发了，紧接着，各省纷纷响应，光复独立，消息传至日本，蒋介石欢欣鼓舞、跃跃欲试，这时正好接到了陈其美从国内发来了“十万火急电报”，催促他迅速回国投入战斗。

接到陈其美的电报，蒋介石更按捺不住了。不过，让蒋介石

头疼的是，日本陆军军纪严明，军人不得擅自离开部队，否则视同逃亡，将严加惩戒，可当他向师团长长冈外史提出回国申请时，

武昌起义军政府旧址

却遭到了严词拒绝，“因受陆军省委托管理，不能许可擅自归国”，万般无奈之下，蒋介石同一起实习的张群、陈星枢只好向联队长飞松宽吾请假两天，并保证两天之后准时回营。

事实上，蒋介石他们请假两天，不过是借此乔装回国而已。48 小时假满后，日本陆军照例出动宪兵队，查缉逃兵，不过，蒋介石此时早已登上了回国的轮船，“东来志岂在封侯”，他要借着辛亥革命的东风，在这乱世中干出一番大事业来，不仅救民于水火中，更要出人头地，光宗耀祖。不久，日本当局发布一纸公文，给予擅自回国的蒋介石以“退学”处分。未能如愿地从士官学校毕业，蒋介石多少有些伤心难过，毕竟自己为了这个目标奋斗了这么多年，然而，蓬勃发展的国内革命将会给蒋介石带来意想不到的荣耀。

1911 年 10 月 30 日，刚刚抵达上海的蒋介石，迫不及待地拜访了大哥陈其美。此时陈其美为了扩大东南地区的革命形势，正在策划上海和江浙地区的武装起义，鉴于蒋介石是浙江人，又是自己信任的人，陈其美随即将他派往杭州，指挥光复之役。抱定不成功便成仁决心的蒋介石，在杭州举事之前，给母亲和兄长写了一封诀别信，表达了自己誓为革命牺牲的决心，并希望母亲宽恕自己的不孝之罪。

收到这封充满悲壮之气的诀别信后，深明大义的蒋母虽然内心悲痛，却安慰并鼓励儿子，“死生一视义，不必以家事为念”。正是因为得到了母亲的谅解，没有了后顾之忧，蒋介石才会在随

后的革命中表现得异常英勇。1911 年 11 月 4 日，在得到上海起义的消息之后，蒋介石以先锋指挥官的身份，率领着 100 名“先锋敢死队”，攻打浙江巡抚衙门，“先锋敢死队”的勇士们，人人手握炸弹，视死如归，而蒋介石更是身先士卒，一马当先。

在革命形势犹如排山倒海般蔓延开来之时，清朝官吏早已风声鹤唳、全无斗志了，当敢死队员冲进抚属大门时，抚属卫队竟然没有做任何抵抗，于是，浙江巡抚衙门不攻而克，到 11 月 5 日，除了个别机关如旗营外，杭州全市光复。当蒋介石圆满完成任务，回到上海之时，陈其美已摇身变为沪军都督，并利用上海商团捐助的资金，筹建了沪军第 5 团，蒋介石旋即被任命为团长，隶属于义兄黄郛的第 2 师。从此之后，蒋介石的前途命运就与大开大合的中国历史紧密地联系在一起了。

在革命志士们前赴后继的努力下，推翻清朝、建立共和的理想实现了。1912 年 1 月 1 日，中华民国正式成立。令人遗憾的是，革命者们还陶醉于革命胜利的喜悦中时，袁世凯却早已窃取了革命果实，并不断蓄意破坏无数革命者用鲜血换来的民主制度，以实现其恢复独裁专制的个人野心，他派人刺杀前去北京参加民主选举的宋教仁，就是最好的例证。

1912 年 1 月，中华民国临时政府在南京成立，图为 1 月 5 日，孙中山主持召开第一次国务会议

“宋教仁案”发生之后，“人心鼎沸，国贼国贼之声，震于寰宇”。进一步认清了袁世凯丑陋面貌的孙中山，在上海召开紧急会议，决意“文治不成，以武功致之”。早有准备的袁世凯也在积极调兵遣将，革命形势顿时紧张起来，大有一触即发之势。1913 年 7 月 12 日，江西总督李烈钧首先发难，从而打响了“二次革命”的第一枪。紧接着，安徽、广东、四川、湖南等省纷纷响应。

遇刺身亡的宋教仁

7 月 18 日，孙中山的得力干将陈其美，宣布上海独立，并发布《讨袁宣言》，号召全天下共击之（袁）。因陶成章案而亡命日本的蒋介石，此时正在上海待命。1913 年春，蒋介石避过风头、秘密回国后，依然难以在革命阵营中立足，万般无奈之下，只能返回溪口老家，暂时闲居以等待时机。不久，机遇来了。鉴于革命党人与袁世凯矛盾的激化，陶成章案渐渐被人们遗忘了，原先争执不休的各派也在强敌面前重新站在了一起，毋庸置疑，陶成章案的凶犯不再引人注意了。于是，蒋介石再度投身于革命之中，帮助大哥陈其美摇旗呐喊。

7 月 22 日，在把兄弟蒋介石的建议下，陈其美下令进攻江南制造局。江南制造局乃全国最大的兵工厂，由晚清洋务派兴建，蒋介石认为只要占领了这里，整个上海将不攻而克，可惜，战争并不像他想象的那么简单。7 月 29 日，讨袁军因弹药用尽，无奈之下退至闸北，却被英军缴械，最后只能退至吴淞、宝山一带。8 月 13 日，上海讨袁运动彻底结束，此后，各路讨袁军相继宣告失败。

“二次革命”失败之后，占据上风的袁世凯，开始疯狂屠杀革命党人。迫于严峻的国内形势，孙中山再度避难日本。躲进上海租界的蒋介石，亦因袁世凯追捕甚严，于9月1日抵达日本长崎。就在这一时期，流亡日本的孙中山，在总结经验教训后，筹建了中华革命党，为了不再重蹈同盟会的覆辙，孙中山要求所有入党人员，必须宣誓服从自己的个人领导。这一做法让很多老革命党人难以接受。

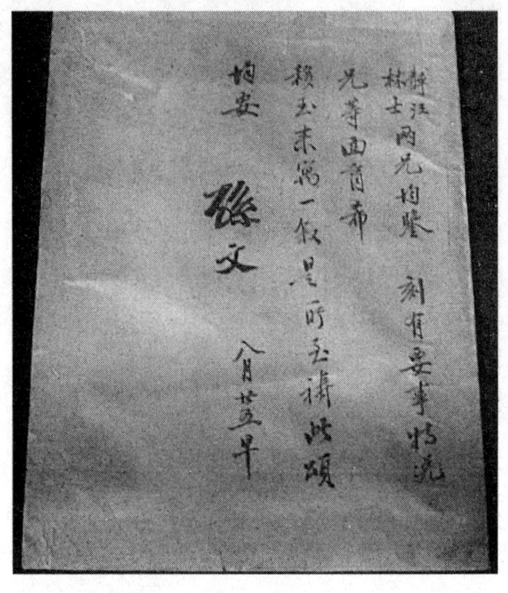

静江
林士两兄均鉴 刻有要事[illegible][illegible]
兄等面商希
拨冗来寓一叙是所至祷此颂
均安
孙文
八月廿五早

孙中山致张静江的信函

就在老同志们纷纷离开、另谋出路之时，极力拥护孙中山的陈其美，却毅然加入了中华革命党。随后，受命于陈其美的蒋介石，也在张静江（陈其美的把兄弟）的引荐下加入了该党。也就在这一时期，蒋介石第一次谒见了孙中山，毋庸置疑，这得益于陈其美的铺路，自此之后，蒋介石下定了追随孙中山以展宏图的决心，因而，在此后讨伐袁世凯以捍卫共和的斗争中，他也表现得更加积极卖力。

1914年春天，在孙中山“速起三次革命”的豪言壮语之下，蒋介石受命前往上海策划武装起义，但因不慎走漏风声，而被上海镇守使郑汝城侦破。上海起义被扼杀于襁褓之中后，蒋介石又奉陈其美之命前往东北，策动哈尔滨等地旧军讨伐袁世凯。在视察东北期间，蒋介石上书孙中山，陈述欧战形势以及讨袁计划，此后，他多次来往于日本与上海之间，为讨伐袁世凯而奔波忙碌。

1915年12月，冒天下之大不韪的袁世凯，公然宣布将于北京称帝。事实上，袁世凯早有称帝野心，只是鉴于国内舆论及革命形势，而未敢明目张胆地付诸实践，等到日本提出旨在“独占中国”的“二十一条”之后，袁世凯称帝野心才随之走向具体化。虽然袁世凯急于接受“二十一条”，以换取日本对自己恢复帝制的支持，但老奸巨猾的他却还煞有介事地摆出一副据理力争的姿态。

袁世凯称帝

在多数革命党人停止反袁行动、支持袁世凯与日交涉的时候，唯有孙中山看清了袁世凯的卖国意图，并号召所有党员讨伐袁世凯，“吾党冀除卖国之蠹，庶几巨奸授首……外侮将无自侵入矣”，于是，陈其美迅速回上海成立讨袁总司令部，蒋介石随之回国襄助。1916 年 11 月 5 日，蒋介石在杨虎等人攻击肇和舰得手之后，率领起义军攻打上海各官署，只因仓促起事，步调不一，最终以失败告终，此为著名的“肇和舰起义”。

袁世凯接受拥戴为“中华帝国皇帝”之后，蔡锷、李烈钧等人在云南宣布独立，并组织“护国军”，举兵讨伐袁世凯。紧接着，护国军向贵州、四川、广西等省扩大。消息传来，包括蒋介石在内的上海革命党人无不欢欣鼓舞，于是决定再接再厉，发动起义。1916 年 4 月 16 日，蒋介石参与江阴战斗，因积极策反守军，江阴要塞不战而克。不过，可惜的是，极为震怒的袁世凯以大军压境，蒋介石占领江阴要塞仅五天即宣告失败。

总而言之，厌恶旧社会、立志改造中国的蒋介石，在孙中山、陈其美的领导下，义无反顾地走上了革命道路，在屡次组织军队武力抗争之时，他都积极参与，甚为卖力。平心而论，这是他革命激情的真实写照，我们不应该将其看做投机革命，在那个最能激荡爱国青年之心的革命年代，深受陈其美及其他革命同志影响的蒋介石，迸发出无限的革命斗志，也是在所难免的事情。

令人遗憾的是，蒋介石虽尽心尽力参与战斗，但几乎每一次行动都以狼狈失败而收场，毕竟真正的战斗并不像他儿时指挥孩童“冲锋陷阵”那么简单。最终，陈其美为捍卫共和献出了宝贵生命，而他自己也成了北洋军阀通令缉拿的“要犯”。不过，即使在革命事业屡遭挫折的情况下，蒋介石依然没有放弃希望，尤其在陈其美惨遭暗杀之前，正因为蒋介石表现出的大无畏的革命精神，孙中山才称他“昂昂千里之资，虽夷险不测，成败不定，而守经达变，如江河之自适，山岳之不移”。

第三章
退中求进

第一节 徘徊观望

潍县整军

蒋介石是由陈其美引入革命队伍，并依靠陈穿针引线而在革命阵营中占有一席之地的，在陈其美被袁世凯暗杀于14号机关部之后，失去靠山的蒋介石一时之间茫然不知所措。这主要来自两方面的原因：一方面，上海地区因失去领军人物，革命活动陷入了停顿状态。据当时的情形来看，上海革命很难在短期内发动，蒋介石亦因此深感革命前途渺茫。另一方面，蒋介石虽然在陈其美的引荐下，谒见了孙中山，并给对方留下了深刻印象，但是，在孙中山的心目之中，蒋介石根本无法与陈其美相提并论，更何况，在一大帮革命重臣之中，蒋介石不过是一个可资传唤的无名小辈而已，不可能越过一堆老臣而被委以重任。蒋介石亦因此自觉丧失了接触高层领导的机会。事实上，在陈其美被

孙中山与宋教仁等人的合影

暗杀之后，蒋介石决意追随孙中山，以寻求革命发达的新途径，这在初期确实非常不顺利。

尽管在孙中山的一大群忠诚党徒、得力干将之中，蒋介石很难迅速脱颖而出，但蒋毕竟是孙中山亲信陈其美的小兄弟，是值得信赖的“自家人”，所以，在陈其美暴尸大街，上海局面难以打开之时，孙中山还是相当栽培、提携他的。1916 年 7 月 31 日，孙中山任命蒋介石为中华革命军东北军总司令部参谋处长，协助参谋长兼代理总司令许崇智整顿军队。

中华革命军东北军建于 1915 年，总司令居正受孙中山之命，主持华北地区讨袁运动，在 1916 年 6 月 6 日袁世凯抑郁而终之后，这支在急遽之中招募拼凑起来的部队，逐渐趋于分崩离析，纪律欠佳，素质较差，甚至时常发生掳掠行为。蒋介石到达潍县总司令部第一天就到周围各部队巡视了一番，并根据情况提出了具体整顿措施：

“今日所见，拟改正之件如左：一、见各处卫兵口号不明，以后对答者，须唱当晚口号；二、各处外表名称，仍有未照改编名称张贴者，须限期一律改换；三、枪匠须赶紧雇用，废枪迅即处理；四、测绘人员须整顿；五、卫兵勤备细则须修订。”

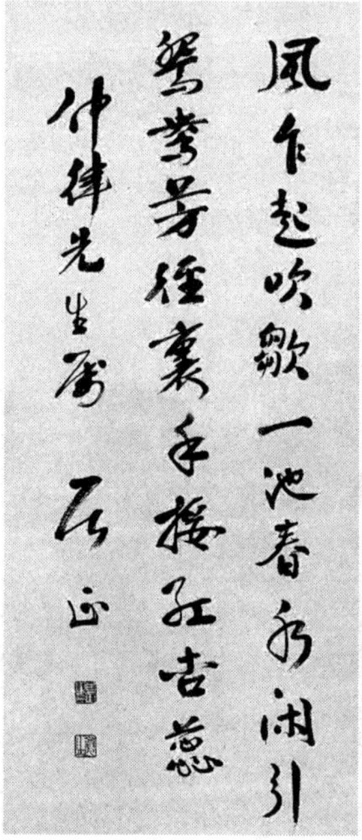

事实上，自 7 月 31 日上任至 8 月 12 日离任，蒋介石每天都会根据了解的新情况，制定整顿军纪的措施，这在他遗留下来的日记当中可以得到印证。从这 13 天“参谋长日记”当中，我们可以感受到蒋介石日以继夜、努力不懈整肃军纪的艰辛。不过，在这支临时拼凑起来的部队当中，整饬军纪的工作是很难推行的，大家可以设想一下，让那些连枪怎么扛都不知道的士兵，去严格执行军纪是多么不容易的事情，难怪乎蒋介石发出了“若不同心一致，

居正手迹

危险何似”的感慨。

踌躇满志的蒋介石本想尽心事职，展现治军才能，让孙中山刮目相看，可没想到的是，在整顿军纪尚未取得显著成效时，他自己却因锋芒毕露、骄横浮躁，而为同僚所不容，最终只能离开东北军返回上海了。值得一提的是，尽管蒋介石在东北军中进行的改革没有什么实际效果，但亲自整饬军队的经历却为他日后培养黄埔军团积累了宝贵的经验，毕竟，他在这13天内所发布的整顿命令，是建设具有强大战斗力的部队所必需的。

涉足军界

1916年8月离开东北军后，蒋介石到北京视察了一番，便再次回到了上海滩。可惜的是，即使回到了自己革命起家的大本营，一时之间蒋介石也很难有所作为，只是空有一腔革命热血而已。恰在此时，段祺瑞重新上台，把持中央朝政，拒绝恢复国会，妄图步袁世凯后尘，建立专制独裁统治。为了“恢复约法，尊重国会”，孙中山以广州地区为革命大本营，建立了护法军政府，并组织力量与北洋军阀相抗衡。

空有抱负而无处施展的蒋介石，本想前往广州投奔孙中山，但鉴于自己革命资历尚浅，无法在孙中山心目中占据足够的分量，也就无从获得高位重权，所以，蒋介石首先要做的是创造机会以引起孙中山的注意。当然，蒋并没有孤注一掷，而是一方面继续滞居上海，寻找其他出路；另一方面向孙中山献计献策，投石问路。

1917年9月20日和10月1日，蒋介石接连向孙中山抛出了两块敲门砖——《对北军作战计划书》与《滇粤两军对于闽浙单独作战之计划书》，在这两份关于对北洋军阀作战的计划书中，蒋介石不仅详细分析了北方的军阀势力，还根据敌我双方的力量对比提出了作战计划，他认为，“我军主作战地，当定于东南沿海一带之地区，而于湘省暂取守势。先以海军为主力，向东南沿海一带之闽浙两省，扫除北军之势力，击攘湘沪之敌军。以吴淞之门户，东南之势力不难完全造成矣。若西南战局能有转机，则与之互相策应，出入于长江沿岸一带，肃清长江上下游之敌军，则第二期作战北伐之基本定矣。”

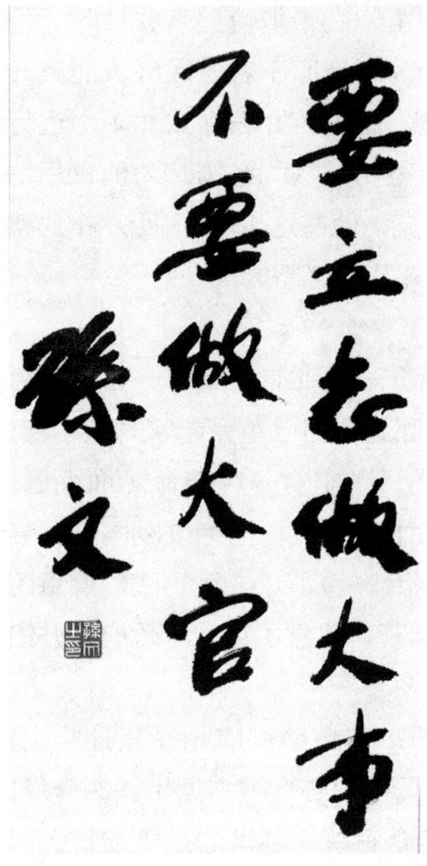

孙文行书

这两份作战计划书让孙中山对蒋介石多少有些刮目相看，于是，1917 年 11 月 1 日，孙中山正式任命蒋介石为大元帅府参军。其实，参军不过是个有名无实的官职，不愿做配角的蒋介石寻找各种借口，拒绝了孙中山对自己的任命。既然无法获得位高权重的职位，还不如以退为进，再待时机，或者转变方向，另谋出路，这么做或许更会获得孙中山的好感，因为这更符合孙中山“不求做大官，但求做大事”的训导。果不其然，蒋介石表现出来的“有志革命，无意做官”的姿态，确实也获得了孙中山的赞许。

1918 年 3 月 2 日，求贤若渴的孙中山再次向蒋介石发出了邀请，见好就收的蒋介石赶赴广东汕头前线，就任援闽粤军作战科主任。稍后，在离沪赴粤途中，蒋介石写下了《今后南北两军行动之判断》，并于 3 月 10 日上呈孙中山。在这篇文章中蒋介石指出，“当于衡州未失之时，令黔川、滇军攻克荆、宜，扰敌之背；当张尚未攻赣州时，令南军力克漳、龙，使桂、粤、闽、浙连成一片，共抗敌军，否则粤省危殆。”

3 月 15 日，正式就职的蒋介石视察了驻扎在黄冈、潮安、松口、蕉岑前线的粤军部队，并提出了“先谋自立于不败之地，而后再谋制胜之方”的见解，由此可见，与就任东北军参谋长时一样，蒋介石致力于建立一支纪律严明的新军，毕竟，在军阀混战的动乱年代，要真正完成革命伟业，没有纪律严明的军队是万万不行的。

正当蒋介石踌躇满志、想一展所长之时，护法军政府公开分裂了。事实上，当年西南军阀唐继尧、陆荣廷参加护法，不过是想利用孙中山的名望，以达到扩充自己势力的目的，正如 1918 年的《时报》所言，“借护法之虚名，以收蚕食鹰攫之效”。处处受到排挤打击的孙中山于 1918 年 5 月 4 日辞去大元帅职，并通电全国批评西南军阀。

在孙中山失意的时候，蒋介石抓住了机遇！ 5 月 21 日，孙中山乘船离开广州，前往粤军总司令部，蒋介石立即放下军务，专程赶往韩江边迎接。蒋介石看到孙中山面色憔悴，不禁流下了伤心的眼泪，不管是真心，还是作秀，蒋的举动都让困境中的孙中山备感温暖，自此之后，两人的距离进一步拉近。回顾那段历史，可以清楚地看到，蒋介石的这份感情投资，逐渐地开始发挥作用。

孙中山离开三河坝、回到上海之后，蒋介石也重新回到了“工作岗位”。他多次拟定作战计划，亲赴前线指挥战斗，可谓费心费力，尽心尽责。尤其让蒋介石自豪的是，他指挥的粤军第二支队在闽西作战时，取得了粤军历史上最辉煌的战绩——半个多月挺进 700 里，其中还包括“五十里之间，深山穷谷，步步入险”的地区。

尽管取得了如此骄人的战绩，蒋介石在粤军中任职却并不如意。由于粤军地域观念极强，有着严重的排外倾向，所以，身为外籍人的蒋介石可谓寄人篱下，处境窘迫。此外，粤军内部拉党结派，明争暗斗，纷争不断，也让蒋介石极为不满。1920 年蒋介石曾公开指责粤军的派系斗争，他在给邓铿的信函中说，“既不能另自选将练兵，又不能如意整顿革新，平时或受抚循，临战则不听指挥；欲图更张，则枝节横生”。

胸怀大志的蒋介石，痛感自己在粤军中很难有所作为，然而，他所倚重的孙中山在这时亦处于窘境之中。孙中山辞去大元帅之

职后，广东革命根据地已被西南军阀控制，他不得不退居上海以图东山再起。可是，即使在孙中山最失意潦倒的时候，蒋介石也无法同那些与孙中山肝胆相照的革命重臣相提并论，更无从挤进核心领导圈子。于是，深感革命前路渺茫的蒋介石，开始不断游离于广州、上海、奉化之间。

一来，蒋介石确实不大喜欢粤军的氛围。蒋介石曾在给戴季陶的信中提及粤军“自成风气”，“内容复杂”，且缺少“以诚待人”的精神和风格；二来，蒋介石借此向孙中山表达自己的不满，空有一番革命忠诚和治军才华，却无法获得施展的舞台，尤其是无法获得实权重职。毋庸置疑，聪明绝顶的蒋介石深谙“以退为进”的策略，他清楚地知道如果自己直接跑去找孙中山抱怨或要官的话，意图太过明显，不但会自降身价，还会失去信任，不能成事。所以，蒋介石通过“三天打鱼，两天晒网”的姿态，让孙中山自己去揣摩猜测。

戴季陶行书

事实上，貌似闲居、犹如隐士的蒋介石，内心极其忐忑不安：自己在孙中山心中的分量究竟如何呢？是否能通过“以退为进”的策略获得想要的权位呢？在这段时期，蒋介石虽处于擅离职守的状态，却依然在粤军中挂名，这是他与孙中山联系的最好通道，如果负气离开的话，很有可能就此关闭了自己通向发达的大门。基于这样的考虑，蒋介石偶尔也会返回粤军，但每次时间都不会太长。与此同时，蒋介石还眼观六路，耳听八方，不仅时刻关注着局势变化，还常常上书孙中山，为革命献计献策，这是他在表明心志，以便为争得“上位”创造机会。

蒋介石赢了，他争取到了他想要的东西，甚至争取到了超过他期望值的东西！例如，1920 年 8 月 12 日，粤军兵分三路讨伐桂系军阀，身为粤军将领的蒋介石却流连于奉化的湖光山色之中，即使孙中山、廖仲恺等人出面，以个人名义劝他归军复职，蒋介石依然不肯重返粤军，直到 9 月 30 日，被任命为粤军第 2 军参谋长他才欣然出山，率领右翼粤军参与战斗。不过，蒋介石并不满足于此，没多久，他又离开粤军，返回上海了，他要通过这种方式来证明自己是不可缺少的，他要等待孙中山给予自己更多的权力。

正是在半推半就中，蒋介石的声望和地位开始直线上升。这时，孙中山身边人才奇缺，求贤若渴，尤其是他最为倚重的朱执信过世之后，更是如此。所以，蒋介石越是寄情山水，不愿出山，孙中山就越看重他，自己身边多少人是为了“官”而来的，难得蒋介石时刻关注革命，而又不求做官。于是，孙中山、胡汉民、许崇智等人多次致电，邀请蒋介石出山战斗，孙中山在 1920 年致蒋介石的信中更是表达了自己对蒋介石的殷切之情，“执信忽然殂折，使我如失左右手。计吾党中知兵事而且能肝胆照人者，今已不可多得，惟兄之勇敢诚笃，与执信比，而知兵又过之。”

由此可见，蒋介石在 1918 年至 1924 年之间上上下下，左右徘徊，观望不前，并不是意志消沉，淡出政治。尽管这段时间，尤其是 1920 年至 1921 年间，看起来像是他思想最混乱、行动最迟缓的时期，实际上这是蒋介石“以退为进”的策略，他在等待时机，一旦时机成熟，必将重出江湖。“明月当空，晚潮汹汹，国事蒙混，忧思忡忡，安得乘宗悫之长风，破万里浪以斩蛟龙。”这首仿曹操《观沧海》的诗，才是蒋介石志向与抱负的真实写照，他怎么会轻易心灰意冷、放弃权欲呢！纵观蒋介石的一生，我们可以看到，“以退为进”是他一生的常态，而且每次使用，都会获得意想不到的成效。

第二节　两手准备

十里洋场投机

蒋介石是个胸怀大志的人，梦想着在民国乱世中闯出一片天地来。谁曾想，当他的直接领导人陈其美去世后，他的革命生涯也随之陷入了困境。尽管蒋介石很快投靠了孙中山，并受孙直接领导，而孙中山亦因陈其美的关系而高看蒋介石一眼，但蒋介石毕竟资历尚浅，无法在一帮老臣重臣中脱颖而出。蒋介石深感前路渺茫，为了实现自己一展抱负的梦想，开始了两手准备。

一方面，蒋介石积极创造机会，投石问路，在引起孙中山注意之后，又开始采用“以退为进、静待时机”的策略。蒋介石希望在“欲迎还拒”、“半推半就”中，提高自己的身价，从而谋取重职实权；另一方面，蒋介石不知道自己在孙中山那里到底有多少分量，也不知道自己的计策能否奏效，因此并没有孤注一掷。于是他一边等待时机，一边另谋出路。

段祺瑞

1917年7月，为了“恢复约法，尊重国会”，孙中山南下广州，建立了护法军政府，并组织力量与段祺瑞势力相抗衡。但是，旨在利用孙中山声望，扩充势力的西南军阀，却在财政上处处为难孙中山，以致革命党人经费紧张，滞留上海的蒋介石更是陷入了穷困潦倒之中。

自 1911 年辛亥革命以来，蒋介石冒着生命危险跟随陈其美，秘密从事革命活动，虽经常身陷险境，但经济上却没有后顾之忧。革命党人从海外募集的捐款会通过组织源源不断地汇给他们，不过，陈其美意外去世之后，上海革命党人失去了领军人物，革命组织顿时也陷入了瘫痪之中，而孙中山亦因处于窘境中，而没有更多款项救济滞留上海的革命党人了。在这种局面之下，蒋介石、戴季陶、张静江等人开始想方设法，寻求生财之道。最终，他们决定仿效孙中山，成立证券物品交易所。据《中国交易所论》记载：“民国五年冬，虞洽卿与孙前总理鉴于上海有设立交易所之必要，因有组织上海交易所之动议。”事实上，孙中山筹划开设上海交易所，是在日本友人的建议下进行的，他希望可以借此为革命筹措经费。

要想成立证券物品交易所，必须要有足够的资金，而此时的蒋介石、戴季陶等人却是穷困潦倒，一文不名。根据当年交易所的理事魏伯桢回忆，蒋介石、戴季陶等人为了筹划工作能够顺利进行，首先成立了秘密团体“协进社”，然后派出代表戴季陶与日本某企业商谈办法，从而筹措了所需要的资金；然后，协进社又利用虞洽卿、赵家艺、盛丕华等人，拉来了上海工商界的众多知名人士。一切准备就绪之后，具呈北洋政府农商部，要求予以登记注册。由于资本家张謇的强烈反对，农商部搁置了协进社的申请，直到日本商人在上海租界开办“取引所”（即“交易所”），并向租界当局注册之后，迫于压力的农商部才批准了证券物品交易所的注册立案。

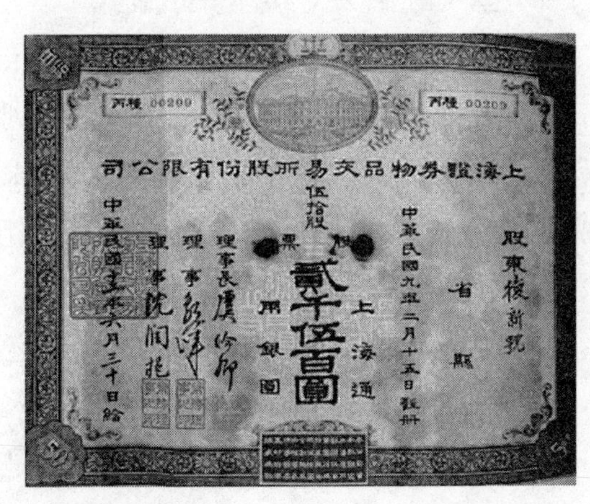

交易所注册证书

1920 年 2 月 1 日，上

海证券物品交易所公开成立，7 月 1 日正式开业。值得注意的是，蒋介石除了在交易所的酝酿、发起阶段，发挥了积极作用之外，并未参与交易所的整个筹划工作。自 1918 年 3 月奉孙中山命，就任援闽粤军作战科主任之后，蒋介石便赶赴广州汕头前线了。虽然在粤军任职期间，蒋介石出于种种原因，经常往返于奉化、广州、上海之间，但他毕竟不能将所有精力放在上海一处，因而也很难参与交易所的具体筹划工作。

最开始蒋介石倡议设立证券物品交易所，为的是改变穷困潦倒的生活，自从奉命到粤军任职之后，他的经济已经不再像以前那样拮据了，不过，蒋介石还是成了交易所经纪人恒泰号的股东。当时交易所的生意买卖，都是由经纪人做的，每个交易所由数量不等的经纪人组成，经纪人可以拥有自己的牌号，还必须向交易所缴纳保证金。恒泰号就是蒋介石、戴季陶、张静江共同组织的经纪人牌号，资本 3.5 万元，每一千元一股，总共 35 股。

在恒泰号所有股东之中，张静江是最为有钱的，他因贩卖古董致富，被人称为“古董张”。因张静江一家占有恒泰号三分之一以上的股份，所以，张家是名副其实的经理，蒋介石在恒泰号中拥有 4 股，这也是由张静江代为认购的。蒋介石长期在粤军中任职，所以他在恒泰号的经纪人地位，由陈果夫代理。长期以来，许多人都认为，陈果夫的幕后老板是蒋介石，事实则不然。

据《陈果夫先生全集》记载，“在民国九年的秋天，总理命令本党同志在上海筹设证券物品交易所。蒋先生把这件事告知了我，并且要我研究这问题，我因此特地到日本人办的上海取引所去参观了两次。不久，蒋先生就要我和朱守梅（孔扬）兄，及周枕琴（骏彦）先生、赵林士先生等商量，组织第五十四号经纪人号，名茂新，做棉花证券两种生意。”

由此可见，陈果夫幕后的真正老板是孙中山。因当时革命经费十分困难，孙中山要求戴季陶等人参加交易所的工作，以接济东南地区的革命党人。交易所本身是中介单位，不论是买方，还是卖方，都要向交易所缴纳佣金，不负担任何风险，因而，交易所的工作赚钱快且容易。最初，张静江、戴季陶、蒋介石三人联手，在投机市场上大发横财。据魏伯桢回忆，仅值30元的股票，不到一年时间，涨到了120元。正是因为投机生意发展快，大家趋之若鹜，结果引发了1921年的金融大风波，上海各交易所纷纷宣布停市，原先的大富翁一夜之间变成了穷光蛋，蒋介石也未能幸免，他连自己都顾不了了，更不用说为革命筹措经费了。

在上海参加证券物品交易所的这段经历，进一步增加了蒋介石对资本家的厌恶感，这与后来1927年蒋介石思想“右”转后对资本家的态度截然相反。早在1919年10月12日，蒋介石在日记中就表达了自己对商人和资本家的憎恶，“政客、武人、官僚之外，商人之狡猾势利，尤为可恶。资本家不扫除殆尽，则劳动家无乐利自由之道……吾以为革新社会，资本家与绅耆二者之中等阶级，须先扫除廓清。”在上海交易所目睹了大股份压制小股份，以及董事相互倾轧的黑幕后，蒋介石更加憎恶资本家，他在1920年1月20日的日记中写道：“商人积弊，仍不能脱把持与专制，大股份压制小股份，大多数压迫小多数，舞私牟利，垄断其间。小商人中虽有达材正士，不能施展一筹，以致中国实业，日趋衰落，安得将此种奸商市侩一扫而空之，以发荣社会经济也。”

托庇青帮堂会

在1911年至1922年的十余年时间里，蒋介石曾长期滞居上海，即使在粤军任职期间，他也依然如故。上海是当时中国最繁华的都市，店铺繁多，妓院林立，赌场毗邻……一切都让人眼花缭乱，不能自已。在上海滩谋求发展，没有黑帮势力的支持，不结交上海黑帮头号人物黄金荣，是根本不可能的事情。民国成立前后的二十多年时间，正是黄金荣叱咤上海滩的黄金

上海滩三大巨头黄金荣、杜月笙和张啸林

时代，其势力之大，能耐之广，在整个上海滩几乎无人可以与之匹敌，流氓政客杜月笙就出自他的门下。

蒋介石在辛亥革命爆发后放弃学业、回到革命的大本营上海，就早已对黄金荣的大名及其势力早有所耳闻，不过，深受陈其美革命热情熏染的蒋介石，在当时将主要精力放在了“以革命求发展”的道路上，更何况，志比天高的他根本看不起黑道势力，也不屑于与他们为伍，毕竟，这与他的革命理想相差太远。可谁能想到，自从陈其美暴尸大街之后，蒋介石一下子由革命志士，变成了生活无着的街头混混，这两者之间可是天渊之别啊。

尽管蒋介石很快投靠了孙中山，继续与革命党人为伍，但是蒋介石与孙中山的关系，毕竟不如与陈其美亲近，而且孙中山身边的亲信，哪一个的分量都比蒋介石重。失去了政治靠山的蒋介石，要想仅凭自己的微薄之力，迅速挤进孙中山的核心圈子，是非常困难的，而且还需要策略和时间。鉴于政治上一时无所施展，而经济上穷困潦倒的状况，蒋介石决定另辟门路，寻找新靠山。

就在一筹莫展、走投无路之际，蒋介石遇到了陈其美的侄子陈果夫，此时正在上海证券交易所当差的陈果夫建议蒋介石到交易所“淘金”。主意听起来虽然不错，但对身无分文的人来说，是根本行不通的。在万般无奈之下，陈果夫带着蒋介石去找虞洽卿商量对策。虞洽卿是浙江镇海人，自幼丧父，家境贫寒，但他却在机缘巧合之下，一跃成为了上海的大富豪，并与青洪帮来往密切。鉴于陈果夫的情面，虞洽卿为蒋介石安排了一个差事，随后，又将蒋介石举荐给了黄金荣。因为虞洽卿在商界的地位比较高，而且势力不小，有意与他结交的黄金荣对虞洽卿提出的要

青帮漕船图案

求无一例外地应承下来，不仅收下了蒋介石投的门生帖子，还“慷慨”地赠送了蒋介石 200 元大洋。通过白道虞洽卿，又转入黑道的蒋介石，在老头子黄金荣的支持下，本来可以在上海商界和黑道干出一番大事业，无奈他的志向并不在此。当“以退为进，蓄势待发”的策略发挥效用之后，蒋介石便在孙中山的殷切期望之下，风风光光地返回革命大本营去了。自此之后，黄金荣与蒋介石便没有了联系，甚至慢慢淡忘了此事。

令谁也想不到的是，当年落魄上海滩的小混混，几年后竟摇身变成了位高权重的北伐军总司令，这可是民国天字第一号的人物，如果让别人知道他曾拜过老头子，不定会惹出什么风波来。为了给自己留条后路，虞洽卿与黄金荣商量后决定，隐没这段师徒关系，并亲自送还门生帖子。既然蒋介石当时使用的是“蒋志清”这个名字，而且没有举行过正式仪式，外人根本无从知道这段历史。至于蒋介石那里，可以推说当年只是虞洽卿自己一厢情愿，自己从未接受过拜师收徒之仪，只是当做朋友罢了。

黄金荣送还门生帖子之后，就再也不提此事了，这让蒋介石十分感激，并亲自登门拜访以示敬意，言辞之间对当年所受照顾多有谢意。蒋介石刻意回忆旧情、以及给黄金荣等人很高礼遇的做法，在后来收到了很好的回报。从黄金荣、虞洽卿等人的角度而言，政界头号人物跟自己有过不为外人知的特殊交情，而且能不忘旧情，礼遇相待，这让他们感恩戴德，并竭尽全力相报；从蒋介石的角度而言，常年混迹上海的他深知黑道势力与大资本家的能耐，要想在上海站稳脚跟，有所作为，没有他们的配合与支持是万万不行的。

于是，黄金荣、虞洽卿与蒋介石的关系更加紧密了。当北伐军势如破竹、节节胜利之时，江浙财团在虞洽卿的穿针引线之下，与北伐军总司令蒋介石秘密达成协议：江浙财团给蒋介石以财力支持，而蒋介石必须保证上海不被共产党人掌握。江浙财团的要求与密谋夺权的蒋介石不谋而合，所以，互有所求的两股势力不可避免地结合在了一起。在江浙集团之外，上海黑帮对蒋介石的助力也不可小觑，在黄金荣的授权之下，封建帮会势力成了蒋介石疯狂清党、屠杀群众的急先锋，正因为这样，上海三大亨黄金荣、杜月笙、张啸林格外受蒋介石的青睐。

总而言之，蒋介石混迹上海、托庇青帮的这段经历，给他积累了宝贵的财富和人脉，正是依靠江浙财团和黑帮势力，他才得以在上海站稳脚跟，也正是因为依靠他们，宁汉纷争中被迫下野的蒋介石才得以重新上台复职，并最终建立起了蒋家王朝。

混迹烟花柳巷

上海不仅是旧中国的经济中心，更是奢华消费的热闹场所，妓院、赌馆遍地都是，任谁踏入这花花世界，都会眼花缭乱、应接不暇，蒋介石也不例外。实际上，在旧社会，“吃花酒”是官场及社会普遍存在的一种恶习，蒋介石崇拜的大哥陈其美，也是这方面的高手，他自己对此毫不讳言，“昔日为秘密结社之故，偶借花间为私议之场，边幅不修”。深受社会习气及陈其美影响的蒋介石，来上海没多久就开始嬉戏于烟花巷柳之地，他的第二位夫人姚冶诚便是在此期间认识的。

姚冶诚（1887—1966），江苏苏州人，流落上海，穷困潦倒，沦为妓女，花名怡琴。她虽算不上绝代佳人，却也是皮肤白皙，明眸皓齿，面目娟美，体态丰腴。当蒋介石跟随陈其美在北里冶游时，见到了这位上海文人名士争相与之相识的姚冶诚，并且对她一见倾心。据1917年10月28日天津《益世报》记载：“女出身寒微，当南北和议告成时，蒋随陈英士居沪，陈每过北里，蒋亦偕往，怡琴在法租界某妓处做房侍，在筵席间见蒋氏，刻意奉迎，终至以身相托。”

晚年的姚冶诚

1913年，亡命日本的蒋介石回国，两人旋即正式结婚。因刺陶案风波未过，蒋介石便携同姚冶诚一起回到溪口老家。深受封建传统礼教影响的毛福梅，待丈夫的侍妾如同姐妹，而随和乖巧的姚冶诚对毛福梅也极为尊重，所以，一家人相处还算融洽。由于婚后不曾生育，蒋介石便将戴季陶的私生子带回，交给姚冶诚抚养，取名纬国。1919 年，喜新厌旧的蒋介石萌生了抛弃姚冶诚的念头，并时不时地无端挑起争端。姚冶诚怎么也不会想到自己会步毛福梅的后尘。1921 年，蒋、姚两人正式分道扬镳。

在这里我们有必要简单介绍一下毛福梅。毛福梅（1882—1939），奉化岩头村人，蒋介石的元配夫人。年长五岁的毛福梅与小丈夫蒋介石的婚姻，完全是两家老人做主包办的，毛氏又是缠着小脚的旧式家庭妇女，与接受新思潮的蒋介石有些格格不入。再说，毛氏长得又非国色天香，因而，蒋介石对她非常冷漠。不过在婆婆的庇护之下，毛福梅总算与蒋介石相安无事，并为蒋生下了一子，取名经国。1921 年蒋母王采玉溘然长逝，毛福梅失去了强有力的依靠。本来就对这桩婚姻不满的蒋介石，更加有恃无恐，母亲丧葬大典一结束，蒋介石便正式向毛氏提出了离婚要求。

毛福梅既是蒋家明媒正娶的妻子，又为蒋家生下了正宗嫡嗣，而且，她上敬长者，下慈晚辈，对蒋介石的花天酒地、屡屡“外遇”更是委屈求全，友善待之，可以说是个典型的贤妻良母，然而，蒋介石对这位糟糠之妻却弃之如敝屣。从 19 岁进门到 45 岁被休，毛福梅与蒋介石维持了 26 年的夫妻关系，也忍受了蒋介石 26 年的冷漠与无视，最终只能效法婆婆，在诵经礼佛中寻找寄托。

蒋介石与陈洁如合影

蒋介石之所以在母亲离世不久后，急于打发掉毛福梅与姚冶诚，是因为又迷上了另外一位年轻女子陈洁如。陈洁如（1906—1971），浙江镇海人，自幼居住上海，受过中等教育，因家道中落，沦为艺伎。1919 年，蒋介石在张静江家中邂逅了年仅 13 岁的陈洁如，自此之后，对她穷追不舍，几近疯狂，不过，陈母以女儿年纪尚幼为由屡屡拒绝。然而，天有不测风云，1921 年秋，陈洁如父亲猝死，家中顿失支撑，生活陷入困顿，未曾死心的蒋介石趁机抱得美人归！

与当年和姚冶诚结婚初期一样，蒋介石和陈洁如在结婚之始，感情也非常融洽，又因为陈洁如有较高的文化素质，而且说得一口流利的俄语，在各种社交场合无不应付自如，因而，蒋介石喜欢让陈随侍身边，无论是在粤军高级将领任期内，还是在黄埔军校任职时，抑或是领衔国民革命军总司令期间，陈洁如均陪伴在蒋介石身边，独享夫人风光。

尽管在三位夫人中独享丈夫宠爱，但为人敦厚的陈洁如，对蒋介石的儿子及其他夫人，均加以善待，尤其对毛福梅的不幸深表同情，并多方予以资助，蒋经国亦因此对她颇为感激，称陈洁如为“上海姆妈”。尽管如此，陈洁如依然没有逃脱与毛福梅、姚冶诚一样的悲惨命运。事实上，早在 1922 年两人还如胶似漆之时，蒋介石又偷偷迷恋上了风姿卓绝的宋美龄，并暗中展开了疯狂的追求攻势，可怜陈洁如一直被蒙在鼓里。

1927 年，蒋介石为了政治需求，决定娶宋美龄为妻，于是，诱骗陈洁如远赴美国留学，虽然此后两人常有书信往来，且一度旧情复燃，但蒋介石为了自己的锦绣前程，还是将陈洁如、姚冶诚连同毛福梅一起彻底抛弃掉。蒋介石也深知自己有好色的毛病，并试图加以克制。1919 年 2 月，蒋介石在日记中劝勉自己，“好色为自污自贱之端，戒之慎之！”不过，恶习养成已久，终究难以羁勒，最终害得三个女人悲苦一生，正如他在日记中所言，“见色心淫，狂态复萌，不能压制矣”，“色念屡起，几不能制也”。

第四章 投机革命

第一节 永丰舰上献忠心

“六·一六”事件

1922年6月16日，陈炯明因与孙中山政见不合，下令驻扎在广州近郊的军队进攻总统府。陈炯明的叛变对孙中山打击惨重，甚至可以说使孙中山在革命生涯中陷入了绝境，这在“孙中山致海外侨胞信”中得到了充分体现。孙中山称陈炯明叛变“祸生于肘腋，干戈趋于肺腑……文率同志为民国而奋斗垂三十年，中间出死入生，失败之数不可偻指，顾失败之残酷未有甚至此役者。”陈炯明毕竟是孙中山一手提拔起来的心腹，当年孙中山在广东省省长朱庆澜支持下建立起援闽粤军后，随即任命陈炯明为总司令，也就是说，正是在孙中山的支持和帮助下，陈炯明才有了此时此日的成就，可是当陈炯明羽翼丰满之后，不仅拥兵自重，气焰嚣张，还公开对抗孙中山，最终导致双方兵戎相见。

“六·一六”事件的爆发直接缘于孙中山的北伐主张。事实上，孙中山的北伐与吴佩孚的南伐，虽遵循原则、主义不同，但目的一样——统一全国，而陈炯明则赞同章太炎倡导的“联省自治”，他认为如果过分迷信武力，只会造成中国更加衰弱。孙、陈政见不合给蒋介石提供了机会，本来就对粤军满腹牢骚的他，趁机向孙中山建议讨伐陈炯明，“蒋中正时为粤军第2军参谋长，建议北伐军宜留粤缓发，先清内患，再图中原”，不过，致力于北伐的孙中山以“陈叛迹未彰”为由否决了蒋介石的建议，只是免去了陈炯明的粤军总司令及广东省省长职务。

雄之資，降仇叛黨，梗頑不化，負固東江，假聯治之虛名，造割據之實禍
挽革命，其罪已在不赦！今者曹吳雖倒，軍閥猶存，戰亂之餘，列強環伺
之秋，而國民興起之日：我大元帥抱匡世之熱忱，爲全民而奮鬥，毅然北
乃陳賊竟敢乘機肆虐，塗毒閭里，是眞天下之大盜而國民之公敵也！此賊
，凡我同志，怒髮冲冠，請纓征誅，滅此朝食，義師所至，逆賊披靡，更
天眞，共平逆寇，早靖大難，挽救中華，瀝血陳詞，願各猛省！
中國青年軍人聯合會甲車隊幹部

铁甲车队讨伐陈炯明宣言

1922 年 5 月 8 日，陈炯明指使部下叶举等人要求恢复陈的职务，并擅自率领军队进入广州。为了维护后方的安定团结，孙中山于 6 月 1 日自韶关返回广州。虽觉察到了陈炯明部有谋叛迹象，但心存希望的孙中山并没有采取行动，他心中自有打算：希望自己能亲自督师北伐，而由陈炯明坐镇广东。孙中山认为，如果自己如此安排的话，陈炯明一定会感恩戴德的。

但是陈炯明并没有悬崖勒马，而是于 6 月 16 日悍然起兵作乱，密令叶举率领 4000 人围攻总统府，欲置孙中山于死地。当日凌晨三点左右，总统府周遭枪声大作，幸亏有人及时报告，孙中山才得以逃离险境，并在数名卫士的保护下，徒步抵达珠海海军总司令部。6 月 17 日，孙中山登上永丰舰，指挥各舰平叛乱军。

国难想良将！跟随孙中山登上永丰舰的人中，竟然没有几个懂军事的！于是，孙中山一面电令北伐军回师平叛，一面致电蒋介石，“粤局危急，军事无人负责；事紧急，盼速来”。身在上海的汪精卫，也在同天给蒋介石发来了电报，“惊悉粤变，尤幸总理无恙”。获悉孙中山遭遇危险之后，蒋介石决定前往广州“护驾”，这不仅仅是出于他对革命领导者的忠义，更为重要的是，他敏锐地感觉

到了这将是自己飞黄腾达的契机。

保护孙中山

在军阀混战、社会动荡的乱世之中，手中既没有军队、又没有本钱的蒋介石，要想干出一番大事业，实现自己的政治抱负，只有投靠孙中山这一条路，而在孙中山值得信赖的“自家人”里边，蒋介石不过是个无名之辈。如何才能在一群重臣之中脱颖而出，如何拉近自己与孙中山的距离，是蒋介石首先需要解决的问题，陈炯明叛变为他提供了千载难逢的机遇，在孙中山蒙难、急需人才之际，在亲信重臣不在身边之时，正是凸显蒋介石忠心和才能的时机。不过，广州形势一片混乱，如果贸然南下的话，搞不好会把性命搭上。蒋介石深知“机遇寓于风险”中，所以最终决定以身家性命为赌注，进行一场政治豪赌。为了表示自己“决心赴难、虽死不辞”，他在 6 月 25 日临行之前，将妻儿托付给好友张静江代为照顾。6 月 29 日，冒险穿越叛军封锁线的蒋介石，登上了孙中山驻节的永丰舰，孙中山随即授以海上指挥全权。

在与孙中山共同赴难的 42 个日日夜夜里，蒋介石表现得异常积极，他一方面保护总理安全，一方面指挥舰队作战，有时还深入军中鼓舞士气，正如孙中山在《孙大总统广州蒙难记》序中所说，“陈逆之变，介石赴难来粤，入舰日侍予侧；而筹策多中，乐为予及海军将士共死生。”

蒋介石在这场豪赌中赢得非常精彩！在过去的十多年的时间里，蒋介石虽然为革命尽心尽力，出生入死，但并没有展示出多大的成绩与才能。孙中山虽然鉴于陈其美的关系，在许久以前开始重视这个年轻人，但只是让蒋介石做事，却没给他重权；在这次患难相处的日子里，孙中山充分认识到了这个年轻人的军事才能，并深切感受到了他的赤胆忠心；此外，憎恶陈炯明的蒋介石，一直以来在讲陈的坏话，而且还极力主张讨伐，陈炯明的叛变正好让蒋介石的“私心”变成了“远见”，这让急需军事人才的孙中山对蒋介石更是刮目相看。

1922 年 8 月 9 日，孙中山携宋庆龄、蒋介石等人离开永丰舰，转乘摩轩号前往香港，后改乘维萨尔皇后号赶赴上海。蒋介石在8月14日抵达上海，稍事休息后，便功成身退，返回浙江奉化。此时正值孙中山用人之际，他一方面在上海积极改组国民党，以寻求革命发展的新途径；另一方面，积极组织武装力量，讨伐陈炯明。蒋介石“不求回报”的离去，更加让孙中山感到他必不可少。

于是，孙中山、廖仲恺等人多次致电，邀请蒋介石为大业共同奋斗，孙中山甚至在写给蒋介石的亲笔信中强调：“兄能代我在军中多持一日，则我之信用可加多一日。”然而，蒋介石却依然“三天打鱼，两天晒网”，在千呼万唤始出来之后，过不了多久便会离职而去，即使被任命为大元帅行营参谋长，直属孙中山领导之后，他依然如故。毋庸置疑，蒋介石绝不是厌恶政治，不求做官！这依然是他“以退为进”策略的延续，退不是心灰意冷，不是自暴自弃，而是在退中创造机会，退中投石问路，刺探对方意图，以争取更大的发展空间。

尽管蒋介石多次离职出走，不管是出于对职务不高的不满，还是出于“不求做官”，他都始终没有背叛孙中山，尤其在总理蒙难之时，他能够不顾个人安危，挺身而出，这是孙中山始终信任他，并不断致电邀请他的关键原因。正如布赖恩·克罗泽在《蒋介石》一书中所说，“孙中山终于认识到，此前曾给予他良好建议并一直坚定不移地支持他的人，不是别人而正是蒋介石。从此蒋介石开始飞黄腾达。”

总而言之，以“永丰舰献忠心”为契机，蒋介石取得了孙中山的信任，并为自己以后在政坛叱咤风云做好了铺垫，这意味他在革命阵营做马前卒的日子结束了，历史也早已证明了这一点。自此之后，蒋介石在革命阵营中的地位直线上升，并最终成为中国天字第一号人物。

第二节 联俄、联共、扶助农工

“孙逸仙博士代表团”访苏

孙中山为了中国革命四处奔波，操劳一生，却因为手中没有一兵一卒，而深受各路军阀的排斥与打击，尤其是被西南军阀利用以及陈炯明的叛变，更是让他陷入了进退维谷的境地。恰在此时，中共在苏联的帮助下成立了。为了实现建立新中国的共同目标，中共和苏共向孙中山伸出了橄榄枝，急于寻求中国革命新道路的孙中山亦积极回应。

早在 1921 年，孙中山就在中共的介绍下，会见了共产国际代表马林，并对他提出的改组国民党、谋求国共合作以及建立军事学校的建议十分赞赏。此后，双方又经过多次会谈和协商，于 1923 年 1 月 26 日发表了联合宣言，“（中国）最急之问题，乃在民国的统一之成，与完全国家的独立之获得”，“中国当得俄国国民最炽热之同情，且可以俄国援助为依赖也”。1924 年 1 月 20 日，中国国民党第一次全国代表大会在广州召开，孙中山在会上重新解释了三民主义，并提出了联俄、联共、扶助农工的政策，第一次国共合作由此正式形成，正如毛泽东的那句名言所说，“十月革命一声炮响，给我们送来了马克思主义”，在那时，同闻“炮响”的孙中山在军事的更深层次上理解了苏俄十月革命，并从中受到鼓舞和启发，决心向列宁学习，建立革命政党和革命军队。

孙逸仙博士代表团赴苏联考察成员

为了更好地学习苏联的政治、党务与治军经验，并就苏联援助中国革命问题进行磋商，孙中山决定接受共产国际代表马林的建议，派遣最合适的代表团前往苏联考察学习。毋庸置疑，在孙中山的心目中，廖仲恺是最合适的人选，这不仅仅因为廖仲恺是他最信赖的人，更因为廖是国民党内最拥护联俄容共政策的人。遗憾的是，正因为廖仲恺太红了、太忙了，以至于没有时间带团访苏。于是，蒋介石渐渐进入了孙中山的视野。

自从1918年下半年开始，蒋介石就对俄国十月革命产生了浓厚的兴趣，并经常与志同道合的人讨论。蒋介石在1919年12月3日的日记中写道，“复沧白信，研究俄国事情”，随着对俄国革命的进一步了解，蒋介石对俄国革命的很多做法持肯定态度，甚至是赞许的态度。1923年6月9日，他在日记中写道：“看《法国革命史》，乃知俄国革命之方法、制度，非其新发明，十有八九，皆取法于法国及改正其经验也，可宝贵也。”这年7月，蒋介石开始阅读《俄国共产党史》与《俄国革命史》，并且在日记中写道，“甚觉有益”。

为了更好地借鉴俄国的经验，蒋介石开始学习俄语，甚至他的第三位夫人陈洁如都能说一口流利的俄语。蒋介石在1918年至1923年的日记中，不断出现“习俄文”、“究俄文”等字样，就是他勤奋学习俄语的明证。例如，他在1919年11月28日写道，“上午，往读俄文；下午，习俄文。”对苏联敬慕、向往之情日甚一日的蒋介石，最终放弃了“先赴法国，游历世界”的想法，转而计划“筹措经费，游历俄国”，他甚至屡次主动向国民党中央提出考察苏俄的计划，并差点成行。

孙中山认为，派如此亲俄的人带团访苏，不仅是对苏联的尊重，更会收到良好的效果。当然，孙中山选定蒋介石还在于蒋的毛遂自荐。1923年7月12日，蒋介石因对许崇智及西南各军不满，愤而辞去了大元帅府行营参谋长一职。恰在此时，蒋介石得知了孙中山将派代表团访苏的消息，对苏联向往已久的他，正好有空闲承担这一使命。

于是，7月13日，蒋介石在香港致函时任孙中山大本营秘书长的杨庶堪，“如欲善用弟材，惟有使弟远离中国社会，在军事上独挡一方，便宜行事，而无人干预其间，则或有一二成效可收……为今之计，舍允我赴欧外，则弟以为无一事是我中正所能办者……如不允我赴俄，则弟只有消极独善，以求自全。”

或许是为了安抚蒋介石的情绪，抑或是早就选定了蒋介石，孙中山于7月23日宣布，由国民党人蒋介石、王登云、沈定一以及共产党人张太雷组成“孙逸仙博士代表团”，于下月赴苏联考察。蒋介石如愿以偿地当上了孙中山的全权代表。在代表团出发之前，孙中山还专门给苏联领导人列宁、斯大林、托洛茨基等人写信，着重介绍了蒋介石的情况，称蒋是“可以信赖的代表，也是我的全权代表”。

1923年9月2日下午，孙逸仙博士代表团一行人抵达苏联首都莫斯科，并受到了苏联外交官的热烈欢迎。恰巧当日正值莫斯科举行群众大会，几十万群众高举红旗前往会场。庄严肃穆的红场，盛大沸腾的场面，意气风发的群众，让蒋介石的情绪随之高昂起来。据苏联陪同人员在给上级的绝密报告称蒋介石“情绪很高，也很激动，讲话时充满着热烈而真挚的感情。他在结束讲话时几乎是在吼，双手在颤抖。”

孙逸仙博士代表团在苏联共逗留了2个月零27天，除了列宁因病不能与中国代表见面外，蒋介石一行人在莫斯科先后会见了加里宁、契切林、托洛茨基等政界要人，听取了他们关于苏联革命及建党经验的介绍，并与之商讨支援中国革命的问题。行伍出身的蒋介石深知，要想建立强大的国家，要想登上权力的巅峰，首先需要一支纪律严明、战斗力强的军队。毋庸置疑，在访问苏联期间，他最感兴趣的就是苏联的建军经验，为此，蒋介石率领

托洛茨基

代表团花费了大量时间，深入苏联各部队、军校学习。

苏军步兵144团、步兵第二学校、莫斯科陆军学校、列宁格勒海军学校等地都留下了代表团的身影，这段考察经历为黄埔军校以及国民革命军的创建积累了宝贵的经验，可以比较肯定地说，在亲眼目睹了苏联陆军、空军的威武雄壮之后，蒋介石的脑海中就形成了中国军队的雏形。历史早已证明了这一点，他日后创办的国民革命军几乎完全照搬了苏联模式。为了早日在中国缔造自己的军队，蒋介石还主动要求苏联派出军官，到广东帮助训练军队，“希望革命军委会派人到华南，仿照红军编制中国军队，派去的人愈多愈好”。

此外，蒋介石还率团考察了苏联的各级政府组织，与痴迷于苏联的军事制度不同，蒋介石对苏联的政治制度极度反感，他认为“苏联的政治制度，乃是专制和恐怖的组织”，与“中国国民党的三民主义的政治制度是根本不能相容的”，“俄共政权如一旦臻于强固时，其帝俄沙皇时代的政治野心之复活并非不可能，则其对于我们中华民国和国民革命的后患，将不堪设想。”

按照蒋介石最初的计划，他将在苏联停留“相当长的时期”，毕竟这是让他魂牵梦萦的国度。然而，随着在苏联停留的时间越来越长，对苏联社会的了解越来越多，蒋介石对苏共的很多政策和做法开始不满，甚至险些与苏联政府闹僵，若不是孙中山一再发电报劝说，“苏联是唯一的朋友”，务必谨慎行事，顾全大局，蒋介石早就撂挑子不干了。如前所述，蒋介石向来固执己见，稍有不如意，便会拂袖而去，“绝不肯多留一天”，在苦苦寻求革命新道路的关键时刻，他虽然没有如法炮制，却还是匆匆结束了对苏联的访问。

11月29日下午，除回德国的邵元冲和留苏俄的张太雷以外，孙逸仙博士代表团一行3人登上了回国的列车。这次出访苏联让中国人学到了很多宝贵经验，例如，政党建设、军队组成、军队训练……汪精卫后来谈及此事时，也曾说过“经过一番切实考察，知道红军的组织、共产党森严纪律，遂为日后回国后改组本党创建党军之一大动机”。

然而，就访苏的使命而言，代表团取得的成效并不大。代表团内部的分歧不断，争执不下，严重影响了考察访问的进行。可想而知，“各种计划，考察工作，对俄交涉以及一些意见和主张都不能一致”，甚至连苏方都认为“中国代表团内部在打架”，这种状况最终只能落得草草收场回国的结局！

就在这个时候，孙中山以“联俄容共”为原则的国民革命事业已拉开了帷幕，改组国民党，筹建军事院校，都急需了解考察苏俄的详细情况，然而，蒋介石却不顾孙中山焦急的等待，抵达上海后马上幽会陈洁如，匆匆拜访张静江之后，乘坐江天轮返回宁波。非常明显，这是蒋介石故技重施！国民党一大召开在即，手握苏联重要情报的蒋介石，要以此为契机提高自己在国民党内的地位。

蒋介石登上江天轮后，胡汉民、汪精卫、廖仲恺等人前来详叙别情，并苦苦劝说蒋介石“即回沪处理一切党务”。“胸有成竹”的蒋介石执意返回溪口，纪念母亲六十冥诞。不过，他在船上向廖仲恺等人简要汇报了访苏之行，虽没有直截了当地表达对苏联的失望之情，却也委婉地表示，“苏联有给予支援的真诚愿望，问题在于，国民党人是否充分理解自己的任务。”

如前所述，以退为进是为了在退中创造机会，以争取更大的发展空间，因而，蒋介石一方面退回了故乡溪口，一方面却通过书信往来，窥测孙中山的心意。为了不让事情陷入僵局而无法挽回，蒋介石在回到溪口之后，将自己于回国途中草草写就的《游俄报告书》寄给了孙中山，作为孙逸仙博士代表团向党中央递交的最终考察报告。我们现在找不到这份报告书，不过从蒋介石的书信集里，还是能找到相关的只言片语。

具有讽刺意味的是，对苏联顶礼膜拜的蒋介石在访苏之后，竟然打定了反苏反共的主意，尽管他并没有明确表达自己的意图，只是建议孙中山不要过分信任苏联。但是蒋介石的报告却引来了孙中山的严厉批评，“未免顾虑过甚，更不适于当时革命现实的环境”。值得一提的是，孙中山虽然对蒋介石的行为以及蒋对联俄政策的异议极为不满，但是他依然十分信任和倚重蒋介石。

12 月 24 日，孙中山电催蒋介石，“兄此行责任至重，望速来粤报告一切，并详筹中俄合作办法。台意对于时局政局所有主张，皆非至粤面谈不可。”与此同时，胡汉民、廖仲恺、汪精卫等国民党元老亦纷纷致电蒋介石，催促他赶紧前往广州，切不可因小失大。至此，蒋介石提高自己地位的目标已基本达到，恰在此时，传来了苏联代表鲍罗廷到达中国，帮助筹办军校的消息，蒋介石闻讯，意识到了时机紧迫，这是他掌握军队、建功立业的大好时机！1924 年 1 月 16 日，蒋介石在国民党一大召开之前，火速赶到了广州，当面向孙中山汇报考察苏俄的情况。虽然蒋介石对“联俄容共”政策颇有意见，但国民党一大却进一步确立了联俄、联共、扶助农工的政策，并重新解释了三民主义，使之成为国共合作的共同纲领。在国民大一大召开期间，孙中山任命蒋介石为陆军军官学校筹备委员会委员长，从此之后，蒋介石开始着手缔造“黄埔军团”。

蒋介石与苏联顾问合影

总而言之，访问苏联是蒋介石政治生涯的“重要一环”。凭借着这次苏联之行，蒋介石不仅从一名普通的党员，变成了孙中山的全权代表，提高了自己在国民党内的地位，而且还以此为契机，登上了黄埔军校校长的宝座。也正是在担任校长期间，蒋介石培养了效忠自己的黄埔军团，并凭借着这支军队打下了蒋家天下。

向左走，还是向右走？

“在我未往苏联之前，乃是十分相信俄共对我们国民革命的援助，是出于平等待我的至诚，而绝无私心恶意的。但是我考察苏俄归来后的结果，使我的理想和信心完全消失。我断定了本党联俄容共的政策，虽可有助于对抗西方殖民主义于一时，但在我们革命奋斗的过程中决不能达到国家独立自由的目的；更感觉苏俄所谓‘世界革命’的策略与目的，比西方殖民地主义，对于东方民族独立运动，更危险。”

蒋介石在《苏俄在中国》一书中的这段话表明，正是 1923 年孙逸仙博士代表团的访苏之行，彻底颠覆了苏联在他心目中的美好形象，从而促使他对苏联和共产党的看法发生了 180 度的大转变。事实上，蒋介石早年对马列著作非常痴迷。在俄国十月革命和新文化运动的影响下，彷徨迷茫的知识分子看到了中国的希望。与大多数爱国青年一样，蒋介石也开始阅读、研究《新青年》杂志以及马克思主义。

他在 1919 年至 1926 年的日记中多次提及，“看《新青年》杂志”，“看《马克思经济学说》”，“看《共产党宣言》”，“看《马克思传》，下午，看《马克思学说》乐而不能悬卷”，“看马克思学说。下午，复看之，久久领略真味，不忍掩卷”，即使在莫斯科考察期间，蒋介石依然保持着阅读马列著作的习惯，有时还倦不掩卷、乐不释手，正如日记中记载，“复习第三遍完，尚不能十分了解，甚叹马克思学说之深奥也”。

由此可见，蒋介石阅读马列主义学说几乎达到了入迷的程度。此外，他还屡次向国民党中央提出考察苏俄的计划，甚至谋划自筹经费，出访苏俄。1921 年 1 月 1 日，蒋介石更是为自己制订了计划，“学俄语，到俄国视察一番，实在做一些事业”。凡此种种表明，蒋介石对苏俄充满了向往、敬仰之情，而孙逸仙博士代表团的成行终于让他如愿以偿。

刚刚踏上让他梦萦魂牵的苏联，蒋介石就称苏共为“姐妹党”，并盛赞“俄国人民无论上下大小，比我国人民诚实恳切，令人歆慕……其立国基础亦本于此乎”，“红军是世界上的一支最勇敢、最强大的军队……你们战胜了你们国内的帝国主义和资本主义……我们来这里学习并与你们联合起来”。蒋介石还被苏联红军的“精神”所感动，“他们所有人——指挥员和战士——并不是首长与部下，而像是农民兄弟……上下亲爱，出于自然，毫无专制气味，而政党代表与其团长亦无权限之见”。

正因为蒋介石对苏联军事制度印象良好，因而，他在创办黄埔军校时，非常重视从苏联取回的“真经”。事实上，黄埔军校的形式、制度、组织，基本上全部采用苏联模式。与此同时，亲眼目睹苏俄“收效之速，一日千里”的盛况之后，蒋介石进一步坚定了他的世界革命的理念和对社会主义的向往，“苏俄为吾中国唯一之同志，中国革命之成败，自与苏俄有密切之关系，……时至今日，帝国资本主义之压迫，更甚于前，中俄两国主义之密切，其成败利害，实有存亡与共之关系”，蒋介石还认为，比较其他一些国家，“中国人民将更容易实现共产主义”，如果苏俄、德国、中国组成三大国联盟的话，将能推翻全世界的资本主义制度。

令人遗憾的是，蒋介石对苏联的好感并没有持续升温！毕竟，苏联是个新兴的国家，在很多方面不健全，甚至存在严重弊端，这给蒋介石留下了许多负面印象，并最终使他走向了共产主义的对立面。1923 年 9 月 26 日，蒋介石参观了彼得格勒等地，深感“市况凋零，民气垂丧……而其海军人员之气象，更不良佳，殊堪为苏俄忧也”。不过，此时的蒋介石对苏维埃政权存在的一些问题，只是感到担忧和不快，直到苏联在外蒙古问题上背弃诺言时，他才猛然意识到，苏联不仅没有诚意支援中国革命，而且还对中国边疆存有野心，

彼得格勒起义胜利

也正是从这一刻开始，反苏反共的种子开始在他心中萌芽。

“俄国中级人才太少，政府往往为其下所蒙蔽，而其轻信、迟缓、自满，为其切要弊端，遇大事不能深重观察，专尚客气。人而无信，尚不能立，况其国乎！”这段批评苏联政府“无信”的话，就是起因于外蒙古问题。1919年7月，苏联政府发表对华宣言，“苏维埃政府把沙皇政府独自从中国人民那里掠夺的或与日本人、协约国共同掠夺的一切交还给中国人民”，1920年9月，苏联外长又照会北京政府，“以前俄国历届政府同中国订立的一切条约无效，放弃以前夺取中国的一切领土和中国境内的一切俄国租界，并将沙皇政府和俄国资本阶级从中国残暴地夺得的一切，都无偿地永久归还中国”。

苏联政府主动废除不平等条约的行为，让深受帝国主义压迫的中国人民大为感动，此后，无数仁人志士走向了以俄为师，救国救民的道路，蒋介石也毫不例外。可当蒋介石作为孙中山的全权代表，向苏俄提出在蒙古库伦建立军事基地时，却遭到了苏联的坚决反对，“孙逸仙和国民党应该集中全力做好政治工作，因为不然的话，在现有条件下的一切军事行动都将注定要失败”，与此同时，苏联还以蒙古人害怕中国人为借口，坚决不允许国民党在外蒙古进行军事行动。

针对苏联政府的托辞，蒋介石自然是据理力争，“在俄国，共产党只有一个敌人，而在中国，地球上的所有国家的帝国主义者都反对中国的革命者，所以，在中国采取军事行动是必要的……国民党所主张的民族主义，不是说各个民族分立，乃是主张在民族精神上做到相互亲爱的协作。所以西北问题正是包括国民党要做工作的真意，使他们实际解除历史上所遗传下来的吧。”

不管蒋介石如何针锋相对地辩解，结果都是一样的！虽然苏联一再宣布蒙古是中国的领土，决无任何侵并计划，但他们却长期将蒙古视为自己的势力范围，蒋介石的计划自然不能被俄国人接受。尽管蒋介石的主张符合越飞东京电报中苏俄政府的承诺，但是苏联不可能为了中国而放弃自己的利益。毋庸置疑，苏联的行为让蒋介石极为愤懑、失望，尤其苏联认为“可以从自己国家的本土而不是蒙古发起军事行动”，更让蒋介石确信俄国人已将外蒙古视同独立，故而不让国民党势力进入。

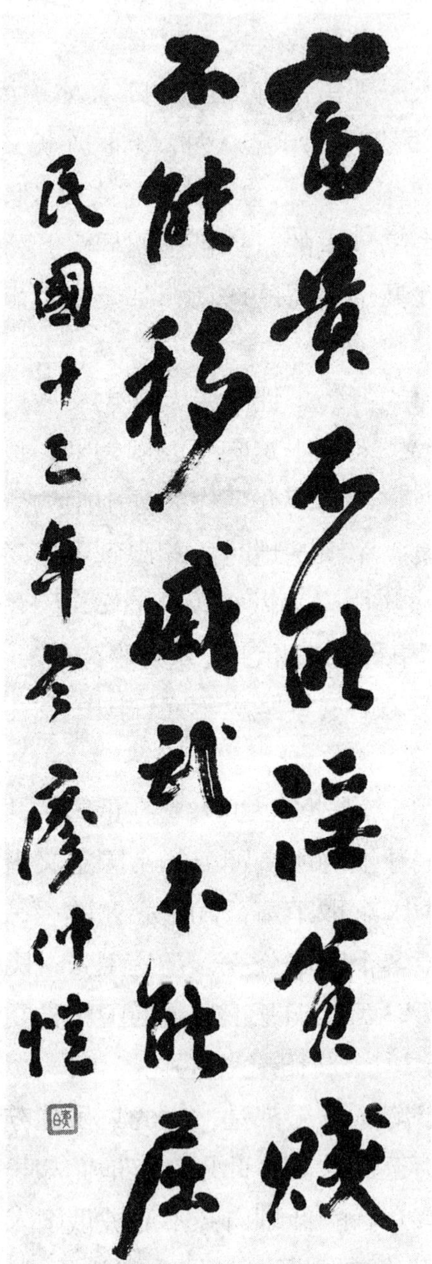

蒋介石在晚年撰写的《苏俄在中国》一书中提及苏联的言而无信，“但是我和他们商谈中俄之间的问题，而涉及其苏俄利害有关的时候，他们的态度便立刻转变了……谈到外蒙古问题，立即发现他们对于外蒙古，绝对没有放弃其侵略的野心。这一点不只使我感到十分失望，而亦是使我充分了解其苏俄所谓援助中国独立自由的诚意所在。”

不仅如此，俄国人对孙中山的评价也让蒋介石对共产党产生了强烈的不信任感，并直接影响着他对“联俄容共”政策的态度。访问苏联期间，蒋介石曾同中国留学生共庆“双十节”，因为他发表的长篇演说过分推崇孙中山，而被人批评“有个人崇拜之弊”。联系到中国国民党和苏联共产党的情况，蒋介石更是对社会主义信仰产生了疑虑，“甚笑中国人自大之心及其愿为外人支配而不愿尊重国内英雄，此青年之所以能言难行而无一结果也。党人好

廖仲恺行书书法（1924）

尚意气，重妒嫉，而俄党下级人员较吾中国更甚，此实为俄党虑也。”

满怀期望访苏的蒋介石，并没有如愿地完成自己的出访使命，回国之后，失望至极的蒋介石在给孙中山的《游俄报告书》中，述说了苏俄有侵略边陲的企图，并对“联俄容共”政策提出了疑虑。因为至今没有发现这份报告，我们无从得知报告的具体内容，但从《苏俄在中国》中，我们可以略知其大意：第一，苏俄的共产主义，实行起来，一定要为害人类；第二，今日的“朋友”苏俄，正是我们未来最大的“敌人”。

1924 年 3 月 14 日，蒋介石还给廖仲恺写信，阐述自己访苏的感受以及疑虑，“以弟观察，俄党殊无诚意可言，即弟对兄言俄人之言只有三分可信者，亦以兄过信俄人，而不能尽扫兄之兴趣也……至我国党员在俄国者，对于孙先生惟有诋毁与怀疑而已。俄党对中国之唯一方针，乃在造成中共为其正统，决不信吾党可与之始终合作，以互策成功者也。至其对中国之政策，在满、蒙、回、藏诸部，皆为其苏维埃之一，而对中国本部，未始无染指之意。……。所谓俄与英、法、美、日者，其利于本国与损害他国之心，则五十步与百步之分耳。”

蒋介石的意思非常明确，苏联与英、法、美、日等国并无本质区别，而苏联的政治制度又与三民主义格格不入，因而，我们必须摆脱苏联的支配，坚持独立自主的方针。回过头来看这段历史，我们不得不赞叹蒋介石的先见之明，他的很多话在后来都得到了证实。但是，蒋介石对苏联的不信任以及对“联俄”政策的疑虑，非但没有引起孙中山的注意，反而招来了严厉的批评。慑于当时的政治形势以及国父的威严，蒋介石巧妙地回避了自己对苏俄的厌恶，刚刚回国时还反对联俄容共的他，很快便以左派姿态站在了中国的政治舞台上，以至于很多国民党右派一度将蒋列入暗杀名单。

蒋介石坚定的反共反苏意向，并不妨碍他借助苏联和中共的力量，尤其在培养自己的嫡系部队——黄埔军团时，蒋介石更是得益于共产党的鼎力相助，这时他不仅将自己包装成了激进的左派，还时不时用阶级斗争的观点教育官兵，直到在政坛彻底站稳脚跟之后，蒋介石才悍然发动了“四·一二”政变，公开自己的反苏反共的立场，并大肆屠杀共产党员。总而言之，蒋介石由左派转为右派，经历了长期的思想斗争，也是各种因素合力的结果，不过，苏联之行却是他从思想上疏远共产党的开始。

第五章
打造蒋氏黄埔军团

第一节　黄埔军校

建校黄埔

鲁迅曾说过，在旧中国“改革最快的还是火与剑，孙中山奔波一世，而中国还是如此者，最大原因还在于他没有党军，因此，不能不迁就有武力的别人。”从辛亥革命到二次革命，再到护法运动，一次次的惨痛经历，让孙中山深切地意识到，各地军阀不可能成为民主革命的真正助力，拉拢一派军阀攻打另一派军阀，只能让自己沦为争权夺利的工具，“没有革命军的奋斗……我们的革命，便没有完全成功。”

在孙中山看来，建立真正的革命武装，已然成了迫在眉睫的任务，然而，中国资产阶级的力量却十分薄弱，根本无力担负起如此重要的使命。就在孙中山孤立无援之际，共产国际和中共党人伸出了友谊之手。事实上，早在 1921 年马林会见孙中山时，就提出了“创办军官学校、建立革命军队”的建议，这给深陷绝境的孙中山带来了曙光。随后，国民党不断就这一问题与共产国际和中共代表磋商，并派遣孙逸仙博士代表团赴俄考察军事体制及建军经验。

1923 年 11 月，国民党临时中央执行委员会作出了筹建“国民军军官学校”的决定。1924 年 1 月，国民党第一次全国代表大会正式定名为“中国国民党陆军军官学校”，并任命蒋介石为军校筹

黄埔军校开学典礼

备委员会委员长。2 月 8 日，蒋介石召开第一次“校务筹备会议”，制定了各省招生计划。因学校设在广州市黄埔区长洲岛，故而俗称黄埔军校，此后，该校四迁校址，并屡改校名，不过，大家耳熟能详的名字依然是黄埔军校。

1924 年 6 月 16 日，黄埔军校举行开学典礼，孙中山亲临会场，并发表了热情洋溢的演说，要求每一个黄埔生“要从今天起，立一个志愿，一生一世，都不存在升官发财的心理，只知道做救国救民的事业。”此外，孙中山还明确提出：该校以“亲爱精诚”为校训；以“创造革命军队，来挽救中国的危亡”为宗旨；以培养军事与政治人才，组成以黄埔学生为骨干的革命军，实行武装推翻帝国主义和封建军阀在中国的统治，完成国民大革命为目的。

黄埔軍官學校訓詞

三民主義 吾黨所宗

以建民國 以進大同

咨爾多士 為民前鋒

夙夜匪懈 主義是從

矢勤矢勇 必信必忠

一心一德 貫徹始終

孫文

中華民國十三年六月十六日

黄埔军校校训

黄埔军校直接隶属于国民党中央执行委员会。孙中山任军校总理，蒋介石任校长，廖仲恺任党代表，组成最高领导机构——校本部。下设政治、教授、教练、管理、军需、军医 6 个部办公。自 1924 年 6 月创办，至 1949 年迁往台湾，黄埔军校在大陆举办了 23 期，培养了 41386 名毕业生，其中，仅国民党方面被授予上将军衔的就将近 40 人，真可谓名将辈出，声名显赫。

黄埔特色

黄埔军校是国共首次携手合作的产物，更为确切地说，是苏联“人、财、枪”支援下的产物。在“人”的方面，苏联派遣了军事顾问团，协助学校的日常教学，甚至在实战中协助指挥；在“财”的方面，苏联向中国提供了 250 万金卢布，作为筹备统一中国工作之用；在“枪”的方面，苏联无偿支援了 51000 支步枪，57400 万发子弹，1090 挺机关枪。当然，黄埔军校也少不了共产党人的身影，例如，政治部副主任周恩来，教授部副主任叶剑英等人。

毫无疑问，黄埔军校是一所新型的军校院校，若没有共产国际和中共党员的鼎力协助，它是不可能在短时间内建立起来的，也正因为如此，黄埔军校与旧式军校有着本质区别：

首先，军校采取军事与政治并重的方针。黄埔军校突出政治教育，是“以俄为师”的具体体现。1923 年 8 月，蒋介石率团赴俄考察军事，苏方代表在介绍俄国建军经验时，专门强调了政治工作的重要性，与此同时，苏联还向中国代表建议，“今后几年内，中国唯一的任务，就是进行政治工作”。孙中山对苏方的建议深表赞同，他认为“军队之能不能革命，是在乎各位将士之有没有革命志气，不是在乎武器之精良不精良”，这实际上强调的就是政治工作的重要性。

为了坚决贯彻军事与政治并重的方针，黄埔军校专门设立了政治部，作为政治教育的辅助机关，专司一切政治工作。从黄埔军校开设的政治课中，我们也能深切体会到苏联的影响。在苏联顾问团的直接参与下，军校开办了政治讨论、政治演讲、政治问答等内容丰富、形式多样的政治课，对学生进行三民主义教育及马克思主义教育。事实证明，强有力的政治工作，有利于保证军校的革命性质，增强学生的革命精神。

其次，军校确立了以党治军的原则。在赴俄考察军事期间，蒋介石对苏联红军的“双首长制”印象深刻。所谓“双首长制”，

黄埔军校大门

即除了司令员之外，还有一位党代表，蒋介石曾在日记中盛赞“（双方）亦无权限之见……大约军事指挥上事务皆归团长，而政治及智识上事皆归政党代表，尤其是精神讲话及平时除军事外之事务，皆归代表也。”

得益于苏联成功的治军经验，蒋介石认识到“如果不能受党的指挥，不能以党的主义为中心，那么无论什么的军队，不能利国利民，只能害国殃民”。为此，在黄埔军校设立之初，蒋介石就仿效苏俄，设立了党代表制，“党代表职权是作为国民党的代表监督军校的各项工作，凡学校文件、命令，没有党代表附署一律无效”。由此可见，党代表制保证了党的政策方针的贯彻执行，并有力防止了军队变成个人独裁的工具。

此外，黄埔军校还打破地域观念，强调了国家意识。仅黄埔军校从全国招收学员这一点，就可以看出它与旧式军队的差异。蒋介石号召军校同学，团结在革命的旗帜之下，以“亲爱精诚”为宗旨，同生死，共进退。事实上，在国家四分五裂、军阀派系混战的年代，打破地域观念，强调国家意识，对实现祖国统一意义重大。

总而言之，作为第一所培养革命干部的军事政治院校，黄埔军校作用之巨大，影响之深远，名声之显赫，都是人们始料未及的。昔日的黄埔幼苗，在刀光剑影、血雨腥风之中，茁壮成长为国共两大阵营的栋梁，他们时敌时友，时合时分，上演了一部跌宕起伏的中国现代史。正因为黄埔军校无与伦比的深远影响，从而与美国西点军校、英国桑赫斯特皇家军事学院以及俄罗斯伏龙芝军事学院并称为世界“四大军校”。

第二节　运筹于台前幕后

负气辞职

在国民党人的心目中，黄埔军校校长一职并不起眼，然而，对蒋介石来说，这却是他飞黄腾达的契机。事实上，行伍出身的蒋介石，比谁都清楚创办黄埔军校的意义，“以往只有革命党的奋斗而无革命军的奋斗，故革命总是归于失败。开办军官学校，就是要为革命军的建立奠定始基”，历史也证明了这一点，蒋介石正是以黄埔军校校长为基础，建立了效忠自己的嫡系部队——黄埔军团，从而获得了打天下、坐天下的工具。

然而，蒋介石就任黄埔军校校长，并非水到渠成、顺理成章，实际上，这一职务是他处心积虑、玩弄权术获得的。在黄埔军校筹备之初，国民党中常委曾打算让孙中山兼任校长，而身体欠佳的孙中山则属意程潜和许崇智，并期望蒋介石、李济深担任副校长。谁知，不愿“为他人做嫁衣”的蒋介石，再次耍起了惯用的手段，1924 年 2 月 21 日，他擅自宣布停办军校，解散筹委会，并留书请辞，负气而去。

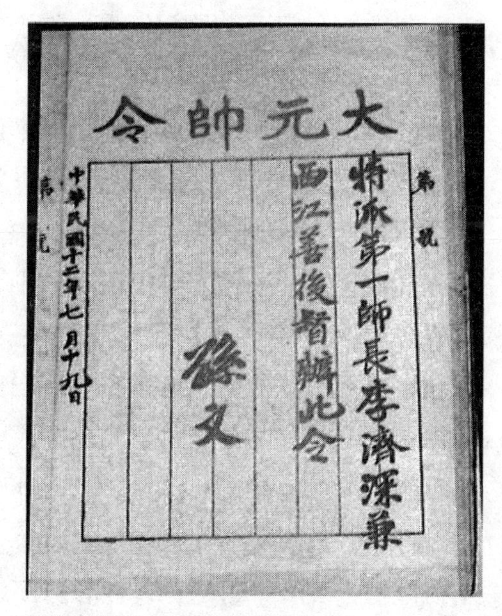
大元帥令
第　號
特派第一師長李濟深兼西江善後督辦此令
孫文
中華民國十二年七月十九日

孙中山颁发给李济深的委任状

毋庸置疑，孙中山绝不会同意蒋介石辞职，在看到中央执行委员会转来的辞呈后，他批复道，“务须任劳任怨，百折不回，从穷苦中去奋斗，故不准辞职”。此时正值国民党用人之际，而蒋介石又是跟孙中山患过难的可信之人，蒋介石也正是基于这一点，才敢一而再、再而三地采用以退为进的策略。孙中山不允许蒋介石辞职，而蒋介石也并非真想辞职，于是，一场讨价还价的闹剧正式上演了。

入主黄埔

为了不影响军校筹备工作的进程，孙中山一面“派廖仲恺代理军校筹备委员长”，一面派邓演达专程赶往奉化，劝说蒋介石回广州复职，与此同时，他还给蒋介石发去了艳电，“军官学校以兄担任，故遂开办。现在筹备既着手进行，经费亦有着落，军官及学生远方来者，逾数百人，多为慕兄主持校务，不应使热诚倾向者失望而去。辞呈未准，何得拂然而行？希即返，勿延误”。

3 月 2 日，感觉时机成熟的蒋介石，给孙中山回了一封“表忠功、诉委屈”的长信。开首之语，自然是“知遇之隆、并世稀有”的奉承话，接下来，蒋介石则笔锋一转，述说不受重用的委屈心情，在信中他还不断提及两人在永丰舰上共患难的事情，借此抱怨孙中山对自己的忠心回报不够。此外，他还以陈其美对自己的知遇之恩，暗指孙中山对自己“信不专、爱不切”。

看看国民党一大选举的情况，就很容易理解蒋介石落落寡欢的心情了。在新选出的国民党中央领导机构中，蒋介石并没有获得位高权重的职位。当时，孙中山为使蒋介石专心办好军校，要他不必过问党政大事，因而，仅任命他为军委会的一名委员。赴俄考察之后的蒋介石踌躇满志，自以为颇有心得体会，对党国大事亦会更有发言权，谁曾想连国民党一大代表都没有混上，远离了政治权力中心的他，对孙中山的不满可想而知。

此外，《游俄报告书》中反对“联俄容共”的建议，也让蒋介石惶惶不可终日，在革命形势不断高涨之际，在国共合作势在必行之时，蒋介石竟冒天下之大不韪，公然与孙中山唱反调，会引发什么样的后果呢？于是，留书辞职一来可以试探孙中山的态度，二来可以逃避筹备军校的困难，更为重要的是，可以以退为进，谋求更大的权力。当蒋介石确信孙中山一如既往地信任自己时，马上表示会在日内起程返粤，当然，这是蒋介石的缓兵之计，他深知既不能将大门关闭，又不能急于成行，为了得到想要的东西，他还需要等待时机。

令蒋介石没有想到的是，不久之后，他便不得不出山了！原本以为自己突然出走，黄埔军校必定办不起来，因而，蒋介石处处暗示要“去廖（仲恺）”，谁曾想，孙中山任命廖仲恺继续筹备军校事宜，不过，蒋介石依然在筹备委员会中挂职，很多事情绕过他又不好决定，于是，万般无奈的廖仲恺在 3 月 26 日，向蒋介石下了最后通牒，“转介石兄，归否？请即复，俾得自决”，言下之意，如果再不动身前来，我们将另行考虑人选。

事已至此，蒋介石意识到，军校不会因他辞职而不办，如若自己再不见好就收的话，恐怕将一无所获。于是，蒋介石在接到电报后立即复电，“函电敬悉，弟必来粤，勿念。”虽然蒋介石在这场政治角逐中，没有完全达到目的，但他的收获也不小，毕竟在讨价还价之余，获得了军校人事与财政上的更多权力。为了让蒋介石早日回粤复职，孙中山、廖仲恺一再退让，不仅特派许崇智专程前往奉化劝说，还一再表示“军校款，弟不问支出，兄亦不问来源，经费不乏，尽可安心办去”。

4 月 14 日，如愿以偿的蒋介石“携许由沪赴粤”，4 月 26 日，入黄埔军校办公，5 月 3 日，被正式任命为黄埔军校校长，不过，这还没到蒋介石高兴的时候。5 月 9 日，廖仲恺被任命为军校党代表，而孙中山兼任军校总理，也就是说，蒋介石位列孙中山、廖仲恺之下，在黄埔军校排名第三，直到 1925 年孙、廖相继去世后，他才真正坐上了黄埔军校的头把交椅。

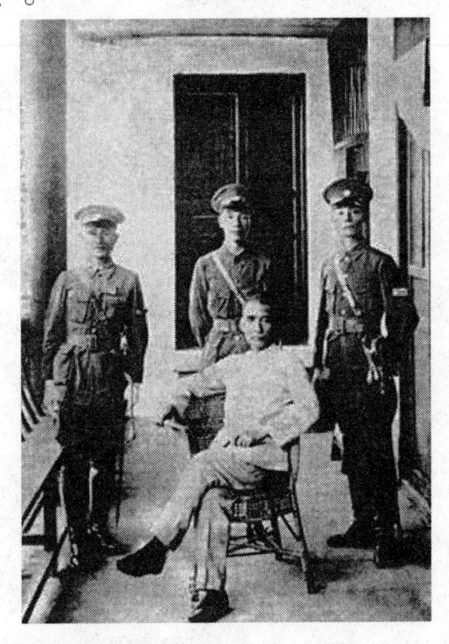
孙中山与蒋介石等人的合影

第三节 苦心培植嫡系

加强党纪建设

所谓盛世兴文，乱世习武，在群雄征伐的动荡年代，不管你有何宏图大志，不管你如何才华横溢，最终还得靠枪杆子来说话，事实上，军事力量成了左右一切的因素。为革命事业呕心沥血的孙中山，屡屡陷入进退维谷的绝境，就早已印证了这一点。没有真正建立自己的武装力量，借用某些军阀去攻打另外的军阀，到头来只能是“竹篮打水一场空”。在军界摸爬打滚的蒋介石，从这些刻骨铭心的惨痛教训中，更加认识到了掌握军队的重要性，并把军队视为角逐政坛、飞黄腾达的法宝。

然而，旧式军队派系纷争、自私自利、缺乏信仰的弊端，却让梦想着练兵建军的蒋介石举步维艰。为了得偿夙愿，一展抱负，蒋介石处心积虑地登上了黄埔军校校长的宝座，以便完全按照自己的意愿训练一支具有现代精神和战斗力的新式军队，一支完全属于革命政府的武装力量，一支绝对服从自己权威的嫡系部队。为此，蒋介石倾注了全部的热情，也担负起了全部的责任。

要想建立一支战斗力强的现代化军队，蒋介石首先需要做到的就是，根除旧式军队中存在的素质较差、纪律欠佳、骚民扰民的恶习等问题，而这一切离不开从苏联取回的“真经”。“当我到俄国研究赤卫军的时候，见着赤卫军那样能守纪律，不骚扰人民，完全是为人民做工夫的，和人民大家很相亲爱的，人民同他那么相好，那么团结，这样的军队有什么打不胜仗呵！所以我回国之后，就决定了，如果使军队真个能为人民求自由安乐去打仗，真个能为党实行三民主义去打仗，非用俄国赤卫军这种编制不可。”

从苏联成功的建军经验出发，蒋介石认为，党代表制“是救济中国军校的唯一的制度”，“宁可无军队，不可无党代表”。因此，军校成立后不久，蒋介石就采取措施加强了党在军校的活动，

“党部成立以后，军纪范围，并没有缩小，并且在军纪之上，再加一层党纪，这个党纪，在学校里，是辅助军纪之不足的，是比军纪更要厉害的。”此外，黄埔军校的军纪教育还增加了政治教育的成分，党纪、军纪、信仰的结合，使军纪教育的基础更加扎实牢固。

“凡有军纪的军队，之所以好过乌合之众……必有很坚强和确实的信仰心、信任心……这样坚确的信仰心、信任心和自信心，就是军纪的根源。”深受苏联红军精神风貌感染的蒋介石，立志改变旧式军队没有信仰、缺乏精神的痼疾，而唯一能够统合国民党政治和精神的权威，自然是孙中山的三民主义，为此，黄埔军校先后开设了三民主义、社会主义、帝国主义解剖等课程，向学生灌输三民主义思想，以及马克思主义思想。

在蒋介石看来，将军队思想统一到三民主义旗下，可以收到事半功倍的效果，“军队最要紧的是什么呢？第一就是组织，第二就是锻炼……锻炼就是教育，不单是动作要划一，步伐要整齐，而且要做的个个人的心都要归一，就是从前所说的思想、精神、志趣，统统要统一起来。”因而，蒋介石对学生训话时，总是有意无意地提及三民主义，“本校是为实施三民主义而创办的，除了按照三民主义的思想去实行外，没有别的事，也不许有别的主义侵犯到这个学校里来。以后我们党员对于三民主义，绝对要服从，不准有一毫怀疑，而且不许有批评三民主义的态度。”事实证明，蒋介石效法苏俄的军校改革，增强了士兵的革命精神，亦保证了军队的战斗力。

树立个人权威

蒋介石处心积虑地要当军校校长，不仅仅是为了实现编练新军的夙愿，更为重要的是，他要利用这块阵地培植嫡系部队。早年在粤军任职时，蒋介石苦心训练起来的军队，就不肯听从他的指挥调遣，这让失望透顶的蒋介石深切体会到，不管军队力量强弱，只有听命于自己、并为己所用，才是强有力的部队，因而，不管遇到多少艰难险阻，他都会利用这千载难逢的机会，在整个

晚清重臣胡林翼

军校树立起自己的权威，从而将军队牢牢抓在手中。毋庸置疑，这才是蒋介石创办军校的至高目的。从这一角度上来说，苏联红军的治军原则，看来帮不了他多大的忙，正如他在日记中所言，苏联红军“上下亲爱，出于自然，毫无专制气象”，实际上，蒋介石在培植效忠自己的嫡系部队上，更多地采纳了曾国藩、胡林翼的那套传统的治军思想。

首先，刻意模仿曾国藩、胡林翼的带兵经验，形成一荣俱荣、一损俱损的关系。曾国藩的湘军是依靠乡土观念、血缘关系组建起来的私人化军队，各级将领除了绝对服从主帅之外，不听从任何人的命令，即使皇帝亲自出马也未必管用，蒋介石对此颇有心得，为了缔造绝对效忠自己的军队，他充分利用手中的权力，从江浙、上海一带招收学员，从中挑选听命于己的亲信，并将他们安插到各个重要的岗位，以作为将来“奋战功名”的力量。

事实上，黄埔军校成了蒋介石结党营私、培植嫡系的场所。蒋介石利用黄埔军校校长的职位，频繁地破格提拔效忠自己的人，此外，他还在装备、后勤、作战等方面给这些人以特殊照顾。例如，蒋介石把刘峙安排为第 1 军第 2 师师长；把钱大钧安排为第 1 军第 20 师师长兼广州警备司令；把陈肇英安排为虎门要塞司令；把欧阳格安排为海军军校副校长；把王伯龄安排为军校教授部主任，后调任第 1 军第 1 师师长……

不久之后，蒋介石利用国家力量缔造了只听命、效忠于自己的“黄埔系”，并与“黄埔系”形成了一荣俱荣、一损俱损的特殊关系：蒋介石的飞黄腾达离不开黄埔系，而黄埔系的出路又只能依靠蒋介石，他们两者的命运紧紧地联系在了一起。事实上，双方不过是互有需求、相互利用罢了。不过，“服从校长、尽忠党国、精诚团结、成功成仁”的“黄埔精神”也是不容小觑的，在这群嫡系中的核心与骨干中，不乏为蒋介石效死力者，如胡宗南、顾祝同、戴笠、张灵甫等黄埔名将，而这又得益于蒋介石的思想控制。

其次，为了加强对黄埔新军的思想控制，蒋介石十分注意树立他的个人权威。虽然找不到蒋校长在军校讲课的记录，但他几乎天天向学生进行“精神训话”，内容不外是“严守军纪”、“以俄为师”、“打倒军阀”、“打倒土豪劣绅”、“打倒帝国主义”等等。尽管苏俄之行彻底颠覆了苏共、中共在蒋介石心中的形象，但慑于共产党人在黄埔军校的力量，他只能将自己的观点隐藏起来，况且，羽翼未丰之前他还需要中共、苏共的鼎力协助，更为重要的是，将自己伪装成“左派”容易赢得黄埔学生的拥戴。

于是，蒋校长开始大谈特谈苏俄革命的成功经验，并号召学生学习苏俄革命精神，“我们所要仿效的，是俄国的革命党”，“我们要党成功，主义实现，一定要仿效俄国共产党的办法”，“红军有许多地方用不着打仗，而使得敌人心悦诚服来投降，因为他们一举一动都以主义为前提，都以精诚来团结”。此外，蒋介石还借用共产党“打倒军阀、打倒土豪劣绅、打倒帝国主义”的口号来鼓动教育官兵。

“帝国主义者，是我们最大的敌人……军阀勾结帝国主义者来压迫本国人民，所以，军阀就是帝国主义的走狗，亦就是卖国奴，我们认他是第二个敌人……地主与富商，是使得我们生计穷苦的原因，亦就是我们最后的敌人……唯其社会贫富如此不平，所以我们要革命，必定使得人人要劳动，人人可以安乐……革命是为全体人类求幸福，尤其是对于劳动阶级，如农人工人的幸福最为注意。”

蒋介石的这段话说得冠冕堂皇，而且极具煽动性，他甚至将“三民主义”中的民生主义，解释成了打倒大地主，打倒资本家，并信誓旦旦地强调，民生主义必将走向共产主义，“三民主义之成功与共产主义之发展，实相为用而不相悖”，“国民党、共产党不可分，而应合……（愿）为国民革命、三民主义、共产主义而死。”蒋介石的伪装不仅迷惑了黄埔学生，还拉近了他与共产党的距离。据史料记载，中共总书记陈独秀对他颇有好感，并将他列为国民党左派领袖，就连苏联顾问也称赞蒋介石“在政治上是个左派，并正往左发展”。

在高呼革命口号的同时，蒋介石还编辑了《曾胡治兵语录》、《曾国藩军事语录》，作为黄埔学生的必修读物，书中对“三纲五常”、“忠孝仁义”进行了重新解释，借以教育学生忠于自己的军官，尤其要绝对服从军校校长，“党员一定要服从上面命令，绝对没有平等的余地”，“现在本校就是以校长为领袖，大家就应该服从校长的命令”。

淮军旧照

最后，为了铸造“船坚炮利”的蒋氏军团，蒋介石还玩弄权术，笼络人心。据黄埔一期生徐向前回忆，蒋介石在黄埔军校开课之后，经常找学生见面、谈心，整个黄埔军校几乎所有人，都与蒋校长单独见过面，谈过话。我们可以试想一下，刚刚走向社会的年轻人，既没有根深蒂固的背景，又没有位高权重的职位，能够与高高在上的校长谈心，是何等新奇与兴奋的事情！

所谓“结网天下，雀无所逃”。在这些学生尚未发迹之前，对他们施以小恩小惠，更容易笼络住人心，不知有多少黄埔精英，由此下定了一辈子追随蒋介石的决心，而蒋介石亦通过这种个别见面、谈话的方式，认识并拉拢了不少人才，而正是这些黄埔精英成了蒋介石嫡系部队的核心与骨干，并终其一生为蒋效力。不过，让蒋介石始料不及的是，他在利用黄埔军校培植嫡系部队的同时，也培养出了“蒋家王朝”的掘墓人，一支本为统一而建的革命队伍在生死与共之后，分化为势不两立的两大阵营，实在令人可叹！

第四节 殊途异路

军校内部之争

黄埔军校是一所奇特的学校，虽是孙中山一手创办，却也倾注了共产党人的大量心血。在“联俄、联共、扶助农工”的基础上，国共两党并肩携手，掀起了革命高潮。然而，表面上的亲密无间、一团和气，始终不能消除双方的隔阂、分歧与误解，毕竟，两党的性质、目标、方针不尽相同，更为重要的是，反对联俄联共政策的人，慑于孙中山的威严，暂时隐藏了自己的立场，一旦他们羽翼丰满，或者遇到合适的土壤，其心中反苏反共的种子必然萌芽、成长。事实也的确实如此，随着双方合作的进一步加深，国共两党之间的分歧也在逐渐扩大，最初，军校内部学生乃至教员之间，不可避免地发生了具有党派斗争性质的摩擦，随后，军校内部出现了左右两派青年军人组织的斗争。在这一关键时刻，身为校长的蒋介石的态度至关重要，然而，他却奉行“制造矛盾、利用矛盾、操纵矛盾，拿一个反动的看住一个进步的”政策。

如前所述，蒋介石自从考察俄国归来之后，就立下了坚定的反苏反共的意向，然而，在联俄联共政策深入人心之时，如果公开表明不同政见的话，很有可能会被革命大潮吞没，况且，他还希望借助共产党的力量，以获得更大的权力，所以，蒋介石虽然一再强调“以俄为师”，“精诚合作”，但这并不表明他对共产党毫

“青年军人联合会”成员合影

无戒备之心。

事实上，蒋介石对共产党的态度完全取决于共产党的言行是否有利于国民党的发展，是否有利于他自己获得更大的权势，也就是说，他既希望借助共产党的力量，又不希望共产党发展壮大。因此，当“青年军人联合会”中的共产党人越来越多时，蒋介石就再也坐不住了，在他的暗中授意和支持下，国民党右派成立了“孙文主义学会”，以与青年军人联合会相抗衡。

据史料记载，青年军人联合会创立之初，并不是党派色彩浓厚的组织，它不过是为了团结广大青年军人共同革命，而在孙中山、廖仲恺、周恩来等人的提议下，成立的公开活动的群众性团体。1924 年 10 月，青年军人联合会的组织已基本建立，并在广东的青年军人中树立了相当的威信，粤军讲武堂、军政部讲武堂等纷纷以团体身份加入，毫不客气地说，该组织在广东革命军人中俨然成了领导机构。为了适应不断高涨的革命形势，青年军人代表推举蒋先云、曾扩情、贺衷寒、何畏能组成了筹备委员会。

1925 年 2 月 1 日，青年军人联合会在广东召开了成立大会，“从此全国的革命军人乃有所依归”，为了贯彻国共合作的精神，联合会在成立之初规定，凡是黄埔军校的学生均为当然的会员。不过，随着青年军人联合会的发展壮大，有越来越多的共产党员加入，并逐渐成为其中的骨干成员和支柱力量，例如，陈赓、蒋先云、李芝龙等。

孙文主义学会成立之后，参加该组织的右派分子有意识地退出了，青年军人联合会随之发展为共产党人领导的革命团体，他们积极宣传革命理论，认真执行三大政策，热心团结革命力量，在联合会成员的共同努力之下，该组织的活动范围迅速扩展至粤、桂、滇、湘各军所设的军校，其范围之大、影响之广，让人始料未及。

青年军人联合会的迅速发展壮大，引起了国民党右派势力的恐惧，于是，孙文主义学会应运而生。黄埔军校开学之初，国民党元老谢持来到广州，极力拉拢蒋介石的亲信王柏龄、吴铁城等人，并极尽造谣之能事，“共产党名虽与国民党合作，其实是想乘机篡夺国民党的党权，一朝得逞，所有国民党党员，尤其是黄埔同学中的国民党员，将受到无情的迫害，而无立足的余地”。原本就不信任共产党的王、吴等人，在谢持的煽动与蛊惑之下，更加仇视共产党。不久之后，他们确信青年联合会是发展共产党的据点，于是，授意黄埔学生贺衷寒、潘佑强等人，以研究孙中山思想为名，成立了与之对抗的军人组织——孙文主义学会，早期也称中山主义学会。1925 年 4 月 24 日，孙文主义学会正式成立，不过，直到 12 月 29 日才发表了成立宣言，之后，上海、南京、武汉、芜湖、北京等地相继成立了分会。

孙中山行书

孙文主义学会是新右派的群众性组织，它打着信仰、研究、宣传、实行孙文主义的旗号，反对三大政策、反对新三民主义，挑拨离间、制造事端，企图破坏国共合作。在孙中山、廖仲恺去世之后，气焰嚣张的他们更是发表公开言论，威胁共产党人，“我们要认清时代，并且认识事实。在不需要共产主义的中国，即宣传共产主义，我们相信亦必定得不到好结果的。”

正是因为政治立场和革命态度的差异，孙文主义学会经常与青年军人联合会发生争论，而且矛盾不断升级，每一方都希望挤压对方阵营，扩充自己势力，因而，政治上水火不容，言论上各不相让。军校党代表廖仲恺就曾批评道，“青年军人联合会与孙文主义学会的同志大多数没有把目前革命的任务搞清楚，没有认识到谁是朋友，谁是敌人。都是黄埔军校的同学，都是革命的同志，各立门户，互相摩擦，把革命的精神实力在内部闹小宗派抵消了”。

暗中压制共产党

黄埔军校汇集了来自五湖四海的有志青年，因而，在信仰、政见上存在差异也属正常，况且，国共两党之间的微妙关系，很容易引起青年学生信仰上的模糊。然而，意气用事的学生采用打架斗殴、唇枪舌剑的简单方式来处理观念不同的问题，不仅造成了同学之间的分裂与仇视，还给国共两党关系造成了不良影响，随着两派学生斗争的激烈程度不断升级，国共两党之间的冲突也随之公开化、表面化。

身为校长的蒋介石，高高在上、洞悉一切，因而，左右逢源、游刃有余，他时而压制左派，时而批评右派的做法，尽管表面看来不偏不倚，公平公正，其实从骨子里来说，他更偏袒右派势力。不过，蒋介石非常清楚，现在还不是同共产党摊牌的时候，不管自己对共产党的做法多不以为然，他也不能不考虑国共合作的大局，因而，这一时期他的言论和行动极具迷惑性：

一方面，他信誓旦旦地高唱，“三民主义和共产主义是朋友”，“吾愿死于青天白日旗下，吾为国民革命而死，吾为三民主义而死，亦即为共产主义而死也”；另一方面，他却不时流露出排挤共产党的意图。早在第二次东征时，蒋介石就要求周恩来交出黄埔军校及国民党内共产党员的名单，在遭到严词拒绝之后，他又进一步提出“为了保证黄埔军校的统一，共产党员或者退出共产党，或者退出军校和国民党”。为了不让自己的反共面目过早暴露，蒋介石又假惺惺地表示，他不愿意看到共产党选择后一种方案。

1925 年 12 月 8 日，蒋介石召开了各级党代表会议，名义上是调停“跨党”党员纷争问题，实际上却是在组织上对共产党进行清理。经过激烈辩论之后，蒋介石提出的解决办法如下，“校内共产党员活动，均应公开；总理准共产党员跨国民党，而未准国民党员跨共产党，然亦未明言其不准，本校党员如有愿加入于共产党者，须向校特别党部申明并请准”。

蒋介石解决党争的办法出台之后，孙文主义学会更加有恃无恐，甚至公然勾结西山会议派，企图在广州举行反共示威游行。“不偏不倚”的蒋介石闻讯之后，一面严厉痛斥孙文主义学会，一面展开了一系列排挤共产党员的行动：1926 年 4 月 3 日，即中山舰事件后不久，蒋介石在“整军肃党，准期北伐”建议书中，要求跨党党员退出国民革命军第 1 军，4 月 7 日，为了进一步夺取军权，打击青年军人联合会，蒋介石以两会斗争有违“亲爱精诚”的校训，破坏整个学校的团结为由，颁布了《取消党内小组织校令》：

蒋介石手书“亲爱精诚”校训

“自本令公布日起，除本校特别党部各级组织应由党部加意工作外，其余各种组织者即一律自行取消，此后并不得再有各种组织发生，如稍有违犯，一经查出，实行严重究办，以维纪律。”

为了表明自己对两会斗争采取了不偏不倚的态度，蒋介石于 4 月 14 日又发表了《忠告军校同学书》：“吾只能问其是与非，情与理，横暴与亲爱而已。如昔日之联会，骄横暴戾不可一世而忘本者，吾必以校长资格惩之戒之；凡为本校之同志与同学，能团结联合始终如一者，吾必亲之爱之”。言下之意，青年军人联合会

"骄横暴戾、不可一世"，而孙文主义学会"团结联合、始终如一"。

于是，在蒋介石"不偏不倚"、"公平公正"的压力下，青年军人联合会"自动解散"，随后，广州孙文主义学会秉承蒋介石的旨意，也在4月21日宣布"自行解散"。不过，它在上海、洛阳、汉口等地的分会，却仍在继续活动，事实上，孙文主义学会名亡而实存，并一如既往地得到蒋介石的暗中支持。

两大组织宣布解散之后，蒋介石为了限制共产党的活动，巩固"清除共党"的成果，决定成立黄埔军校同学会，"本亲爱精诚之校训，以黄埔军校为中心，联络感情，互相砥砺，团结精神，统一意志，遵守总理遗嘱，努力国民革命为宗旨"。6月27日，黄埔同学会召开成立大会，蒋介石亲自担任会长，孙文主义学会成员随之转入，并成为该会的重要骨干。

事实上，黄埔同学会是蒋介石直接控制下的反共组织，亦是孙文主义学会的升级，蒋介石认为，如果在一个团体里边，存在两种主义的话，这个团体不但不会坚固，反而必定会走向分裂，为此，他主张"军校跨党党员要退出国民党，或者退出共产党"。蒋之意图非常明确，退出国民党不过是障眼法，退出共产党才是他心中所想。

心领神会的黄埔同学会骨干们，根据校长的暗示马上宣布：凡黄埔军校学生，均为同学会的当然成员，由同学会负责登记考核；黄埔学生无论毕业与否，必须在同学会的监督指挥之下，效忠于国民党，奉行三民主义，绝对服从校长领导，不得有任何其他的组织活动，尤其不准从事共产主义的宣传，否则，将以叛逆论处。凡此种种表明，黄埔同学会不仅控制着黄埔师生的信仰问题，还操纵着任免之权与生杀大权。

总而言之，正是在蒋校长的暗中授意与支持下，黄埔军校内部的反共势力才迅速发展了起来，并有恃无恐地向共产党人举起了屠刀，而"逼上梁山"的共产党人为了生存下去，亦拿起了武器反抗昔日战友的大屠杀。一支本为统一而建的革命队伍，一群原本"亲爱精诚"的黄埔师生，因理想和政见的分歧，而在相互牵扯中渐行渐远，并最终分化为政坛军界中势不两立的仇敌。

第五节 黄埔军团初露锋芒

平定商团叛乱

创办黄埔军校的目的就是建立革命武装，扫除一切反动势力。广东地区的反动势力首先进入了革命者的视线。黄埔师生的第一仗，就是“平定商团叛乱”。广州商团原本是广州商人的自卫组织，后来被帝国主义和买办地主操纵，在幕后大老板的鼎力支持下，买办陈廉伯、地主陈恭绶私自购械练兵，从而组建了一支装备精良的反动武装——商团军。

徐成章

1924 年国民党改组之后，陈廉伯、陈恭绶等人一面挑拨离间，破坏国共合作，一面“欲借商团”之力，颠覆大元帅府，建立“商人政府”，洞悉商团叛乱阴谋的孙中山，立即采取防卫措施。8 月 9 月，秉承总理旨意的蒋介石，在白鹅潭截获偷运枪械的哈佛号，并扣下了商团订购的 9800 支长短枪和 300 万发子弹。

巧合的是，蒋介石负责保管商团枪械期间，正值黄埔军校枪械奇缺之际，闻讯而来的学生纷纷要求没收枪械，为己所用。为此，蒋校长专门训话，“如果党里说这个军械我们可以取用，我们就取用。如果党里说我们保管，我们就要保管，要完全做一个革命的模范给人家看，这是我对于扣械案的主张。”

尽管如此，怒不可遏的广州商团，还是趁机兴风作浪，煽动罢市风潮，甚至帝国主义亦派出军舰示威，公然支持其行为，在这千钧一发之际，蒋介石表现出了领导者应有的气魄与胆识，他一面揭露陈廉伯的阴谋罪行，一面劝令罢市者开业，并对帝国主义“蔑视侮辱、干涉内政”的行为，予以严厉驳斥。

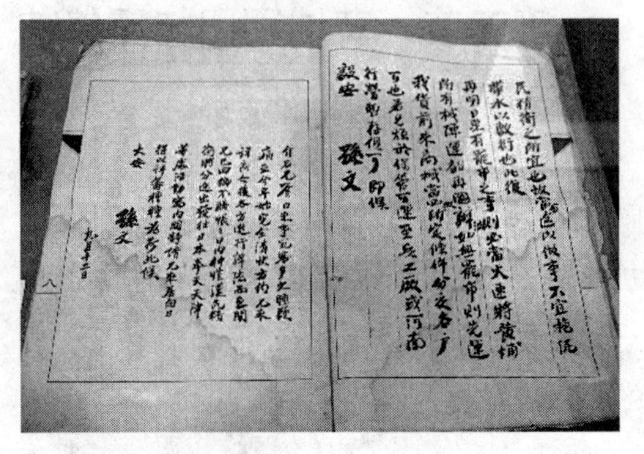
孙中山致蒋介石手札

在与商团周旋、谈判的过程中，步步退让的胡汉民，力主发还商团枪械，而致力于北伐的孙中山，为了解决军费紧张问题，也主张“发还枪械，换取商团‘助饷’”。然而，“自恃有备”的商团，不仅背信弃义，拒不助饷，反而发出了第二号总罢市通牒。在广州局势进一步恶化之际，远在韶关的孙中山决定放弃黄埔，“今兄已觉得广州有如此危险，望即舍去黄埔一孤岛，将所有枪弹学生一起速来韶关，为北伐之孤注。”

接到孙中山发来的电报之后，不赞同妥协的蒋介石立即回复，“埔校危在旦夕，中决死守孤岛”。为了早日解决这场风波，胡汉民将5000枝长短枪发还给了商团，然而，此举并没有获得商团的感激，不久之后，一场蓄谋已久的反革命叛乱爆发了。1924年10月10日，广州各界为纪念辛亥革命，举行了大规模的游行活动，盘踞西濠口的商团趁机向群众开枪。“双十惨案”发生之后，商团立即封锁市区，张贴反动标语，企图发动更大规模的叛乱，而盘踞东江的地方军阀陈炯明，闻讯之后，准备里应外合，攻打广州。

在广州革命政府陷入危局时，黄埔军校全体师生主动请缨，赶赴广州平叛作战，中共党员、工农群众也纷纷表示，“誓为政府之后盾”。于是，孙中山于10月13日下令，参加北伐的警卫军以及湘军、粤军一部，星夜兼程回师广州，镇压商团反革命叛乱，此外，他还命令蒋介石组织“联军”参战。

10月14日，蒋介石命令黄埔学生队开赴广州，其他各队分别在西瓜园、太平门一带警戒。10 月 15 日，政府军向商团军发起了总攻击，蒋介石部负责攻打西关。为了抓住战机、争取主动，蒋氏“联军”想出了奇招：黄埔学生队打头阵，利用火攻策略，焚烧商团堡垒，然后，其他各队冲入西关，与敌人展开巷战。商人团体在“联军”的步步紧逼下，不断“缴械赎罪”。10 月 19 日，驻防佛山的政府军，摧毁了广州商团基地，至此，广州革命政权转危为安！

800 名入学不到半年的“娃娃军”，在 3 天时间内让 4000 敌人缴械投降，这是各路军阀始料未及的！此一役不仅让黄埔军校声威大震，也让黄埔幼苗们接受了血与火的洗礼，自此之后，历经血雨腥风、刀光剑影的黄埔师生，茁壮成长为两大营垒的栋梁之才！

两次东征

黄埔学生军在“平定商团叛乱”中的精彩表现，不仅让不可一世的诸路军阀始料未及，也让觊觎军权的蒋校长感慨万千。为了激发这支新军的最大潜能，蒋介石向孙中山提议，安排学生军参加前线军事行动，孙中山采纳了蒋的建议，并责令其全权负责该事宜，于是，黄埔教导团应运而生了。

黄埔教导团仿效苏联红军建制，实行三三制原则，也就是，每团 3 营，每营 3 连，每连 3 排，此外，连级以上单位设党代表。为了牢牢控制住这支前途不可限量的新军，蒋介石的确下足了工夫，仅从他对带兵军官的任命上，我们就可以清楚地感受到这一点：何应钦、王柏龄任团长；刘峙、顾祝同任营长；陈诚、郭俊任副营长、连长等……

非常明显，教导团连级以上的军事骨干，无一不是蒋介石的亲信，在蒋的提携、关照下，平步青云、扶摇直上的他们，对自己的“伯乐”死心塌地，忠心耿耿，而蒋介石也正是靠着这帮嫡系人马，在国民党军队中建立了自己的御林军——黄埔系，从而获得了打天下、坐天下的支柱力量。例如，蒋介石所宠信的“五虎上将”，除卫立煌之外，陈诚、刘峙、顾祝同、胡宗南，皆出身黄埔军校，而蒋介石号称“五大主力”的嫡系王牌军的军长，皆由黄埔军校前六期师生担任。不仅蒋偏爱黄埔师生，他所信赖的亲信将领，也有这一嗜好，以顾祝同为例，他“统率的第九军，各师团长大部分是黄埔一期学生，副团长、营长都是第一、二、三期学生，连排长都是三、四、五期学生”。正因为如此，以黄埔军校师生为纽带，形成了蒋氏黄埔军团。

事实上，黄埔教导团的成立，是黄埔系萌芽的开始，此后，历经血与火洗礼的黄埔系，在蒋介石的大力扶植与提携下，不断地发展壮大，至1946年国共全面内战时，已发展到了最顶峰，其骨干成员几乎包揽了地区“剿总”、绥靖区、警备区、兵团、军、师管区的司令官以及军、师长职务，甚至中央军事部门的部分指挥大权，也掌握在他们手中。

黄埔阅兵

黄埔系的辉煌是时代铸就的，没有刀光剑影的考验，没有残酷战争的洗礼，黄埔系或许早已被历史淹没了，凑巧的是，黄埔教导团成立不久，就迎来了可以大显身手的好时机！1925年2月，蒋介石奉孙中山之命，率领黄埔师生参加讨伐陈炯明的东征！

陈炯明自1923年被驱逐出广州后，一直盘踞于东江一带，继续与广州革命政府相抗衡，他自恃潮汕地区资源丰富，地势险要，而背后又有英帝国主义撑腰，因而，时刻准备着“反攻”广州。1924年冬天，孙中山应冯玉祥之邀北上，恰好为陈炯明卷土重来提供了机会。经过一番准备之后，自封为“救粤军总司令”的陈炯明，率领各路人马自潮汕分三路进逼广州。

面对来势汹汹的陈炯明，广州革命政府决定出师东征，因黄埔师生直辖于大元帅，且训练时间不长，因而一开始并没有被列入战斗序列。闻讯后的黄埔师生积极请战，最终经孙中山允准，编入了右翼粤军序列。于是，以“黄埔教导团、黄埔二期学生总队、炮兵营、工兵队、辎重队以及黄埔三期入伍生”为主力的3500 名黄埔学生，在校长蒋介石的带领下，投入到了巩固革命根据地的斗争中。

1925 年 2 月 3 日，蒋介石率领黄埔师生自黄埔出发，第二天没有遇到敌人多大的抵抗，就连续占领了东莞、石龙、长平等地。不过，接下来的淡水之役却打得异常艰难，由于黄埔学生军首次参加攻坚作战，没有多少经验可遵循，而敌方却凭借优越地势，“一夫当关，万夫莫开”！经过几次碰壁之后，蒋介石根据苏联顾问的建议，从教导团中挑选出了 105 名敢死队员，每 15 人 1 组，每组配发 1 架梯子。2 月 15 日，敢死队员在炮兵、步兵、机枪的配合下，冒死登城，其他各军也相继入城，与敌人展开激烈的巷战，敌人渐渐不支，纷纷逃窜。右翼军大队攻入淡水之后，敌人增援部队赶来，与城外残敌汇合，进行了猛烈反扑，与之展开激战的粤军第 7 旅和黄埔教导第 2 团，不断有人退了下来，幸亏教导 1 团何应钦及时整理了队伍，才将敌军增援部队击退，从而赢得了淡水之战的最后胜利。

不久后，不足 4000 人的黄埔学生军，“再战而取平山”，不甘心失败的陈炯明，一面固守惠州大本营，一面派兵狙击右翼军，棉湖之战由此拉开了帷幕，在这场生死攸关的战役中，黄埔教导团虽损失惨重，却击溃了叛军林虎的主力，从而决定了第一次东征的胜负。然而，正当东征军一路凯歌之时，滇系军阀杨希闵和桂系军阀刘震寰，却趁着孙中山在北京病逝、革命政府群龙无首之际，秘密潜回广州发动了叛乱。闻讯后的蒋介石，立即班师回朝，黄埔学生军随之投入平叛战役。

第一次东征及平定杨、刘叛乱的胜利，巩固了广州革命根据地，也树立起了蒋介石“革命英雄”的形象。当然，从某种程度上来说，这是黄埔学生军为他赢得的。杨、刘叛乱平定之后，蒋介石继杨希闵任广州卫戍司令，黄埔学生军也成为实力仅次于粤军的强有力部队。从军事上获益颇多的蒋介石，更热衷于加强军事力量。1925 年 8 月 24 日，在蒋介石的强烈建议之下，国民政府军委会决定，取消辖下各地方军队名目，统一将其改编为“国民革命军”。其中，黄埔军校校军为第 1 军，军长蒋介石；建国湘军为第 2 军，军长谭延闿；建国滇军为第 3 军，军长朱德培；建国粤军为第 4 军，军长李济深；福军改编为第 5 军，军长李福林。国民革命军在建立之初，同样仿效苏联红军体制，在军、师两级设立党代表和政治部。

正当广东革命政府进行军政改革时，盘踞东江一带的陈炯明残部，在英帝国主义的支持下，趁革命军回师平叛之际，再次兴兵作乱，他们不仅占领了东江流域大片土地，还与江北军阀相互勾结，企图合力夹攻广州。为了彻底消灭盘踞广东的军阀势力，统一广东革命根据地，国民政府决定进行第二次东征。

1925 年 9 月 28 日，蒋介石就任东征军总指挥，周恩来就任东征军总政治部主任，协同蒋指挥作战，经过近三个月的征战，东征军直捣陈炯明老巢，第二次东征获得了全面胜利。与此同时，蒋介石还派军讨伐军阀邓本殷，随着南征的胜利结束，革命势力统一了两广地区，从而为日后的北伐奠定了基础。

自此之后，“东征英雄”蒋介石的声望直线上升，人们简直将他吹捧为广东革命根据地的缔造者，而踌躇满志的蒋也凭借着显赫军功，敲开了国民党中央执行委员会的大门。这可是他梦寐以求的啊！虽然蒋介石因战功赫赫，而在军界不断地更上层楼，但他在 1925 年 7 月成立的新政权中，仍游离于核心权力层之外。值得注意的是，这时的蒋介石连国民政府中央委员都算不上，也就是说，第一次东征之后，蒋介石依然与党政无涉，即使他位列八大军事委员之一，也是名列最后一名，然而，蒋介石统一广东凯旋之后，却在国民党二大上以高票挤进了国民党最高权力机构，这不能不说是黄埔军校带给他的荣耀！

第六章
扶摇直上

第一节　驱胡倒许

廖仲恺被杀

1925 年 5 月，孙中山先生逝世之后，国民党中央面临着一大难题，即由谁来填补最高权力的真空地带，毋庸置疑，号称“国民党三杰”的元老级人物廖仲恺、胡汉民、汪精卫，呼声最高，也最具资格。自孙中山决定“以俄为师”之日起，国民党内部就分化成了左、中、右三派。廖仲恺是新三民政策的坚定拥护者，在国共首次合作中起着关键作用；胡汉民则是右派势力的核心人物，不过，慑于孙中山的权威，他没有公开自己的右派立场，直至孙中山去世之后，他才开始积极反苏反共；汪精卫向来以左派面目示人。

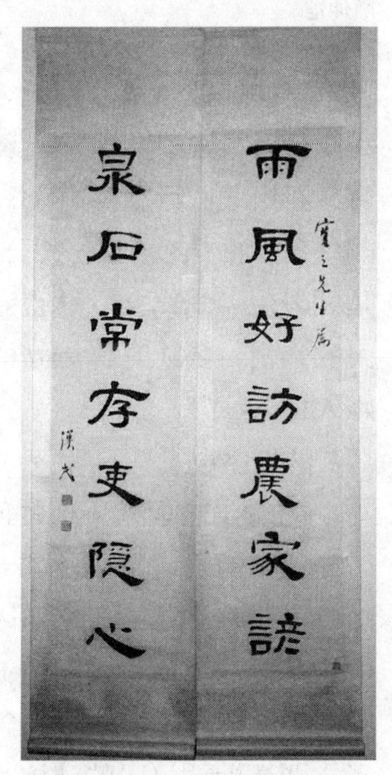

胡汉民手迹

素有政治野心的蒋介石，也希望这次能够分到一杯羹，不过，以他当时的地位和声望而言，无论如何都不会进入人们的视线，自然也就无力直接参与问鼎最高领导权位了！事实上，在1925年7月成立的新政府中，蒋介石依然未能当上国民政府中央委员，依然未能挤进国民党最高决策中心。

廖仲恺

然而，国民党中央最高领导人的继承权之争，最终为蒋介石铺就了通向权力巅峰的道路！令人没有想到的是，国民党的继承权之争，很快发展成了左右两派之间的生死之搏，结果，左派领袖廖仲恺于1925年8月被右派分子暗杀了！这给打着左派旗号的汪精卫带来了排挤政敌的机会，更为重要的是，廖案也给时刻梦想着挤进国民党中央核心领导圈的蒋介石带来了“奋迹功名”的契机。

廖仲恺被暗杀的当天，国民政府委员会、军委会、国民党中央执行委员会立即召开了紧急联席会议，决定由汪精卫、许崇智、蒋介石组成“特别委员会”，“授以政治、军事及警察全权”，以专门处理廖仲恺被刺案。据当场抓获的凶手供认，廖案的幕后嫌犯是胡毅生、朱卓文、林直勉、林树巍等人，而这些人要么是胡汉民的亲信，要么是许崇智的部下，因此，胡汉民、许崇智成了涉嫌人物。

借机窃权

在争夺继承人资格的问题上，自诩为国民党正统的胡汉民，曾与汪精卫进行了明争暗斗。廖案的深入调查为汪精卫除掉政敌提供了千载难逢的机遇，因为嫌犯胡毅生是胡汉民的弟弟。消息一传开，“全市哗然，谓杀廖君者，必为胡汉民，工人集队，学生亦由黄埔来，请愿捕胡，全市震动”，甚至苏联顾问鲍罗廷也提出了立即逮捕胡汉民的建议，他认为胡汉民至少是这一谋杀的“思想上的教唆者”。希望借助廖案驱胡的汪精卫，更是火上浇油，他指责胡毅生——胡汉民是反革命分子的急先锋，并声言胡汉民必须要对廖案负政治责任。

"左派将军"蒋介石在处理廖案时，考虑的也不是左右问题，而是权力问题，因而，他瞄准的同样是胡汉民，而不是胡毅生，不过，蒋介石虽然清楚驱胡对自己日后夺取党权大有裨益，但是，他的当务之急却是借廖案扳倒许崇智。许崇智一直压在蒋介石头上，即使蒋介石的军权更上层楼时，也依然位居许崇智之下，可以说，许是蒋在军界发展的最后一块绊脚石。为了实现自己的政治野心，蒋介石早有取而代之的心思，尽管两人私交甚好，且曾结拜为兄弟。许崇智部下卷入廖案，为蒋介石倒许提供了可资利用的契机。

在审理廖案的过程中，蒋介石与汪精卫走到了一起，蒋帮汪驱胡，汪投李相报。于是，胡汉民"由黄埔附俄舰放洋"，许崇智则被强行解职，逐出广州。事实上，廖案最大的受益者是蒋介石。在驱胡问题上，与其说他帮汪精卫赶走了竞争者，不如说他为自己挤走了重量级政敌；在倒许问题上，蒋介石不仅接管了粤军军事集团，扩充了自己的军事实力，还扫除了自己在军界的障碍，总而言之，借助廖案提供的机遇，蒋介石进入了国民党中央的决策中心，成为国民党第二号领袖人物。

第二节 篡党夺权

共同执政

1925 年，蒋介石通过廖仲恺遇刺案，控制了广东的实权，紧接着，第二次东征的胜利，让他神采飞扬地步入了国民党二大的会场。事实上,1926 年 1 月召开的国民党二大，是重申孙中山"三大政策"正确性的大会，也是组织力量反击右派势力进攻的大会，但是，由于陈独秀犯了右倾主义错误，使得共产党对国民党右派、中派采取了"完全让步"的政策，从而为后来的惨痛经历埋下了隐患。

按照大会的日程安排，继汪精卫政治报告和宋子文财政报告之后，蒋介石要做军事报告。1 月 6 日下午，“身披斗篷大衣，足登高筒马靴”的蒋介石以“东征英雄”的形象，站到了国民党二大的报告席上，“军事领袖姿态表现得淋漓尽致，使汪精卫等为之失色”。蒋介石深知，国民党二大将是他跻身国民党中央的契机，因此，他抓住做报告的机会，自诩为孙中山的忠实信徒，并一再宣扬自己的军功：组建党军，两次东征，平叛杨刘……

据《政治周报》记载，“报告毕，全场欢呼。有代表提议，全场起立向蒋同志致敬……”在这种声势之下，蒋介石高票当选中央执行委员。值得注意的是，右派势力在中央执行委员中占了绝对优势，这真是具有讽刺意味啊！毕竟二大召开的初衷是反击右派势力的。这一局面的出现，不仅源于共产党的妥协，更是因为蒋介石立场的变化，号称“红色将军”的他，早已立下了反苏反共的志向。本着这一初衷，蒋介石在会上频频向西山会议派示好，并坚决抵制大会对西山会议派的严肃处理。

这是蒋介石即将篡党夺权的表露，也是他对左派与中共的试探，只不过当时没人留意到罢了，或许正是中共这次政治上的大让步，才助长了蒋介石篡夺党权、军权的嚣张气焰！1 月 22 日，蒋介石又当选为国民党中常委，至此，“一大”时还名不见经传的普通党员蒋介石，迅速跻身于国民党决策中心。由此汪与蒋一文一武、共同执政的局面形成了。

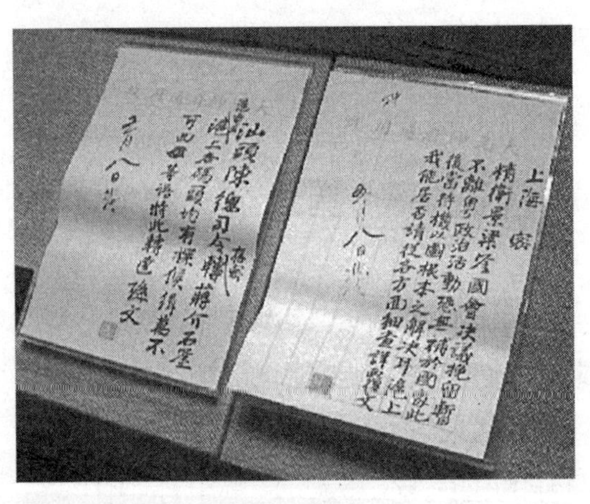

孙中山致蒋介石和汪精卫的密电

纵观蒋介石直线蹿升的过程，我们可以看到，国民党改组之初还不是中央委员的他，之所以能够在两年之内，一跃而为党内最有权力的领袖，得益于他的“左倾”言论、“左派”形象。毕竟为蒋介石抬轿子的都是左派激进分子，甚至连苏联顾问都以为，蒋是革命反帝的军事强人。

同时，这也得益于廖仲恺遇刺案中的汪蒋联合，诚如前面所言，蒋介石在廖案上借题发挥、玩弄权术，从而成功扫除了仕途上的绊脚石，可以说，蒋介石是廖案最大的受益者，难怪李宗仁曾评价说，蒋介石“权力增长的过程，实得于权诈的多，得于资望功勋的少”。

令人们始料不及的是，汪蒋相互利用、共同执政的局面并没有维持多久！不满足只在军界挂名的汪精卫，开始将手伸向了军队；而不甘居于人下的蒋介石，也开始了更上层楼的努力！环顾当时中国的权力结构，两股力量是蒋介石必须逾越的障碍：一是红得发紫的汪精卫势力集团；一是拥有强大外援的中共势力集团。于是，一系列打击共产党、排挤汪精卫的计划，逐渐在蒋介石脑海中形成。一时还被蒙在鼓里的仁人志士们，还在梦想着“红色将军”蒋介石振臂一呼，集国共党人之力，驱逐侵略者，统一全中国，可强人“逼宫”之势，已箭在弦上。

中山舰事件

1926年3月18日，黄埔军校校长办公室主任孔庆睿，电请军校驻省办事处派遣军舰保护外洋商船，于是，办事处主任欧阳钟亲赴海军局交涉，代理局长李芝龙随即派出中山舰、宝璧舰开赴黄埔，《办事处交通股长欧阳钟致函海军局函》详述了这一事件的过程，“奉教育长谕，转奉校长命，着即通知海军局迅速派兵舰两艘开赴黄埔，听候差遣等因，奉此，相应通知贵局迅速派兵舰两艘为要。”由此可见，共产党人李芝龙绝非擅自调舰，意图叛乱。

李芝龙

19日上午九点，中山舰抵达

黄埔后，代理舰长章臣桐持海军局局长命令，亲赴黄埔军校报到，为此，军校负责接见的黄珍吾副官，曾向蒋介石汇报："舰长之来校，乃为请示任务，并云若无十分重要之事，则给其回省，另换一小舰前来候用"。巧合的是，这天中午，正在广州考察的苏联使团，要求参观中山舰，于是，李芝龙经电话请示蒋介石后，命令中山舰返回广州"预备参观"。

尽管李芝龙调度中山舰有理有据，但蒋介石还是在20日凌晨四点，以该舰"有变乱政局之举"为借口，下达了"定变"各令：（一）宣布广州全城戒严，陈肇英为戒严司令；（二）任命欧阳钟为海军舰队司令，占领中山舰并解除其武装；（三）命令陈肇英、欧阳钟秘密逮捕共产党员李芝龙；（四）命令刘峙率部包围省港罢工委员会，收缴纠察队枪械；（五）命令吴铁城率部包围苏联顾问团和共产党人住宅，以及海军局、航空局、参谋团、制弹厂等机关单位；（六）命令缪斌率部扣押第2师各级左派党代表和政治工作人员……

事件发生后第二天，从包惠僧处得知消息的周恩来，立即前往蒋介石的临时指挥所——造币厂询问详情。然而，作为一名共产党的高级军官，周恩来却受到了极其粗暴的待遇，不仅他的卫兵全被缴了枪械，连周自己也遭到了软禁。事实上，国民政府的头号领袖、军委会主席汪精卫也未能幸免，蒋介石以"保护"为名派兵包围了汪的住所，这同软禁又有何本质区别呢！

不过，这时的蒋介石毕竟羽翼未丰，还不敢完全抛开共产党，况且他初试锋芒，已见成效。所以蒋介石信口雌黄，歪曲事实，以掩饰自己的真实意图，"忽有海军局所辖中山舰驶抵黄埔中央军事政治学校，向教育长邓演达声称：系奉校长命令，调遣该舰，特来守候等语。其时本校长因公在省，得此报告，深以为异。因事前并无调该舰之命令，中间亦无传达之误，而该舰露械升火，亘一昼夜，停泊校前。"蒋介石在提交给军委会的上述呈文中，控诉中山舰擅自行动，升火达旦，有变乱之嫌，为了抓住稍纵即逝的战机，他毅然采取了果断的措施，再将事变说成不得已而为之，并将责任推得一干二净。之后，蒋介石“委屈地”表示认罪悔过，“唯此事起于仓促，其处置非常，事前未及报告，专擅之罪诚不敢辞……自请从严处分，以示惩戒而肃纪律。”

此外，蒋介石还一口咬定，“中山舰事件是针对他个人的阴谋，是要将其劫持到海参崴去”。事实上，在中山舰事件发生之前，蒋介石就因军队改编等问题，与苏联顾问季山嘉发生了争执，并且两人的关系越来越不协调，右派分子更是趁机大肆散布谣言，例如，“共产党要倒蒋”，“共产党要暴动”……而广州市面上出现的反蒋、倒蒋传单，更是火上浇油，它不仅让蒋介石深感“单枪匹马，前狼后虎，孤孽颠危”，还促使他下定了夺取最高领导权的决心，“篡夺革命之心，早已路人皆知，若不于此当机立断，何以救党？何以自救？”

考虑到蒋介石在“中山舰事件”之前的处境，很多人相信了他的托词，这些人相信中山舰事件与蒋介石无关，即使这是一场蓄谋已久的阴谋，也只是右派分子欧阳钟等人玩弄的把戏。可惜的是，这些人没有留意到一点，调度中山舰的命令出自蒋介石的办公室主任孔庆睿，而孔主任有何理由不将此事禀报顶头上司呢？即便是事态紧急，先斩后奏，那么，他又为何事后没有解释呢！因此，即使蒋介石没有直接策划中山舰事件，也绝非如他所说“一无所知”，欧阳钟等右派分子固然有借故生事之事实，却也不过是蒋介石篡党夺权的急先锋。事实上，早在国民党二大时，蒋介石就下定了反共的决心，这从他日后的自我表白中得到了印证，“（我）下定了决心，早就把生死置之度外”，要同共产党“奋斗抵抗到底”。此外，蒋介石还要借此动摇汪精卫在党内的威信和地位，正如周恩来后来谈及中山舰事件时所说，这是“蒋介石与右派勾结，打击汪精卫，向共产党进攻，向革命示威”的严重政治事件。

针对蒋介石制造的这一反共事件，周恩来、陈延年等共产党人认为，只要共产党态度坚决，反击得当，是完全可以与蒋一较高下的。况且在国民革命军六个军中，只有第 1 军是蒋介石亲自

陈独秀雕像

指挥的，而第 1 军的骨干力量不乏共产党员。然而，蒋介石极具迷惑性的行为，却让陈独秀为首的中共中央领导班子，采取了妥协退让的政策，从而失去了与蒋介石武装抗衡的大好时机，也为后来大批共产党人惨遭屠杀埋下了隐患。

我们不得不佩服蒋介石玩弄权术的手法与天赋。蒋介石由于当时羽毛尚未丰满，还想“叫中共帮助他，叫苏联帮助他”，所以，在中山舰事件之后，他开始玩弄两面手法：一方面他诡称为防中山舰有“变乱时局”之举，故而逮捕李芝龙，并要求共产党离开第 1 军和黄埔军校；另一方面，他又强调“如果有罪，也只是他（李芝龙）一个人的问题，不能牵涉到团体的身上”，还假惺惺地说“革命战线，非联合共产分子，实为国民革命之缺点……我对于共产党同志亲爱的精神是不言而喻的，就是我对共产主义不但不反对，并且很赞成的”。

黄埔时期的周恩来

事变发生后的第五天，蒋介石导演了一场自请处分的闹剧，同时，为了证明自己的清白，他又上演了一出“苦肉计”，不仅作出了打击右派势力的姿态，还将卷入中山舰事件的亲信，分别给予撤职查办处分。蒋介石费尽心机的表演，收到了意想不到的效果：他一系列的反共行为，获得了陈独秀与苏联顾问的谅解。于是，250余名公开暴露身份的共产党员被迫退出第1军和黄埔军校，周恩来也被免去第1军副党代表和政治部主任的职务；而季山嘉等坚决反对蒋独裁的苏联顾问也被解聘回国。

可以毫不客气地说，共产党因为执行了妥协退让的政策，而在政治、精神、军事上，均受到了一次沉重的打击。与之相反，蒋介石则实现了反共初衷的“一半主张”，并进一步巩固了自己在广东革命根据地，以及国民革命军第1军中的地位。对于蒋介石取得的反共成果，西山会议派专门从上海发来了贺电，“以迅速手段，勘定叛乱，忠勇明敏，功在党国”，老右派的赞赏与嘉奖，无情地戳穿了蒋介石的伪装，也从侧面说明了中共执行妥协政策的错误。

诚然，中山舰事件是蒋介石对共产党的沉重一击，同时，也是给汪精卫的一记响亮的耳光。蒋介石阴谋发动政变，根本没有和汪精卫打招呼，而且，在事变的过程中，他还下令“软禁”了汪精卫，这对国民党的头号人物汪精卫来说，实在是非常难堪的事情！为了消除双方的“误会”，国民党召开了政治委员会。面对汪精卫的责问与怒斥，蒋介石没有与之公然对峙，反而是一句话都没说，后来周恩来回忆此事时说，“汪精卫、谭延闿、苏联顾问都客气地表示了歉意，而蒋介石倒反而一句话都没说，精神上占了优势，政治上得到极大成功。从此以后汪精卫‘失踪’了。”

蒋介石为了掩盖自己的政治野心，一面公开表示拥护汪精卫，一面秘密策划反对汪精卫。汪精卫虽心有不甘，却又无可奈何。3月25日，深感“难以行使主席职权”的汪精卫失踪了。外界盛传汪精卫经香港去了苏联，实际上，这时他仍秘密隐居于广州，曾经独揽大权的国民党元老，岂能甘心大权如此轻松地落到蒋介石的手中！汪精卫一直在暗处窥测时机，以图东山再起，然而，手中无兵的“光杆司令”，怎会斗过手握军权的蒋介石。意识到形势再难挽回局面的汪精卫，遂于5月11月羞愤地离开了广州，取道香港前往法国，并长期侨居于法。

于是，汪精卫出走留下的权力真空，就被蒋介石迅速填补了上去。5 月 15 日，国民党二届二中全会拉开了帷幕，毛泽东作为候补中央执行委员出席了会议，而蒋介石则代替汪精卫主持会议。自孙中山逝世之后，国民党中央的会议向来由汪精卫主持，这次改由蒋介石主持，则意味着蒋已成为国民党领袖。对蒋介石来说，国民党二届二中全会的意义还不仅如此，经蒋建议，他的亲信张静江接替汪精卫出任国民党中央执行委员会主席。毋庸置疑，张静江担任此职，与蒋介石担任此职，没有任何本质区别。可以说，汪精卫是中山舰事件最大的牺牲者，他不仅被夺走了权力，还为该事件背了黑锅。

总而言之，中山舰事件是蒋介石的一场政治赌博。从当时国内政治力量的对比情况来看，胜利并不注定属于蒋介石，失败也并不注定属于中共。事实上，中共完全有能力与之一搏，更何况，中共背后还有苏俄撑腰，如果“妥协怀柔”的苏俄与“忍辱负重”的中共，支持已着手组建的“反蒋同盟”的话，蒋介石的政治生涯势必就此结束，更不用说蒋家王朝之兴盛了，然而，历史终归是残酷的！处于幼年的共产党缺乏斗争经验，又被善于伪装、蒙蔽群众的蒋介石迷惑，从而失去了与蒋抗衡的资本，于是，蒋介石以此为契机，逐步将国民党的党政大权独揽于手。

“整理党务案”

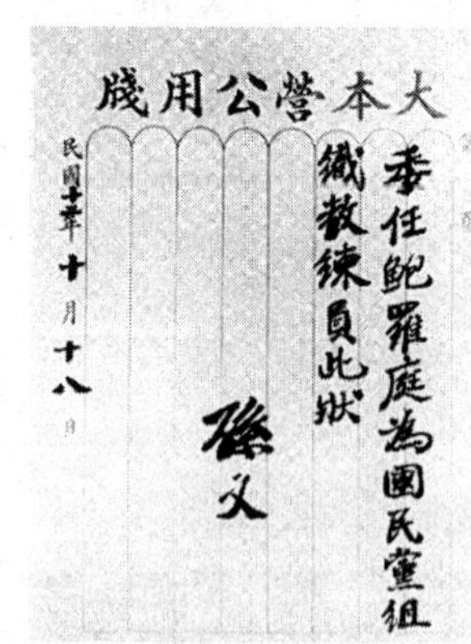

大本營公用牋

委任鮑羅庭為國民黨組織教練員此狀

孫文

民國十二年十月十八日

孙中山颁给苏联顾问鲍罗廷的委任状

“我们示弱，他就得步进步，我们强硬，他就缩回去。”毛泽东评价蒋介石的这句话，在日后的国共合作中不断得到印证，因担心反蒋会导致国共合作破裂，苏联顾问在中山舰事件中千方百计地向蒋介石妥协，而缺乏政治斗争经验的中共亦采取了“忍辱负重”的姿态，本来以为妥协退让会换来蒋介石振臂一呼，整合全国革命力量自上而下完成“资本阶级民主革命”，谁曾想，中共越是“退让示弱”，蒋介石越是得寸进尺，凭借中山舰事件夺取军权之后，他又加快了夺取党权的步伐。

1926年4月3日，蒋介石即向国民党中央递交了“请整军肃党准期北伐”建议案。在这份建议书中，他首先提到了“肃党”问题，“现在党内纠纷必须解决者，即为纪律问题与分子问题是也。中正提议：……本党之内不准组织其他小团体，须事事公开，不得有秘密行动。如有运动本党党员加入共产党者，一经检举，则处以严律。至于本党与共产党重要问题，应即以联席会议解决之；而共产党之秘密文件，可提出于联席会议，本党有代守秘密之义务……”

蒋介石此举的目的非常明确，他不仅要限制共产党势力在国民党内部的发展，还要将其活动置于自己可控制的范围之内。可以试想一下，蒋介石掌握了共产党的秘密文件后，会出现什么样的状况呢！至少在其日后清理共产党时，会很容易分辨出哪些是他的“敌人”。在表明了自己“肃党”问题上的主张后，蒋介石又在“整军”意见中，以中山舰事件为例，强调了解决共产党问题的急迫性。

“近日第一军因本党党员与共产党员之裂痕，日深一日，几如水火之不能相容，如不从速解决，则北伐必无胜算之理。……信仰不一，精神必难团结，思想冲突，行动更易差误。我军既以三民主义为主义，惟有以信仰三民主义者为干部，而共产主义及无政府主义分子，应暂时退出，以求各军精神之团结，而谋革命之成功。”

蒋介石上述建议案是他后来抛出的“整理党务案”的蓝本，其意图就是限制共产党的活动，具有讽刺意味的是，蒋介石“一个主义、一个党”的思想，来源于苏联“一党专政”学说。当年奉命率团访苏的蒋介石，不仅从苏联取回了建军“真经”，还从苏联经验中认识到，革命必须由“一党来专政和专制”。

正如他在黄埔军校发表演讲时所说，“俄国革命所以能够迅速成功，就是社会民主党从克伦斯基手里拿到了政权……什么东西都由他一党来定夺，像这样的革命，才真是可以成功的革命。我们中国要革命，也要一切势力集中，学俄国革命的办法，革命非由一党来专政和专制是不行的。”

自此之后，蒋介石坚定了“一个主义、一个党”的信念，然而，孙中山联俄、联共、扶助农工的政策，却让他无从实行自己的政治主张，不过，蒋介石并不反对借助共产党和农工的力量，实现自己在政治上的野心与抱负，只要有朝一日掌握了中国的最高领导权，何尝不能实现自己“一个主义、一个党”的理念呢！

随着在政界、军界的地位直线蹿升，蒋介石越来越意识到“集中与统一”的重要性，他甚至不止一次地公开表示，“革命不专制不能成功”，“革命以集中与统一为唯一要件”，苏联顾问鲍罗廷对此表示赞同，并全力支持蒋。然而，极具讽刺意味的是，蒋介石认为破坏了集中与统一，从而妨碍了革命成功的就是国民党内共产党人的存在。

1926 年 3 月 9 日和 5 月 14 日，蒋介石在日记中连续写道，“共产分子在党内不能公开，即不能开诚相见，办世界革命之大事而内部分子貌合神离，则未有能成者”，“对共党提出条件虽苛，然大党允小党在党内活动，无异于自取灭亡，宁不伤心，惟因总理策略，即在联合各阶级共同奋斗，故余犹不愿违教分裂，忍痛至今也”。

总而言之，“一个主义、一个党”的理念，是蒋介石制造中山舰事件之后，又抛出“整理党务案”的依据，同时，这一理念也为随后不久进行的武力清党埋下了伏笔，蒋介石在“以俄为师”，联俄联共这方面虽然没有多少诚意，但是，苏俄的“一党专政”却让他学到了极致，或许共产党人做梦都不会想到，蒋介石竟会以彼之道还施彼身！真是莫大的讽刺啊！

事实上，蒋介石对共产党的限制与提防，早在中山舰事件之前就已经表露出来了。蒋介石用人的原则是制造矛盾，利用矛盾，俾其相互牵制，所以，当周恩来安排几个左派学生担任黄埔队长时，蒋介石便横加干涉，甚至还撤销任命。蒋之所以如此，不仅因为他要控制黄埔带兵人员的任命，还要将左派和中共放在眼皮底下，以便随时监视、提防，例如，第 1 师师长是他的亲信何应钦，那么，共产党人就可以担任该师的党代表。

此外，蒋介石在第二次东征途中，还公然要求周恩来将黄埔军校所有共产党党员的名单以及加入共产党的国民党党员名单上交，在周恩来以“需请示中央”为由予以拒绝之后，蒋介石又以“保证黄埔军校统一”为由，要求共产党员或者退出共产党，或者退出国民党和黄埔军校。由此可见，中山舰事件不过是蒋介石“一个主义、一个党”理念的一次公开尝试而已。

为了解决中山舰事件之后日渐紧张的国共关系问题，为了消除不断升级的党内纠纷问题，蒋介石在国民党中央执行委员会第 18 次会议上建议，国民党在 1926 年 5 月 15 日至 25 日召开二届二中全会。紧接着，蒋介石便就“整理党务办法”，与鲍罗廷开始了商讨，对蒋提出的“国共协定条件”，鲍罗廷多持异议。

为了保证国民党二届二中全会的顺利召开，5 月 14 日晚八点，蒋介石特邀中共代表张国焘和谭平山，前往张静江寓所商谈要事。实际上，所谓“要事”，不过是给中共代表打了一剂预防针——翌日将要召开的二届二中全会，将会对中共采取“大动作”，中共一定要保持克制，千万不要寻衅滋事。

果然不出所料，二届二中全会最重要的议题就是，讨论由蒋介石、张静江等人联名提出的“整理党务案”。“整理党务案”由四个议案组成，其中，蒋介石单独提出的“国共协定事项”，即“整理党务案第二议案”为重中之重，二届二中全会之后，各级党部进行“整理党务”时，就是着重按照此议案进行的。

旨在将共产党清洗出国民党中央各部的“第二议案”，共有九条内容，其中四条内容让人极为“惊愕”：“凡他党党员之加入本党者，各该党应将其加入本党党员之名册，交本党中央执行委员会主席保存”；“凡他党党员之加入本党者，在高级党部（中央党部、省党部、特别党部）任执行委员时，其数额不得超各该党部执行委员总数的三分之一”；“凡他党党员之加入本党者，不得充任本党中央机关之部长"；"对于加入本党之他党党员，各该党所发之一切训令，应先交联席会议通过。如有特别紧急事故，不及时提出通过时，应将此项训令请求联席会议追认"……

非常明显，第二议案中提及的他党就是中共，虽然蒋介石一再声明，此议案不是为了限制共产党，但事实胜于雄辩，名义上"消除疑虑、解决纠纷"的"整理党务案"，实际上却是要从国民党中清除中共党员，这是蒋介石继篡夺军权之后，进一步篡夺党权的阴谋。然而，5 月 15 日，蒋介石提出这一议案之后，"会场相顾惊愕"，却没有人提出异议。

张国焘

中共内部就"整理党务案"激烈争论了七天，却依然毫无结果。虽然毛泽东等人主张"坚决顶住"，但张国焘却按苏联顾问和陈独秀的意见，用不正当的办法要大家签字接受，毛泽东最终拒绝签字。在中共内部，张国焘素以处事果断、作风专横著称，令人失望的是，面对蒋介石针对中共策划的这场政治阴谋，他却表现得过于软弱。

国民党中央二届二中全会结束之后，根据"整理党务案"的规定，毛泽东、谭平山、林祖涵等中共党员，纷纷向中常会辞职，蒋介石随即向各部安插亲信：陈果夫代理组织部长，甘乃光调任农民部长，邵元冲继任青年部长……紧跟国民党中央之后，其他各级党部也开始进行"整理"，蒋介石控制的组织部先后派遣指导员，分赴各省指导筹备与改组党务事宜，于是，共产党在各级党部所占比例直线下降。

总而言之，共产党对国民党的"第三次大让步"，也就是"党务上的大让步"，使蒋介石篡夺党权的阴谋再一次得逞，至北伐战争前夕，“党权、政权、军权皆集中于总司令一身，蒋所在地，就是国民党中央所在地，国民政府所在地，蒋就是国民党，蒋就是国民政府，威福之盛，过于中山为大元帅时”。

第三节 誓师北伐

吴佩孚造反

顾名思义，北伐即自南向北的武力统一，这是孙中山先生的梦想，亦是其党徒的志向。国共合作之目的，“打倒军阀、打倒帝国主义”，亦非北伐不能实现，而苏联顾问团不辞万里地来到中国，更是为了加强北伐的实力。1926 年春，随着革命政权的巩固与发展，举行北伐的条件日渐成熟，恰在此时，听命于吴佩孚的军阀赵恒惕，被湖南人民逐出长沙，反赵军领导人唐生智出任代理省长，并在吴佩孚大军压境之下，“求援于国民政府”。

根据全国革命形势的发展，蒋介石在 4 月 3 日提出，“两广决于三个月内，实行出兵北伐”。然而，不断叫嚣着“北伐”的蒋介石，虽一再强调继承总理北伐的遗愿，但在行动上却非常迟缓，甚至到北伐前夕，仍十分踌躇不定。蒋介石在把主要精力都放在了争夺党政军大权上，所以，当广西军队在衡阳浴血奋战、准备牺牲，而李宗仁向他陈述火速增援的理由时，蒋介石竟不顾前线将士的死活，并一再诉说自己的难处，“你初到广州，不知道广州的情形太复杂……现在如何能谈到北伐呢?”

“戎机不可坐失，第七军已在浴血作战，第四军也已准备牺牲，希望其他各军袍泽一致响应，共襄盛举。”在李宗仁、李济深的四处游说下，国民党中央在 5 月 21 日决定，“发布对时局宣言，接受海内外请愿北伐”，6 月 2 日，唐生智就任国民革命军第 8 军军长，兼北伐军前敌总指挥。然而，蒋介石依然只是嘴上喊北伐，而缺乏具体行动。等到戴上总司令的帽子，手握军事大权之后，蒋介石顿时活跃起来。6 月 4 日，国民政府正式下达委任状，蒋

北伐时期的蒋介石

介石随即召集会议，商讨组织总司令部问题，并决定由李济深任总参谋长，白崇禧任副总参谋长，邓演达任总政治部主任，郭沫若任总政治部副主任。

1926年7月1日，蒋介石发布北伐动员令，“本军继承大元帅遗志，欲求贯彻革命主张，保障民众利益，必先打倒一切军阀，肃清反动势力，方得实行三民主义，完成国民革命。爰集大军，先定三湘，规复武汉，进而与我友军国民军会师，以期统一中国，复兴民族。除第四、第七两军先行出发，协同第八军相机前进外，兹特将第一、第二、第三、第五、第六各军前进集中计划各项图表，随令颁发，仰即遵照。”

紧接着，广州举行了盛大的北伐誓师典礼，为了激励将士们的斗志，蒋介石发表了慷慨激昂的演说，“吊民阀罪，残厥凶酋，复我平等，还我自由。嗟我将士！为民前锋，有进无退，为国效忠。实行主义，牺牲个人，丹心碧血，革命精神。嗟我将士，一德一心，毋忘耻辱，毋惮艰辛，毋惜尔死，毋偷尔生。壮烈之死，荣于偷生。嗟我将士！保此国家。嗟我将士！……偕作同仇，革命不成，将士之羞。嗟我将士！如兄如弟，生则俱生，死则俱死……”

北伐誓师大会后，国民革命军第1、第2、第3、第5、第6军，先后从两广地区出发，随后，冯玉祥率部于9月7日在五原誓师，响应国民政府北伐。自1916年袁世凯抑郁而终后，群龙无首的北洋军阀，分裂成了直系和皖系，随后，奉系、桂系、滇系等相继形成。为了争夺地盘，扩充实力，各派军阀连年混战，以致社会动荡，民不聊生，自此之后，打倒北洋军阀，武力统一全国，成了中国人民的迫切愿望，因而，孙中山决意为民请愿，誓师北伐，只可惜，天不假年，未能如愿！

继承总理遗志的这次北伐，主要目标是直系军阀吴佩孚、孙传芳以及奉系军阀张作霖。当时，号称20万兵力的吴佩孚部，盘踞两湖、河南京汉路沿线；孙传芳的"五省联军"主力则集中布防于江西；实力最强的张作霖部，拥有40万兵力，不仅控制了北京政府，还将京津、直隶、热河以及东北三省划为自己的势力范围。面对如此强大的敌人，最初仅有10万人马的北伐军，制订了各个击破的战略：首先集中兵力向实力较弱的湘鄂进军，以消灭盘踞于此的吴佩孚；然后再引兵东向，消灭孙传芳；最后北上解决实力最为雄厚的张作霖。

事实上，当蒋介石在广州轰轰烈烈地举行北伐誓师时，国民革命军第7军、第8军，以及第4军第10师、第12师和叶挺独立团，早已一路凯歌地据有湘南，会师衡阳、克复长沙了，诚如一位美国学者所言，"当北伐攻势已取得成功后，（蒋）才在广州誓师"。第4、第7、第8军取得的一系列大捷，让蒋介石欣喜不已，他在7月11日、12日，先后致电唐生智、李宗仁将军，"此次克敌神速，于最短时间恢复长沙，皆由兄指挥若定，各将士奋勇作战"，"长沙已于蒸日攻克，贵军协力作战，劳苦功高，极堪嘉慰"。

随着湖南革命形势的不断高涨，在一旁观望的小军阀们纷纷转变立场，开始投靠革命阵营。例如，贵州军阀袁祖铭，此人在北伐军攻克长沙的第二天，便请愿改隶国民革命军，北伐战火随之烧遍了全中国。8月12日，蒋介石主持的长沙军事会议决定，"趁吴军南北疲于拼命之时"，迅速以主力直捣武汉，与此同时，必须密切防备孙传芳的突然袭击。为了稳住盘踞江西的孙传芳，蒋介石一面派朱培德部时刻警戒，以掩护中央军侧背安全，一面致电孙传芳，希望他"顺应革命潮流，以保五省人民之幸福"，为了争取孙的暂时中立，蒋介石还承诺，"必请于政府，承认兄为五省之总司令"。

在得到孙传芳的口头承诺之后，蒋介石根据"防孙打吴"思想，制订了北伐第二期作战计划。8月19日，北伐军全线出击，势如破竹，所向披靡，在取得汀泗桥、贺胜桥大捷之后，乘胜追击，

吴佩孚

围攻武昌。吴佩孚则迅速集结兵力，企图凭借长江天险固守武汉。9月5日，吴军汉阳守将刘佐龙率部加入革命阵营，蒋介石任命刘为第15军军长，配合革命军第8军作战。9月6日，刘佐龙部炮轰吴佩孚司令部，吴氏率残部北逃。

正当国民革命军长驱北上、横扫湘鄂，而吴佩孚军濒于崩溃之时，孙传芳设司令部于九江，亲自坐镇指挥“五省联军”，对抗国民革命军。更为要命的是，孙氏第4方面军、驻防福建的周荫人部，直接威胁着国民革命军的大后方。在赣战告急之时，蒋介石下令，兵分三路，挺进江西。其中，第1、第2、第3各军为右翼，由蒋亲自指挥；第1军第1师和第6军为中路，由程潜指挥；第7军为左翼，由李宗仁指挥。

与士气高昂的北伐军相比，孙传芳部人心涣散，各自为政，因而，双方战事的结果早已注定。正如蒋介石所言，孙传芳“似确有退却模样”，大有一触即溃之势。随着江西、福建的相继失守，独木难支的孙传芳，求援于奉系军阀张作霖，而张作霖亦捐弃前嫌，支持孙氏重整旗鼓，卷土重来，与此同时，孙、张两人还商定，劝说吴佩孚反攻湖北，以组成北洋军阀联合，与国民革命军相抗衡。

面对来势汹汹的敌人，蒋介石决意平定东南。1927年1月，蒋宣布了作战计划：何应钦为东路军总指挥，率军由闽赣进入浙江；唐生智为西路军总指挥，配合江左军作战，并与冯玉祥部联络，伺机进入河南；蒋介石兼中路军总指挥，其中，程潜率领江右军，李宗仁率领江左军，沿长江向东推进。在国民政府三路大军的浴血奋战下，整个江南地区落入了革命军之手。

总而言之，北伐军在蒋介石的亲自指挥下，发扬了长驱直入、运动歼敌、穷追猛打、速战速决的作风，在不到一年的时间里，横扫大半个中国，不仅消灭了吴佩孚、孙传芳部的主力，还沉重打击了帝国主义和封建军阀在中国的反动统治，从而促使各省军阀最终“统一”于国民政府旗帜之下。若没有国共两党的亲密合作，浴血沙场，若没有工农武装的鼎力协助，积极配合，积贫积弱的旧中国怎会取得如此辉煌的战绩！由此可见，国共两党合则两利，分则两损。

随着锐不可挡的北伐军横扫中国的半壁江山，黄埔师生再次让国人刮目相看，黄埔军校随之驰誉天下！事实上，历经血与火考验的黄埔幼苗，在两次东征以后就已成长为参天大树，在武力统一全国的北伐战争中，他们在国民革命军的八个军中，是最具朝气、最具理想、战斗力最强的部队，也正因为他们的视死如归、浴血奋战，才再次铸就了黄埔军校的辉煌！仅从北伐指挥官名单，我们就能想象这支学生军创造的奇迹：

第 1 军第 1 师第 1 团团长孙元良、第 1 军第 1 师第 2 团团长胡宗南、第 1 军第 20 师第 60 团团长李杲，第 4 军第 10 师第 29 团团长范汉杰……此外，李延年、桂永清、蒋先云、俞济时等，不久后就晋升为团长，而李默庵、王尔琢、李汉藩、顾希平、周士第等也是团级党代表和参谋长，看起来，黄埔娃娃们也已形成气候了！可能有些人会说了，不就是个团长嘛，有什么了不起的啊！实际上，在这一时期的国民革命军中，团长是非常显赫、耀眼的职务，比如说，后来名扬四海的蒋鼎文、蔡廷锴、卫立煌等人，在那时也不过是个团长。

黄埔教员在北伐战争中，同样为黄埔军校赢得了荣誉！尽管这些教员们并非出身黄埔，但他们到达黄埔之后，受训于蒋介石校长，亦修成了黄埔正宗，例如，陈诚、刘峙、顾祝同、钱大钧……他们不仅是蒋介石依赖的中坚力量，还是蒋介石嫡系部队将帅的来源，蒋的这些嫡系中的骨干，同样依靠师生关系，招揽了大批黄埔学生，从而形成了主导中国命运的“蒋记黄埔系”。

黄埔军校政治部职员合影，右三为聂荣臻

因为黄埔学生毕竟还羽翼未丰，缺乏独立作战的能力和经验，因而，在北伐战争中，黄埔教员一路领先，执掌了蒋介石嫡系部队的领导权，并带领黄埔学生一路过关斩将，例如，第 1 军军长何应钦，第 1 师师长王柏龄，第 2 师师长刘峙，第 3 师副师长顾祝同，第 20 师师长钱大钧……随着北伐战争的节节胜利，国民革命军迅速壮大起来，蒋介石遂将其嫡系第 1 军扩编为第 1 集团军（下辖 18 个军），该集团军拥有 29 万兵力，集合了黄埔军校的所有精英，从而成为蒋氏正规军的骨干与主力。

总而言之，北伐战争对中国意义非凡，黄埔学生对北伐战争的贡献亦不能小觑，而这正是蒋介石积极筹办军校的目的，他要从自己的同事与学生中，挑选未来嫡系部队的将领，从而形成以黄埔军校师生为纽带的庞大的黄埔军团。北伐战争为蒋介石扩充军力提供了契机，借着战争的东风，他将嫡系部队从教导团扩充为第 1 军，后又扩充为 8 个军、18 个军、120 个军，而这又为黄埔学生提供了越来越高的发展平台。

第四节　密谋独裁

迁都之争

随着北伐战争从珠江流域推进到长江流域，国民党中央决定迁都武汉，以便更好地领导全国革命。然而，最初热衷于迁都武汉的蒋介石，却在党中央正式宣布这一决议之时，一反常态地表示坚决反对，认为在通过这一决议时“武汉处于严重的威胁之下，同时浙江也已经发生了战事，在已经巩固的南昌领导作战是较好的”。

1927 年 1 月 5 日，蒋介石公然凌驾于中央之上，命令迁往武汉之人员返回南昌办公，并通电各级党部“现因政治与军事发展便利起见，中央党部和国民政府暂驻南昌”，待“东南底定”之后再迁往南京，不久之后，蒋介石又假借国民党中央政治会议的名义，要求武汉方面取消国民党中央党政联席会议，“瑞元无赖”的专制与跋扈由此可窥一斑。

与此同时，蒋介石还亲自跑到武汉游说中央委员，结果可想而知。在北伐将士浴血奋战、流血牺牲之际，蒋介石竟然为了一己之私，不顾革命事业的大局，公然挑起迁都之争，稍有爱国之心的人，都不会赞同蒋的做法，更不会答应他的无理要求！据随行的张治中回忆，“蒋在汉口公宴大家，李立三在席上有一篇措辞极其委婉而含义很锋利的讲话……而

李立三

总政治部主任邓演达的态度言论也是日趋激烈，比中共有过之而无不及，给蒋的刺激很大。”

对此，蒋介石怒不可遏地返回南昌不久，就与武汉形成了公开对抗之局，然而，因军队之命脉——军费，依然操纵在武汉一方手中，蒋介石认识到自己实力还不够强大，地位还不够稳固，如果贸然与武汉翻脸的话，可能会让自己全盘皆输，于是，他不得不暂时低下了高昂的头，1927 年 2 月，蒋介石表示“武汉是全国的中心，也是政治变迁的策源地，我们党部和政府到了武汉，一定比在南昌发展的更快”。

在宋子文等人的积极调停下，迁都之争终于落下了帷幕，然而，分裂的隐患却依然存在。事实上，迁都之争虽未使鄂赣公开分裂，却只不过是推迟了时日而已，后来的宁汉分裂就是明证！既然蒋介石曾不止一次地力主迁都武汉，他又何以反对党中央的决议呢？借用李宗仁的话来说，“蒋总司令所以坚持南昌的原因，自然是私心自用”。

首先，这时的两湖与武汉已处于唐生智部的控制之下。唐生智治军严明，处事果断，深得中共和左派的支持，而唐生智“保定系”的出身，也让他与国民革命军中的不少“保定系”将领惺惺相惜，所有这一切都让蒋介石感到恐惧。蒋介石认为，唐生智无疑是最大的潜在威胁，“万一国府与中央党部迁往武汉，蒋必然失去控制力”。

其次，武汉地区工农运动的高涨，与蒋介石的愿望背道而驰，也让他感到极度恐惧，因而，他宁愿冒天下之大不韪，也不愿将政府迁往冒着工农革命火焰的武汉。更为重要的是，蒋介石的嫡系部队控制着江西、福建一带，只有在自己控制的地盘上，他才能为所欲为地实现其政治野心：篡夺革命领导权，建立专制独裁统治。凡此种种决定了蒋介石在迁都上的态度出现了令人不可思议的逆转。

会议爽约

革命阵营内部分歧的公开化、白热化，直接影响着革命形势的发展，于是，召开国民党中央会议已成必然之势，同时，领教了“瑞元无赖”的专制与跋扈之后，不少国民党中央委员意识到，有必要召开会议，来限制一下“枪杆子”的权力，正如孙科所说“蒋介石这样把持着党，终有一天要做皇帝了”。1927 年 2 月 22 日，武汉方面决定 3 月 1 日召开二届三中全会，并派专人前往南昌，催请滞赣委员赴会。

这一时期，在蒋介石的心目中，他自己就是革命的化身、真理的化身，凡是与他持不同政见的，都是反革命势力，都必须加以“清除”。正如 1927 年 2 月，蒋介石在南昌演讲时所称：“我只知道我是革命的，倘使有人要妨碍我的革命，那我就要革他的命。”非常明显，蒋介石已把革命当成了权力的代名词，也把武汉当成了妨碍他发展，必须“清除”的“反革命势力”。

然而，尚未解决财政问题的蒋介石，一时还不敢公然与武汉决裂，不过，这丝毫不影响他为武汉制造各种难题。根据蒋介石的要求，国民党党中央将三中全会推迟至 3 月 7 日召开。令所有参会委员愕然的是，当李烈钧、何香凝、陈果夫、谭延闿等人，从南昌准时到达武汉开会时，蒋介石却口故与朱培德阅兵，要求全体会议改在 12 日举行，并扬言“他们能等我，就相信他们有诚意，假使提前举行，而虚伪可知”。

3 月 7 日是蒋介石自己要求的日子，而他却无故爽约了，不仅如此，他还蛮横无理地要求所

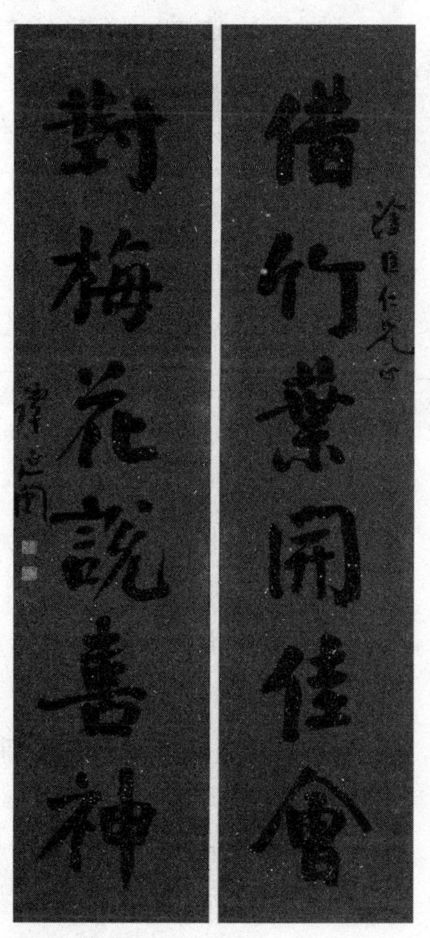

谭延闿对联手迹

有人按照他的意思行事，真是专制独裁到了极点！更让人难以置信的是，他竟然能睁着眼睛说瞎话，竟然能将准时召开会议，说成提前召开会议！由于谭延闿等人突然发难，要求会议推迟至12日举行，从而造成了与会委员之间的不和谐，国民党党中央遂决定3月7日为预备会，3月10正式召开全体会，不过，蒋介石直到17日会议结束也没有露面。

国民党二届三中全会在严厉批评了蒋介石的专横独裁后，通过了《统一党的领导机关案》、《军委会组织大纲》、《统一革命实力案》、《国民革命军总司令条例》、《撤销中央军人部案》等议案，事实上，这些旨在恢复并提高党权、防止个人独裁与军事专制的议案，主要是针对蒋介石的独裁倾向提出并制定的。

例如，中执委明确指出“自北伐军兴，军事政治党务集中一人，愈使政治之设施，不能受到党的领导，而只受军事机关之支配，此种制度，弊害甚多。”为此，必须将一切政治、军事、外交大权集中于党的手中，并以集体领导代替主席制，这就意味着削弱了蒋介石以军霸党干政的权力，从而有力遏制了蒋个人权力的恶性膨胀。

不过，国民党二届三中全会对蒋介石大搞分裂，以军干党干政的认识还不够深刻，因而，保留了蒋的中常委、军委主席团委员、国民政府委员等职务，这给蒋介石后来与武汉彻底摊牌保存了相当的实力。事实上，三中全会虽暂时消除了蒋篡权专横的隐患，却没有从根源上真正解决问题，反而招来了蒋的切肤之恨，蒋必欲取之而后快。

寻找新靠山

在与革命分道扬镳之前，蒋介石还有些工作需要做。迁都之争已将他身上的左派光环冲掉了，既然右派真面目已公然示人，空前孤立的蒋介石必须要寻求新的靠山。当然，蒋介石也不排斥继续借用革命群众的势力，只要不威胁到自己的“大业”就行，况且，有了革命势力的全力支持，往往会达到事半功倍的效果。

于是，蒋介石一面继续扮演“红色将军”的角色，不时发表冠冕堂皇的“左派”言论，以骗取革命群众组织的支持；一面又频繁地向各派反动势力暗送秋波，以集结“志同道合”之人共谋“大业”。恰在此时，北伐军的锐气惊醒了西方列强，这些帝国主义国家本来打算利用北洋军阀对中国分而治之，谁曾想，苦心培植起来的在华代理人，竟如此不堪一击。无奈之下，他们只能重新评估中国政局，并将目标锁在了蒋介石身上。

在西方列强的心目中，拥有强大实力的蒋介石虽然讨厌帝国主义，却很少采取过激行为，况且，蒋还不时发表露骨的反共言论，这让西方列强更加确信，蒋介石就是他们急需物色的对象。心领神会的蒋介石也没有让“未来主子”失望，在多次接见日本驻九江领事时，他明确表示不仅不会废除不平等条约，还要尽可能地尊重这些条约。

此外，面对英美帝国主义伸来的橄榄枝，蒋介石也一一笑纳囊中，“不仅日本，无论哪一国，如其放弃帝国主义政策，能以平等待我中国的时候，那么，我们对他们，如同对苏俄一个样子，未始不可以联合的”，言下之意，只要帝国主义支持自己，蒋介石就可以与之联合，尽管蒋的表态还有些模棱两可，但对英美等国来说已经足够了！

不过，获取帝国主义的全力支持，只是蒋介石与革命势力彻底摊牌的重要步骤之一，要想成为主宰中国未来命运的独裁者，他还需要“财神爷”们的支持。毋庸置疑，财大气粗的江浙财团，首先进入了蒋介石的视线。而控制经济命脉的江浙财团，在北洋军阀摇摇欲坠之时，也迫切需要寻求新的政治靠山，于是，两派势力一拍即合，相互勾结，而穿针引线之人正是江浙财团头

虞洽卿故居

面人物虞洽卿。

如前所述，虞洽卿在蒋介石穷困潦倒之际，不仅将蒋介石安排在自己门下奉职，还主动将他举荐给黑帮老大黄金荣，如此知遇之恩让蒋介石“念念不忘”，以至蒋在政坛以“左派将军”身份扶摇直上后，毫不隐瞒自己与大财团虞洽卿的特殊关系，反而给予他相当高的礼待，甚至还刻意回忆旧情，以致恩人感动至极，并决意为蒋肝脑涂地。

事实上，蒋介石绝非是为了兄弟情义而放弃权势的人。在“驱胡倒许”事件中，他将利剑指向对己有恩的把兄弟许崇智，就足以说明了这一点。蒋介石如此善待虞洽卿同样是源于对权势的渴求。混迹上海多年的蒋介石深知，要想以上海为基点成就霸业，就必须取得上海财阀的支持，因为他们才是上海的真正老板。

于是，从偶然与虞洽卿结缘之日起，蒋介石就开始潜意识地以虞为中心，编织着自己在上海的关系网络，以备将来的不时之需。果不其然，这张苦心经营的关系网，让决意与革命分道扬镳的蒋介石，得到了诸多意想不到的实惠。1927 年 4 月初，蒋介石从江浙财团处获得第一笔 300 万的短期借款，紧接着，25 日，又获得第二笔 700 万的借款，此外，江浙财团还帮助蒋介石搜罗打手，与上海工农势力相抗衡。

当然，江浙财团之所以选中蒋介石，不仅仅是因为虞洽卿的穿针引线，更为重要的是，蒋介石拥有庞大的势力和坚定的反共意向。早在挑起迁都之争时，蒋介石就已将心腹黄郛、张群、张静江、陈果夫、戴季陶等人集结起来，改组、撤换了南昌的党政军各级

旧上海名流合影

领导班子，黄埔学生随之竞相投奔校长门下。也就是说，虽然在迁都之争上，蒋介石暂时落了下风，但他却私底下在南昌组织了自己的权力中心。诚如孙科所说，蒋介石“自设司令部以来，党国大政无不总揽于一人，党与政府等于虚设……开个人独裁之渐，启武人专横之端”。

与此同时，蒋介石还极力扩充军事实力。由于两湖与武汉地区革命形势的高涨，让蒋介石深感恐惧和不安，于是，他决意将嫡系部队向江浙一带推进，并沿途收编了投奔而来的各派军阀，蒋介石的嫡系随之由 1 个军扩充为 40 个军。我们不得不佩服蒋的政治手腕，他先用高官厚禄引诱收买旧军阀部队，然后通过整编安插亲信嫡系，从而将军权牢牢地抓在手中。

总而言之，蒋介石不顾革命大局，公然挑起迁都之争，不仅没有达到预期目的，反而洗去了左派光环，于是，无路可退的蒋只能改弦更张，寻求新的靠山。当一切准备就绪之后，蒋介石有恃无恐地走上了革命的反面，从南昌到九江，从安庆到上海，一路走，一路杀，踏着血迹斑斑的尸体铺就的“黄金路”，蒋介石一步步走向了权力的巅峰！

第五节　屠杀昔日战友

“四·一二”反革命政变

1927 年 4 月 12 日凌晨，上海青洪帮头目杜月笙，在蒋介石的指使下，以每人 10 块大洋之高价，收买了数百名流氓打手。这些打手以“身穿蓝色短裤，臂缠黑

在上海工人纠察队门前镇压工人武装的国民党军队

‘工’字袖章”的装扮，冒充工人从租界分散而出，蒋氏军队紧随其后。当暴徒们突袭工人纠察队，而纠察队奋起反击时，事先埋伏好的军队出面，借口调停“工人内讧”，强行收缴工人枪械，并枪杀抵抗者。据不完全统计，12 日上午，冒充工人的暴徒们解除了 2700 名工人的武装，并占领了上海市总工会，“纠察队因抵抗而死者百余人，工友群众，死者数百人”。

蓄意制造的反革命政变得逞之后，肇事者的亲信们便开始行动起来，他们要么四处散发传单，要么发表通告，歪曲事实。最终，这场使“亲者痛、仇者快”的惨剧，在蒋氏亲信们的大肆渲染之下，变成了纠察队内部“反动分子”为破坏革命而挑起的械斗事件。为了避免类似情况的再次发生，蒋的亲信们宣布解散工人纠察队，“所有枪械，一律收缴”。与此同时，“工人协进会”等蒋氏御用工具，纷纷为杜月笙“表功”，并号令“全国仿效上海，诛戮共产党”。

蒋介石发动反革命政变，进而制造反动舆论的行为，激起了上海各界人士的强烈愤慨，他们纷纷组织起来声援纠察队，并要求交还枪械、惩办流氓、肃清反革命势力。4 月 13 日，上海工人举行总罢工，并协同学生、群众前往第 26 师第 2 司令部请愿。然而，当请愿队伍行至宝山路时，受命于蒋介石的周凤岐部，对手无寸铁的群众进行了大屠杀，“当场受击毙者在百人以上，伤者更不可数计”，时值大雨倾盆，死者纷纷倒地，宝山

中国共产党领导上海人民举行反对“四·一二”大屠杀的示威游行活动

路一时血流成河。

肇事者为了掩盖罪行，毁尸灭迹，“实行清街，禁绝行人”，然后，将尸体拖至荒郊掩埋，其中不乏有伤势过重却还未死的人。4月15日，蒋介石发表“清党”通电，“第一期之清党，为紧急处分，其时共产党徒谋叛正亟，非各地同时采用极严峻之手段，无人遏抑乱萌；第二期为根本整理，肃清共产党徒之根株勿使复活，此必有待于缜密统一之方案。”随后，秉承蒋之意志的军警开始在南京、无锡、宁波等地，大肆搜查、捕杀共产党员和革命群众。

据国民党的不完全统计，4月12日至15日的3天时间内，上海被屠杀者300余人，被拘捕者1000多人，流亡失踪者5000多人。蒋介石的这一行为纯属恩将仇报，为了铺就自己通往权力巅峰的道路，他将屠刀对准了用鲜血从军阀手中夺取上海，并将其敲锣打鼓迎进城的工人兄弟。蒋介石的行为极其卑鄙下流，他将枪口对准了用生命为之摇旗呐喊的革命“友党”，更何况，这时的工农群众和共产党员，正在北伐前沿，浴血奋战，流血牺牲！

讨蒋特刊

“四·一二”政变后，《革命生活》月刊社出版的《讨蒋特刊》

由于蒋介石突然从背后举起了屠刀，江、浙、闽、赣、沪、皖等地的共产党组织，根本来不及作出任何反应，于是，成千上万的革命者没有死在敌人的炮火之下，却倒在了昔日战友的屠刀之下，长江下游一时之间血流成河。与此同时，广州的右派势力和北京的奉系军阀，也在蒋介石的“清党”号令之下，开始了大规模的屠杀行动。至此，自诩秉承总理遗志的蒋介石，已完全背离了孙中山联俄联共的革命精神。

本着统一中国而建的黄埔军校，在风起云涌的时代背景之下，不得不重新作出抉择。黄埔军校随之由“培养革命军人的摇篮”，蜕变为“培植蒋氏嫡系的场所”。1927 年成了黄埔学生分道扬镳的时刻，不管追随国民党右派，还是投入共产党阵营，他们都将成为双方的栋梁之才。事实上，国内战争、抗日战争、解放战争，成为铸就“黄埔将军”辉煌的契机，然而，同室操戈的悲剧却是黄埔校长蒋介石一手造就的。

成立南京国民政府

一个又一个惨案的发生，为蒋介石另立中央铺平了道路。4 月 18 日，蒋介石集合亲信嫡系在南京举行国民政府成立庆典，公然与武汉国民政府分庭抗礼。为了证明南京国民政府的合法性，蒋介石一再声称“定都南京是受中央党部和民众之重托，依据中央政治会议决议而定的”，具有继往开来的重大意义。与此同时，蒋介石还号召大家以“快刀斩乱麻”之势，迅速将党内“共党”分子清理干净。

南京国民政府大楼

另立国民党中央政府于南京，是蒋介石公开叛变革命、破坏国共统一战线的又一重要举措，当蒋介石拉着亲信搭起国民南京政府的架子之后，就开始了以亲信为纽带，四处搜罗鹰犬爪牙的行动。不久之后，“蒋家天下陈家党，孔宋一门作部长”的政权班底正式形成。一时之间，宁汉双方剑拔弩张，大有短兵相接之势，可以说，蒋介石是宁汉兄弟阋墙的罪魁祸首。

不过，这时还不是宁汉内讧的时候，北洋军阀尚未清除，且有卷土重来之势，于是，宁汉双方暂时搁置仇恨，各自继续派兵北伐。当然，各路兄弟齐心协力，同仇敌忾的情况，再也不会出现了，剩下的只是各自为政而已。如果没有兄弟阋墙、没有宁汉纷争，齐心协力，直捣黄龙，从而建立强大国家，未尝不是不可能之事，然而，历史终归是残酷的！但是，宁汉分道扬镳后，在“清党”方面两者又有着惊人的相似，真是具有讽刺意味啊！

南京国民政府建立之后，蒋介石继续执行“清党”政策，事实上，“清党”是蒋介石的既定方针。自从访苏之行发现苏俄觊觎中国领土后，原本向往、羡慕苏俄革命的蒋介石，立下了不做“俄奴”，坚持自主独立的志向，这是他坚决反苏反共的原因之一。然而，为了“清党”，为了反共，蒋介石又在无意识中做了“美奴”、“英奴”，这不能不说是蒋介石的悲剧，也是中华民族的悲剧！

4月26日，蒋介石继续做出“清党”部署，5月5日，南京国民党中央公布“清党原则”，5月20日，中央清党委员会制定“清党条例”，5月25日，南京政府通令各地，厉行“清党”政策……面对蒋介石“残杀工农群众”，使中国陷入白色恐怖之中的情况，武汉方面掀起了讨蒋、反蒋运动。然而，随着工农群众运动如火如荼地进行，汪精卫感到了共产党有取而代之的势头，于是，继蒋介石首开屠杀共产党员和革命群众之例后，武汉方面也作出了“分共”的决议，国共统一战线随之彻底破裂！

西山会议

国共双方为着共

同的目标走到了一起，成为同仇敌忾、并肩作战的好兄弟，谁曾想，历经刀光剑影、生死与共之后，双方竟然分道扬镳、反目成仇，实在令人叹惋！统一战线汇集了来自五湖四海的仁人志士，因而，在理想、目标、革命态度上存在差异，是再正常不过的事情，况且，变幻莫测的时代风云，导致两大政党的力量此消彼长，这更容易引起两派党员之间的摩擦与猜忌。

事实上，早在孙中山去世之后，国共两党关系就陷入了极其微妙而又敏感的境地，稍有风吹草动，都会被别有用心之人成倍放大、利用。然而，屠刀相向、同室操戈却不是解决问题的唯一途径。只可惜，历史是永远不可能存在假设的！还是那句老话，国共双方，合则两利，分则两损！

第七章
开创蒋家王朝

第一节　奠都南京

退中求进

“四·一二”反革命政变之后，蒋介石控制了以上海为中心的东南地区，基本上完成了在南京建立中央政权的准备工作。4月15日，蒋介石、张静江、蔡元培等人，在南京非法召开了国民党二届四中全会，因不够法定开会人数，遂巧立名目为“谈话会”。此次谈话会否定了武汉国民政府和中央党部的合法性，并决意在南京另立国民政府。

踌躇满志的蒋介石

1927年4月18日，南京国民政府正式成立，这标志着蒋家王朝的开始，也标志孙中山革命的终结。国共合作开创的大好革命形势，随之变成了武汉、南京、北京相互对峙、钩心斗角的复杂局面。此外，洛阳冯玉祥、山西阎锡山的实力亦不容小觑，加之，帝国主义列强为维护在华利益，寻找不同代理人，以便达到其分而治之的目的，中国局势变得更加错综复杂，中国人民由此进一步陷入了水深火热之中。

南京国民政府成立之后，国民党分裂为宁、汉两个中央政权。宁方的蒋介石，自恃反共有功，认为理应由其继承国民党正统。事实上，早在蒋介石与总理“共患难”后，他就借用自己控制的宣传机器，大肆渲染自己的“正统地位”，似乎只有他才是孙中山的“忠实信徒”、“嫡传弟子”。然而，蒋介石在与汉方的对峙中，并没有明显的政治优势，他所统辖的20万军队亦是矛盾重重。对蒋介石忠心耿耿的嫡系人马，只占有其中很少一部分，其他均是地方实力派和收编不久的北洋军阀，例如，桂系、粤军等，也就是说，还没来得及向新编部队安插亲信的蒋介石，并无十足把握驾驭这支“拼凑”不久的部队。

正因为如此，蒋介石虽然将武汉政府与共产党视为心腹大患，却不得不先解决当务之急，即想尽办法巩固新近收编的部队。于是，在权衡再三后，蒋介石没有急于向武汉政府和共产党宣战，而是决意支持桂系的北伐主张。毕竟，李宗仁和白崇禧为首的桂系部队，在北伐战争中已战功显赫，声名远扬，并且成为蒋介石强大的武力后盾，尽管与嫡系部队亲疏有别，但失去如此举足轻重的地方军事势力的支持，蒋介石或许将会一败涂地。

1927年5月1日，蒋介石正式宣布出兵北伐，这实际上是“先北后西”的政策，“共产党实是我们国民党唯一的敌人，……武汉的共产党一天不消灭，他的阴谋就天天可以来动摇我们的内部，……所以我们现在这个时候，一方面要打退北洋军阀的军队，肃清江北的敌人，一方面还要应付武汉的共产党，我们这次出兵，不能不迅速前进，……一定要把北洋军阀的军队赶快打破，再来解决武汉的共产党”。蒋介石在这篇题为“认清我们唯一的敌人”的演讲中，表明了南京政府的策略：先行北伐，趁机扩充实力，然后挥师西向，解决共产党问题。非常明显，北伐是不得已而为之，西征才是其最终目的，“北洋军阀不配做我们的敌人，……（只有）解决了武汉的共产党，我们中国国民党，国民政府，才有确实保障”。因此，在宁方北伐军占领徐州之后，蒋介石就立即停止向北进军，而是积极部署“西征”事宜，并扬言在20天内包围武汉。

阎锡山

就在何应钦、白崇禧、李宗仁奉蒋介石之命，率领三路人马向陇海路挺进，连战皆捷之时，武汉方面早已派出唐生智部、张发奎部，抵达陇海一线，并进驻郑州，冯玉祥也在接受武汉政府委任，就职第2集团军总司令后，由潼关出兵洛阳，逼迫奉军北撤。所谓识时务者为俊杰，在宁汉北伐军所向披靡、节节胜利之际，阎锡山发表服从三民主义通电，并派兵向娘子关挺进，吴佩孚继奉军北撤后，亦率部仓皇北逃。

5月底，武汉北伐军与冯玉祥部在郑州汇合，史称“中原会师”。北伐形势真是一片大好，若各路人马能齐心协力，直捣燕京根本不成问题，然而，宁汉分裂，互相仇视，以至各自为政，难以一致，最后只能坐失良机、各自班师。不仅如此，针对蒋介石的“西征”部署，武汉方面在“中原会师”后，也做出了南下防共、东征讨蒋的决议。

正是宁汉双方的激烈对峙，让冯玉祥的地位凸显了出来。冯玉祥在国民党中素无基础，并且五原誓师之后，长期独处西北，强敌环绕，处境堪忧！然而，冯玉祥所拥有的50万雄兵，却成为宁汉对立局势中举足轻重的军事力量。为了获得压倒对方的决定性优势，宁汉双方均在积极拉拢冯玉祥，而冯玉祥亦因此身价倍增，获利颇丰。

事实上，武汉政府北进讨伐吴佩孚残部，很大程度上是为了与冯玉祥取得联系，并结成军事同盟。对于汉方的示好与拉拢，冯玉祥也乐观其成。于是，冯玉祥获得了武汉方面的正式委任和军事补给，并在协同北进中，以微弱代价占领河南，从而获得了向内地发展的跳板。当然了，武汉方面也从中获益不浅。

冯玉祥

尽管政见彷徨的冯玉祥在反共问题上，与武汉政府达成了一致，但在讨蒋问题上，却仍然坚持非汉非宁的方针，这让密切关注汪、冯动向的蒋介石，看到了横刀介入的良机。经过一系列的试探、准备工作之后，蒋介石与冯玉祥决定在徐州会晤。6 月 19 日，全副戎装的蒋介石与布衣土鞋的冯玉祥见面后，互相恭维一番，并“相互拥抱，落了眼泪”，蒋称冯为“北伐首功”，而冯则称蒋为“救命恩人”。

6 月 20 日至 21 日，徐州会议在花园饭店正式举行。蒋介石就自己最为关心的反共和武汉问题，与冯玉祥交换了意见。从商谈的结果来看，蒋介石只是部分地达到了目的，因为冯玉祥虽“慨然应允”在所辖部队内“清党”，却明确反对国民党自相残杀，并拒绝了蒋介石拉拢他攻汉的提议。不过，蒋介石最终还是用金钱让冯玉祥拜倒在了自己脚下。徐州会议之后，蒋介石以西北军政确有困难为由，慨然宣称自 1927 年 7 月起，南京政府每月接济冯军 250 万元。

与武汉政府财政竭蹶，每月仅拨 60 万军费相比，250 万军费可不是小数目，况且，宁汉双方均在暗中拉拢奉系，而奉系则以

“倒冯”为谈判条件。冯、奉积怨甚深，而宁汉又没有将冯视为自己必然的同路人，在此情况之下，冯玉祥的处境非常不利。于是，在蒋介石的财力援助之下，冯玉祥再三权衡之后，放弃了非宁非汉、不偏不倚的立场。

蒋、冯联手对汉方来说，是个致命的打击，原本还徘徊于十字路口的汉方，现在已经被逼到了悬崖峭壁边沿。为了能够继续生存下去，武汉必须尽快做出抉择。7月15日，汪精卫召集中常委扩大会议，正式宣布立即“分共”，并仿效蒋介石屠杀革命群众的先例，制造了“七·一五”反革命政变，轰轰烈烈的大革命至此全面失败。

自此以后，宁汉在反共问题上，站到了同一战壕内。不过，这并没有阻止双方口诛笔伐，挥师相向。“鹬蚌相争，渔翁得利”！就在宁汉双方争执不休之时，日本军队由青岛开进济南，公开支持北洋军阀，参与中国内战。大受鼓舞的直鲁联军伙同孙传芳部，趁机反扑驻守南京的军队，并于7月24日攻陷徐州。徐州乃苏北门户、军事要冲，一旦失手，苏北、鲁南将会全线动摇，大为震惊的蒋介石当即决定，亲自出马，反攻徐州。7月25日，蒋介石率军赶赴蚌埠，准备北上一搏，在出发之际，踌躇满志的他立下重誓，“此次不打下徐州，便不回南京”。蒋介石原本计划一举夺回徐州，然后挥师解决武汉，孰料天不遂人愿，因李宗仁按兵不动，白崇禧迟滞不前，以致担任主攻的右翼部队，在各派敌军的联合夹击下，溃不成军，狼狈不堪。

孙传芳墓园

为了逃避指责，泄恨遮

羞，蒋介石枪杀前敌总指挥王天培。不过，这并没有给深陷政治危机中的蒋带来多少好运。因为在冯玉祥的积极调停之下，宁汉双方出现了合流趋势，而合流是以蒋介石下台为前提条件的。事实上，早在7月时，冯玉祥就致电宁汉双方，希望他们消除分歧、结束党争，8月冯玉祥再次致电蒋介石，“既已志同道合，请速进行合作”。不过，蒋介石坚持以反对汪精卫为先决条件，而汪精卫则坚持以蒋介石下台为条件。

在蒋汪两派势力争执不下之时，控制着南京周围的桂系军阀，就开始发挥其举足轻重的作用。以李宗仁、白崇禧为首的桂系军阀，曾是蒋介石发动“四一・二”政变的武力后盾，也是蒋介石另立南京政府的重要支柱。然而，随着蒋介石大肆培植嫡系，排斥异己，李、白与蒋之间渐生嫌隙。徐州战役中，李、白消极对待蒋的命令，就是不满蒋专制跋扈、亲疏有别的体现。在宁汉商讨结束纷争之际，李宗仁、白崇禧公然表示“不管长衫佬赞成与否，我们主张合作”。

总而言之，徐州兵败，武汉进逼，桂系发难，让蒋介石“左右受敌、内外交攻”，为了摆脱四面楚歌的境地，他只剩下一条路可走了。诚如吴稚晖所说，“照唐生智那种气势汹汹，我们两面受敌不了，蒋先生且歇一歇也好。”8月12日晚，进退维谷的蒋介石辞去了所有职务，带领卫队秘密离宁返沪。13日，蒋介石在上海发表下野宣言后，乘船返回奉化老家。蒋介石下野是国民党内部斗争的必然结果，也是他自己种下的苦果。自挑起迁都之争以来，蒋介石独断专行，任意妄为，抗命中央，甚至另立政府，然而，枪杆子未必是万能的。蒋凭借军队起家，也因兵败辞职，一切冥冥中似乎早有安排。

毋庸置疑，蒋介石并不愿下野，然而，就当时他的处境而言，“非隐退不足以藏败绩之耻，非下野不足以消武汉之怒”。更何况，以退为进是他惯用的手法，并且屡试不爽。“退”为的是避开众矢之的，为的是静待时机，积蓄力量，一旦时机成熟，他必将获得更大的发展空间。正如蒋在日记中所说，“时局纷扰，内部复杂，南北皆同；只有静镇谨守，持之以定，而待机而动，无不得最后之胜利也”。

东山再起

与蒋介石初涉政坛时主动的“退”不同，这次下野是被动的“退”，是不得已而为之。从表面上来看，曾经叱咤政坛的蒋介石，在瞬息之间输得一败涂地，不仅将耍尽手腕获得的政治权柄，拱手让与他人，就连苦心经营的南京巢穴，也成了武汉政府的囊中之物。然而，细细思量之后，我们就会发现，看似在政治角逐中败北的蒋介石，却是胸有成竹地退出南京的。

“宁汉合流”时的蒋介石与汪精卫合影

首先，在军事上，蒋介石依然控制着他的嫡系部队。如前所述，蒋介石自黄埔军校建立之日起，就试图将其变成结党营私、培植嫡系的场所，事实证明，他做得非常成功。蒋的嫡系部队，尤其是第1军的各级军官，均由黄埔系人马担任，他们对校长忠心耿耿，死心塌地。因此，蒋介石下野之后，虽然远离了政治中心，却依然指挥着南京的文武百官，依然控制着权柄。事实上，黄埔学生不仅奉蒋的旨意，驻守在南京城外，时刻准备着迎接主帅复职，还积极奔走，四处游说，为校长复出大造声势。

其次，在政治上，蒋介石依然获得大批元老的支持。1927年8月，蒋介石宣布“解除职权，以谢天下”之后，张静江、蔡元培、吴稚晖、胡汉民等人“联名宣布隐退”。虽然这些人没有实权，但他们是国民党元老级人物，在党内占有重要一席，即使暂时取得优势的汪精卫，也不得不给他们几分薄面。事实上，也正是因为这些老臣的故意刁难，汪精卫抵达南京不久后，就通电宣布隐退。

9月5日，率领武汉中央委员抵达南京的汪精卫，力主召开国民党二届四中全会，以突显武汉中央的正统地位，然而，避居上海的张静江、蔡元培等人，不仅坚决拒绝与他合作，还否认武汉政府的合法性，与此同时，西山会议派也跑来搅局。在这种情况之下，宁沪汉三派只能采取折中办法，建立中央特别委员会，暂时行使中央职权。踌躇满志的汪精卫本想通过宁汉合流，确立武汉政府的独尊地位，谁曾想，武汉非但未能占到丝毫便宜，反而失去了正统地位，孤掌难鸣的汪精卫，只能离开上海、通电隐退。

不过，蒋介石却凭借这一契机，实现了他一箭双雕的目的。众所周知，宁汉双方同室操戈，兵戎相见，为的就是吞并对方，以获取“正统”地位。蒋利用“以退为进”的策略，引诱武汉政府迁往南京，从而使南京名正言顺地取代武汉，成为国民党合法的政府驻地，也就是说，他不费一兵一卒就实现了夙愿。再者，他退居幕后指挥马前卒们，搅乱政局，赶走政敌，从而为日后全面夺权埋下了伏线。最后，在经济上，蒋介石依然获得财神爷的鼎力相助。桂系军阀原本以为，蒋介石宣布下野之后，南京的大权就会落入他们手中。然而，人算不如天算，蒋介石在虞洽卿的穿针引线下，与江浙财团结成了固若金汤的联盟，这一联盟即使在蒋下野之后，也丝毫没有受到任何损害。为了帮助蒋介石重整旗鼓，早日出山，江浙财团切断了南京的经济命脉，桂系军阀在经济上逐渐陷入了困境，不得不再次向蒋介石伸出了友谊之手，当然这是后话。

在这一切安排就绪之后，蒋介石率领心腹返回了溪口老家。在这里，他又是游山玩水，又是赋诗填词，看似悠闲自在，实则另有盘算。毋庸置疑，蒋介石并不愿意成为“淡出政治”的隐士。真正的隐士是不过问时事的，而蒋介石在退隐之后一直没有闲着，毕竟，政治局势瞬息万变，没有走到最后一步，一切都是未知数，即使胸有成竹之事，也可能险象环生，甚至发生不可思议的逆转，也就是说，“退中求进”关键在于“求”上，如果一味等待时机，而不积极争取的话，即使占有再好的资源，也往往无济于事。

貌似闲居的蒋介石，时刻关注着局势的变化，他要利用各种渠道，采用各种办法，控制各方势力，在退中创造机会，夺回失去的权力。据称，蒋介石下野后“天天有若干人写信或打电报给他，有若干人到雪窦寺来向他请示”，而蒋也在天天为东山再起做着准备。早在 8 月 21 日，刚宣布下野没多久的蒋介石，就向美国记者表示，虽然他已经归隐故里，但“党员”资格依然存在，当然也就不可能脱离“革命”关系。

毋庸置疑，这是蒋介石向嫡系们发出的信号，暗示自己不久要东山再起，防止亲信们因自己下台，而另外投靠他人。与此同时，蒋介石还积极争取帝国主义的支持，不过，立志不做“俄奴”的他一时之间，还难以决定归属于日本，还是归属于英美，犹豫不决的蒋最终决定，游历西方各个国家，以断从日或从美之决心。正如蒋介石在抵达长崎后所说，“余此次来日，乃欲观察及研究十三年以来进步足以惊人之日本，以定未来之计划”。

在东游日本期间，蒋介石打着孙中山的旗号，呼吁“中日两国亲善”，实际上，就是以承认“共存共荣”为代价，换取日本对他统一中国的支持。此外，蒋介石还拜谒了日本黑龙会头子头山满，并在其安排的住所处写下了“亲如一家”的条横，以示自己对日本人的亲善。在头山满的引荐之下，蒋介石以“中国唯一领导人”的身份，与日本首相田中义一、陆军大臣向川义则、参谋总长金井范三等人举行了秘密会谈，这才是蒋介石访日的真正目的所在，诚如他对张群所说，“这次访日，最重要的是和田中会谈”。

为了赢得田中的好感和支持，蒋介石极力表示中日利害关系是“一致的”，“满蒙问题也很容易解决，排日行为当可绝迹”。正是被蒋介石的“诚意”所感动，日本政府表示将会“充分援助蒋介石”。不过，蒋介石必须要做到：积极反共；维护日本在满洲利益；先行巩固南方，然后再着手北伐。由此可见，双方各取所需，皆大欢喜。不过，让步颇多的蒋介石，却没有达成所有心愿，以至于他后来不无感慨地说："中日决无合作之可能，……余此行之结果，可于此决其为失败"。或许正是由于日本在答应援助蒋介石的同时，提出了过多的附加条件，从而让蒋介石断定日本毫无诚意，自此之后，蒋介石更多地转向了英美一方。不过，访日之行并非一无所获，至少蒋介石在东山再起之时，多了一份获胜的筹码。蒋介石在日本取得的一系列成果，促使美国政府迅速改变了观望态度，为了把蒋拉到自己的阵营，美国代表们在政府的授意之下，一方面加紧与上海的蒋派亲信联络，一方面直接与蒋介石谈判，经过积极努力，双方最终达成了密约：美国全力支持蒋介石统一中国，蒋介石则全力维护美国在华权益。

正当蒋介石与日美进行政治交易时，他所静待的时机悄然而至了！中央特别委员会成立之后，南京的实权转入了桂系军阀和西山会议派手中，愤而离职的汪精卫在唐生智的支持下，成立了武汉政治分会对抗特委会，国民党遂又形成宁汉对峙之势。不久后，因唐生智败走日本，失去依靠的汪精卫逃亡广州。汪精卫在张发奎的支持下，继续与特委会为敌，从而使"宁汉对峙"变成了"宁粤对峙"。在国民党内部斗争愈演愈烈之际，张静江、李石曾、宋子文，乃至汪精卫，都纷纷催促蒋介石回国复职，而蒋介石也深感时机已经成熟，于是，他取消了西方远行计划，决定回国"结婚"和复职。

蒋介石与宋美龄的婚礼

11 月 10 日径直返回上海的蒋介石，一方面加紧筹备与宋美龄的婚事，一方面积极筹划复职事宜。毋庸置疑，"结婚"是蒋复职的必备条件。尽管蒋在操纵中国经济命脉的江浙财团中，有着自己精心编织的关系网络，但仅凭虞洽卿的支持，似乎还是过于单薄，而宋氏家族是江浙财团的代表人物，与宋美龄联姻也就意味着，蒋介石将获得更强大的财力支持，更何况宋子文不仅是金融界的名流，还掌握着国民政府的财政大权。

此外，宋氏家族还与英美有着密切联系，尤其毕业于哈佛的宋子文，在美国的商界和政界很有威望。蒋介石与宋美龄联姻，正好为蒋打通了与英美联系的渠道，而英美也正好借助中间人宋氏家族，找到了维护在华利益的代理人，双方可谓臭味相投、一拍即合。总之，蒋介石与宋美龄的结合，堪称婚姻嫁给政治的成功典范，自此之后，蒋介石不仅赢得了英美的支持，还获得了取之不竭的财源，当然，宋氏家族也从中得到了想要的一切。

蒋介石回国的另外一个目的，就是扫除一切障碍，重新上台执政，为此他采取了纵横捭阖的策略，“利用两个互相斗争的手法来保持他的权威”。首先进入蒋介石视线的就是中央特别委员会。这个由桂系和西山会议派控制的机构，是当时南京政府的当权派，也是蒋重掌大权的重大障碍。于是，蒋介石决定采取联汪反桂，然后再排汪夺权的方针。11 月 10 日，刚从日本返回上海的蒋介石致电汪精卫，“赴沪共商召集四中全会预备会议事宜”，与此同时，蒋介石还表达了与汪合作，反对特委会的态度。

面对蒋介石伸来的橄榄枝，汪精卫予以积极回应，并公开表示，“极愿与蒋先生同时出面为党国努力”。于是，互有所求、一拍即合的两人，在错综复杂、令人眼花缭乱的派系斗争中，合力演出了一场双簧戏。老谋深算的蒋介石退居幕后策划，而稍逊一筹的汪精卫则在前台演出。汪蒋合演的第一出戏名为“驱李倒桂”。“李”就是广州的李济深，此人素来与桂系关系不错。汪精卫与张发奎到达广州之后，将广州作为反对特委会的基地，并大有反客为主之势，李济深对此深表不满。

11 月 17 日，汪精卫以参加四中全会预备会议的名义，让李济深陪同自己前往上海，从而造成了驻扎广州的桂军无人指挥的局面。张发奎、黄琪翔等人趁机以“护党救国”为名，围搜李济深、陈济棠的住宅，并驱逐暂时主持粤政的黄绍竑，在这场汪蒋合谋的“广州事变”中，蒋介石是最大的赢家，桂系势力因在广州的失败，而丧失了不少争权夺利的筹码。实际上，“广州事变”是蒋介石日后排汪的伏线，后来汪精卫就因替蒋受过，而不得不再次避居国外。

11 月 18 日，汪精卫抵达上海之后，就与蒋介石交换了意见，两人一致同意召开四中全会以解决党争问题。19 日，汪精卫再次提出了取消特委会、恢复各级党部、改组国民政府的建议，并表示坚决支持蒋介石。在联汪排桂初见成效之后，蒋介石又将目光转向了西山会议派。

11 月 21 日，在蒋介石的授意和策划下，陈果夫煽动自己把持的中央党务学校的学生，捣毁了国民党南京市党部，并向国民政府请愿。22 日，党校学生再次聚众示威游行，并高呼“打倒西山会议派”、“打倒特别委员会”的口号。怒不可遏的南京军警开枪镇压，造成了 3 死 10 伤的血案。闻讯之后的蒋介石，立即在上海发表了讲话，措辞严厉，极具火药味，他声称“愤慨实达于极度”，决不能坐视不管，一定要严惩凶手。

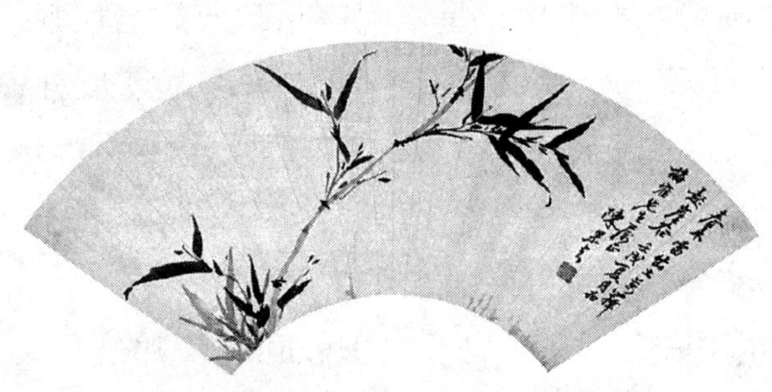

陈果夫的《墨竹图》

蒋介石身为党务学校的校长，对学生寻衅滋事如此袒护，其幕后策划之事实已十分明了。实际上，蒋介石就是要借此打击现政府的威信，扫除当权派的势力。俗语说，一将功成万骨枯，为了重新上台，蒋介石不惜让学生的人头落地。“一一·二二惨案”发生之后，汪精卫控制的惨案后援会，宣布西山会议派是元凶，并要求严厉惩办凶手。

12 月 3 日，四中全会预备会决议组织特别法庭，指控居正、谢持等十人有罪，并将其先行监禁，听候传讯。此外，预备会议还通过了取消特委会、“改组国民政府案”、“改组军委会案”、“蒋总司令复职案”等决议。我们不得不佩服蒋介石耍弄权术的手腕与智谋！在他回国不到一个月的时间内，就让当权派名誉扫地，也让西山会议派遭了池鱼之殃，随着居正、张继等人先后被迫出国，蒋介石的复出也已是箭在弦上。

四中全会预备会议之后，南北各大军阀，怀着不同的动机，纷纷电请蒋介石复职。除了黄埔蒋记军团力挺校长之外，首先提出蒋介石复职的是拥兵中原的冯玉祥。处于强敌环绕中的冯玉祥，为使自己摆脱逆境，亲电蒋介石“为今之计，惟盼呈兄东山即起，主持一切”。12 月 11 日，冯玉祥再次与阎锡山联名，请求蒋介石出面收拾残局。面对局势的陡变，李宗仁、白崇禧等拥兵自重者，也不得不做出了同样的表示。

12 月 13 日，蒋介石发表了《对时局之谈话》，算是对各路人马的联请做出了侧面回应。蒋介石表示除非共产党作乱或再次北伐，要不然“绝无出来的时候”，此外，他还宣称要变更外交方针，禁止民众运动等。迫不及待重掌大权的蒋介石，为何要在此时故作姿态呢？非常明显，他要利用这次复职机会，向同伙们捞取更高的筹码，以进一步战胜政治对手，达到大权独揽的目的。

在与汪精卫共同复职之后，蒋介石开始大肆杀戮，过河拆桥。联合执政只是打击政敌的手段，独自登台才是他的真正目的。事实上，早在广州政变发生时，蒋介石就已经开始暗中布置，准备以此打击汪精卫。汪精卫也确实够冤枉的，明明与蒋介石合谋了这一事变，却眼睁睁地看着蒋介石得偿所愿，而自己却被推到了被告席上。

“广州事变”让汪精卫百口莫辩后，上帝的天平进一步偏向了蒋介石。12 月 11 月，中共发动了“广州暴动”，尽管汪精卫实行了残酷镇压，但还是被蒋氏亲信严厉指责与共产党密谋“酿成此次之巨变”。桂系军阀为了一雪前耻，更是咬着汪精卫不放。而汪派势力为了洗清嫌疑，不断地进行辩解，一时间沸沸扬扬，政局随之陷入混乱。本来就有排汪意向的蒋介石，开始运筹帷幄于台前幕后，最终，国民政府于16日下令讨伐张发奎，并通缉汪精卫等人，孤立无援的汪精卫在一片责骂声中，再次踏上了前往海外的轮船。至此，国民党内已无人能与蒋介石抗衡，诚如李宗仁所说，汪精卫一走，蒋复出便稳坐第一把交椅。1928年1月4日，蒋介石由沪至宁"主持大计"，宣布将于9日恢复总司令职务，并负责筹备四中全会事宜。2月2日，四中全会正式开幕。不知此时漂泊异乡的汪精卫作何感想呢？这可是他一直想做而未果的事，蒋介石竟在一退一进中轻而易举地办到了，只怨自己为他人做嫁衣了！

四中全会在蒋介石的大权独揽之下，完全背叛了孙中山的革命精神，确立了停止联俄、继续反共的方针。与此同时，蒋介石还借助四中全会，将权力"合法"地扩充到了党政军各个方面，从而为巩固蒋氏王朝奠定了基础。总而言之，蒋介石巧妙利用各派矛盾，树立自己绝对权威的做法，确实高明至极，无愧于"一代枭雄"之称！

第二节 "统一"全国

第二次北伐

蒋介石破除障碍，复职上台之后，立即准备北上讨伐奉系，以完成总理遗志，建立全国政权。虽然这次军事行动被誉为"第二次北伐"，但它的性质与"第一次北伐"已完全不同。且不说蒋介石收编各路军阀为己所用，国民党新军与北洋军阀已是一丘之貉，根本无从实现"打倒军阀、打倒帝国主义"的目标，仅从他屠杀共产党、压制工农运动这一点，我们就可以清楚地看到，新军阀比旧军阀实有过之而无不及。

事实上，北上讨伐奉系就是新旧军阀之间争夺地盘、争夺权势的混战，同时也是蒋介石团结各派势力、并将它们纠集于统一旗帜下的手段。当然我们并不否认实现真正统一是蒋介石多年的愿望，在这一奋斗目标上，他与中共并无本质不同。只可惜，路线、理想、依靠力量的分歧，让他们渐行渐远，最终兵戎相见，“第二次北伐”也因此完全背离了孙中山的革命精神和三大政策。

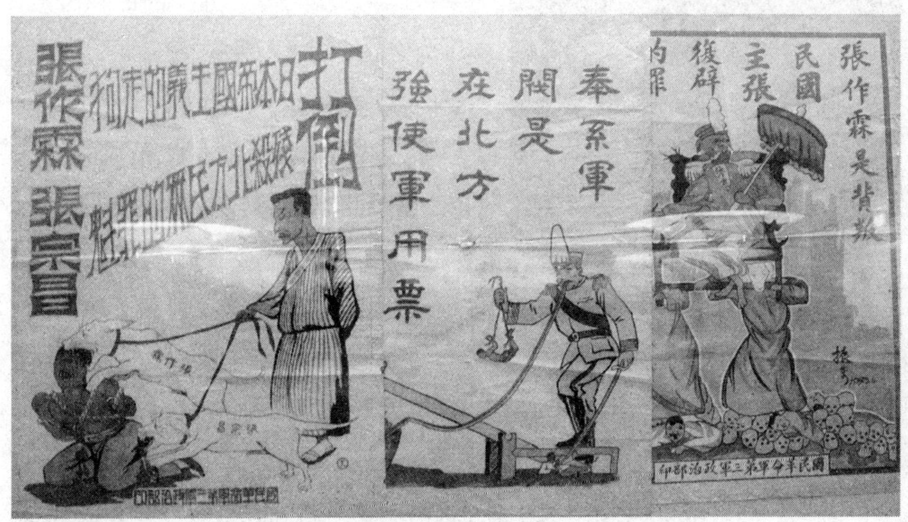

国民革命军第三政治部印发的揭露奉系军阀张作霖罪行的宣传画

不管怎么说，两次北伐的目标——肃清旧军阀、统一全中国是没有变化的，而要完成这一使命，蒋介石首先要做的就是将党内各派势力凝聚起来，共同为“总理遗志”而奋斗。恰在此时，国民党二届四中全会的召开，让蒋、桂、冯、阎暂时团结在了一起。蒋介石遂决定趁热打铁，以组织力量北伐。毋庸置疑，拉拢冯玉祥、阎锡山、李宗仁与白崇禧势在必行，然而，整饬嫡系部队也迫在眉睫。

由黄埔教导团发展而成的第 1 路军，是蒋介石苦心培植起来的嫡系部队，不过，令蒋没有想到的是，该军总指挥何应钦在桂系“逼宫”时，不仅参与其中，还迟迟不发电拥戴自己复职。为了惩戒何应钦立场的不坚定，也为了进一步展示自己黄埔军团大家长的威风，1928 年 2 月 10 日，刚抵达徐州的蒋介石，立即召集嫡系军官训话，号召将士“精神革命化、意志团体化、行动纪律化、生活群众化”，以争取“革命成功”。

与此同时，他还趁总指挥何应钦打猎未归时，以军队“精神已堕落了，纪律已废弛了，道德已没有了，勇气已退缩了”为名，整编第1路军为第1集团军，自兼集团军总司令。值得注意的是，蒋介石并没有彻底否定何应钦，在削弱其实权的同时，还给了何一个空衔——总司令部参谋长，诚惶诚恐的何应钦告假两月，退避上海。

何应钦

整编第1路军之后，蒋介石又马不停蹄地赶往河南，会晤冯阎代表，商讨北伐大计。蒋介石决定将国民联军改编为第2集团军，冯玉祥任总司令，北方革命军改编为第3集团军，阎锡山任总司令。控制住北方军队之后，蒋介石又任命李宗仁为第4集团军总司令。这样，以蒋介石为首的蒋、桂、冯、阎四大派系实现了军事编制的统一，从而为“北伐”建立了形式上统一的组织机构。

1928年4月7日，蒋介石发布“北伐”誓师词：“党国存亡，主义成败，人民祸福，同志荣辱，在此一战。全军同志，万众一心，严守纪律，服从命令，不惜牺牲，竭尽责任。实行三民主义，努力救国救民，以上慰我总理及已死诸将士在天之灵。”4月10日，国民党第1、第2、第3、第4集团军，在总司令蒋

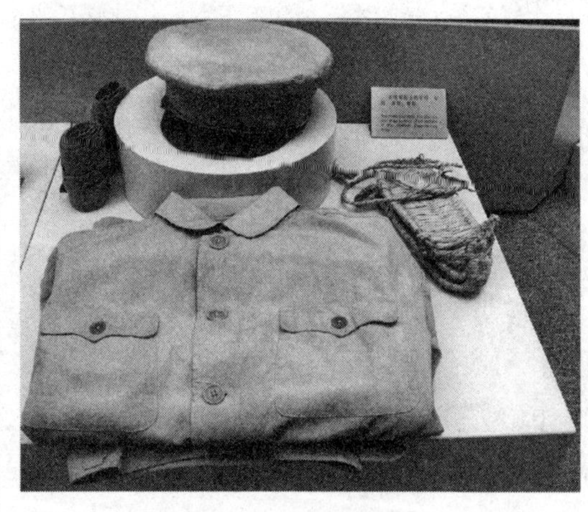

北伐军战士的军装、军帽、绑腿和草鞋

介石的命令之下，分别沿着津浦路、京汉路、京绥线向直鲁奉旧军阀发起了总攻击。

蒋介石兼任总司令的第 1 集团军，主要作战对象是直鲁联军。张宗昌的鲁军虽有 6 万人马，却多是土匪整编而成，且其精锐部队早已被歼，因而，在声势浩大的北伐军面前，士气低落，不足为患。不过，战斗力稍强的孙传芳部，却给蒋介石的左翼制造了不少麻烦，幸亏冯玉祥火速派兵增援，才解除了蒋的徐州之围。4 月 22 日，蒋冯会师泰安，并于 5 月 1 日进占济南。

为了阻止北伐军继续北上，日本田中内阁决定，以保护侨民为借口，“第二次出兵山东”。事实上，阻止国民党军队北伐讨奉，是日本政府的既定方针。如果以蒋介石为首的南京政府统一了中国，其背后的英美势力就会随之由南方渗入北方，届时，日本在华的既得利益必将受到严重损害。所以，不管蒋的外交部长如何保证绝不伤害日本侨民，不管蒋介石如何强调“中日亲善提携”，日本政府仍一意孤行地向山东派出了远征军，并制造了震惊中外的“济南惨案”。据不完全统计，在日本随后对济南发起的总攻击中，中国军民死 3254 人，伤 1450 人，而日本方面却无一人死亡，日侨也毫发无伤。更令人惋惜的是，济南城内守军在蒋介石的命令之下，面对日本军队的蓄意挑衅和烧杀抢掠，既不进攻，也不撤退，束手待毙，死伤惨重。

日本残杀中国军民的暴行，激起了中国人民的怒火。为了平息民众的怒火，幻想与日和谈的蒋介石，表示“对此侵略，绝不屈服。拟将其横暴所为，宣布中外，促我国人觉悟，而博世界同情，再图北伐”。与此同时，蒋介石还要求后方民众保持镇静态度，等待英美调停的结果。正是因为中国政府面对日本的试探性进攻没有组织强有力的抵抗，才使得中国日后陷入了更大的灾难中。

面对日本军队的蓄意挑衅和狂妄威胁，蒋介石陷入了矛盾之中。一方面，南京政府刚成立不久，基础不稳，百废待兴，急需和平的发展环境，因此，蒋介石不愿公开与日本为敌，而是寄希望于中日和谈，解决争端。另一方面，自南而北，武力统一，不仅是孙中山的遗愿，也是蒋介石的夙愿，因此，他不愿就此放弃北伐。经过再三权衡之后，蒋介石认为，“有雪耻之志，而不能暂时容忍，是匹夫之勇也，必不能达成雪耻之任务”，为此，他命令军队忍辱负重，绕道北伐。

5月9日，大势已去的张作霖发出求和通电，并请求日本政府予以援助，然而，当日本按照既定国策，积极调兵遣将，准备直接干涉时，英美等国出面调停，并以武力相威胁，无力与众列强为敌的日本政府，遂放弃了动用武力的打算，并敦促张作霖退回关外。6月3日，奉系全线崩溃之后，张作霖乘坐专列返回东北，于次日五点抵达皇姑屯时，被日本人用事先埋好的地雷炸死，史称“皇姑屯事件”。

张作霖在皇姑屯遇刺

奉系军阀向东北撤退之后，第3集团军迅速控制了京津地区。6月8日，阎锡山的下属商震首先率军进入北京城。翌日，阎锡山偕白崇禧进京，设立卫戍司令部。6月12日，张宗昌率领残军退逃芦台，第3集团军开进天津，阎锡山随即任命张荫梧为北京市警备司令，任命傅作义为天津市警备司令，至此，京津地区已完全落入了阎锡山手中，北洋政府控制的全国政权随之覆亡了。

6月15日，蒋介石以南京政府的名义，正式宣告中外，“中国之统一，因全国人民奋斗与牺牲，正告完成”。事实上，此时中国并未实现完全统一，新疆直到6月20日才改易旗帜，而退居东北的张学良，则是在年底归顺国民政府的。因日本态度强硬地干涉中国内政，并警告南京政府，不得染指东北，所以，寄希望于中日和谈的蒋介石，在深感东北统一无望之时，提前宣布战胜了北洋军阀，“统一”了全国。

东北易帜

令蒋介石没有想到的是，日本人为除掉失去利用价值的张作霖而制造的“皇姑屯事件”，竟然成为解决东北问题的转折点，恐怕日本政府对此也始料不及吧！在张作霖被炸身亡的当天，身在北京的奉系少帅张学良，沉着应对突如其来的变故，在命令鲍航鳞部维持北京治安后，他乔装打扮赶至天津，指挥奉军全线北撤，集结于滦河以东。

张学良

6月17日，秘密回到奉天的张学良，立即召开军政要员紧急会议，做出了如下几项决定：发布张作霖被炸身亡的消息；宣告张学良继任东三省保安司令。正是在元老重臣与张学良的齐心协力之下，东北局势才渐渐稳定了下来。不过，觊觎东北已久的日本政府，为了逼迫这位年轻主帅，满足自己的侵略欲望，处心积虑地制造各种事端，以搅乱东北政局。日本甚至趁张作霖发丧之际，公然举行大规模军事演习，以向张学良示威、恐吓，“与暴动的南方达成妥协之类的事情，为了维护我国的既得利益，则将不得不采取必要的行动。”

鉴于皇姑屯事件的惨痛教训，张学良顶住了日本的恐吓与要挟，于7月1日通电全国，宣布与南京政府停止军事行动，并表示“当以民意为依归”，“爱乡爱国，不甘后人，决不妨碍全国统一”。与此同时，张学良还派遣代表与蒋介石联络，商谈东北旗帜改易的问题。面对张学良归属南京政府的诚意，蒋介石也做出了积极的回应：只要张学良宣布服从三民主义，南京政府就承认其为东三省的全权统治者。

张学良东北易帜，归属中央的决心坚定，但为了避免日本借口出兵，还是决定延期易帜，并火速密电北平代表，向南京方面解释，"无论何时愿对国府服从到底"，并表示东三省实际早已服从中央，只是没有悬挂旗帜而已。事实上，东北易帜之所以步履维艰，主要是牵涉到了日本与美国的在华利益。美国对日本独霸中国的野心不满，力促张学良归属南京政府，支持蒋介石统一中国；而日本则千方百计地阻挠东北易帜。

经过半年多的斗智斗勇，日本田中内阁迫于英美压力，以及在野派的攻击，终于默许了东北易帜乃"中国内政问题"。张学良趁着这一有利时机于 12 月 29 日正式发布通电，"力谋统一，贯彻和平，已于即日起，宣布遵守三民主义，服从国民政府，改旗易帜"。这天，辽宁、吉林、热河、黑龙江同时撤换旗帜，至此，蒋介石为首的南京政府，在形式上完成了全国的统一。

尽管这种形式上的统一有名无实，但它毕竟结束了军阀混战的局面，并巩固了南京政府的地位，这对觊觎中国领土已久的日本来说，不啻于晴天霹雳。因为蒋张之所以在东北问题上达成共识，在于他们都认同东北三省是中国不可分割的领土，也在于他们对日本的侵略野心有所警惕。可以毫不客气地说，东北易帜维护了东北人民的利益，维护了国家领土的完整，并沉重打击了日本的侵略野心。毕竟，在外敌入侵之时，一个统一的中央政府的存在，为整合全国力量抗击侵略创造了有利条件。

第三节　翦灭军事实力派

挫败桂系

东北易帜的实现，使蒋介石为首的南京政府在形式上完成了全国的统一，各路人马随之"凝聚"于统一旗帜之下。然而，地方军事实力派只是从表面上归顺了南京中央政权，他们在暗地里却拥兵自重，雄踞一方，抱团结伙，对抗中央。南京政府成为唯一的中央政府之后，其实并没有实现军令与政令的真正统一。所谓北伐成功，全国统一，根本就是有名无实。

事实上，第二次北伐就是新旧军阀争夺地盘的混战。地盘是军阀赖以割据的基础，有了地盘也就有了一切。在齐心协力打倒旧军阀之后，国民党新军阀围绕着如何分赃，上演了一出各显神通的闹剧。具有讽刺意味的是，高呼着“打倒军阀”的第二次北伐，竟然成了更大规模军阀混战的导火索。国民党内这种群雄割据的局面，多少是由乱世枭雄蒋介石一手造成的。

为了确立自己的绝对权威，蒋介石不惜一切地打击武汉政党的威信，甚至公开与之对抗，而另立南京国民政府，从而开创了以军霸党干政的恶劣先河。为了早日实现国家的统一，蒋介石不惜一切地容纳军阀余孽，甚至以经济利益和高官厚禄相引诱。第二次北伐的成功，并没有给中国带来安定，而是为新军阀的混战埋下了引线。

要想实现全国的真正统一，要想成为天下的真正主人，蒋介石必然要重燃战火，剪灭地方实力派。然而，高高在上的蒋介石，控制着中央政权的蒋介石，也不过只是占领着东南几省的一个诸侯而已，更为糟糕的是，他统帅的嫡系部队不管在战功上，还是在实力上，都无法与冯玉祥、阎锡山、李宗仁的集团军相比。

李宗仁

按照常理来说，在这种情况下，联省自治更切实际。一方面可以避免战火，另一方面可以和平建设，从而逐步实现真正的统一。不过，强敌环绕之下毫无畏惧之心的蒋介石，却悍然以武力征服所有的异己，以实现他中央集权的野心。为保险起见，蒋介石在动武之前采取了一连串的对异己力量分而化之、分而治之的动作。

长期角逐政坛的蒋介石，是玩弄权术的高手。蒋力求通过权术兵不血刃地消灭对方，即使不能得偿所愿，也要尽力削弱对方实力，以求在战争中一击得中。事实上，在国民党内部的各路诸侯中，能与蒋介石相抗衡的是武汉的李宗仁、广州的李济深、开封的冯玉祥、山西的阎锡山以及东北的张学良。针对各大派系的特点与实力，蒋介石或使用武力手段，或使用和平手段，各个击破，收编囊中。

值得一提的是，尽管蒋介石通过蒋桂战争、蒋冯战争、中原大战等，将各派势力踩在了自己脚下，但他始终未能彻底解决军阀割据问题。因为，帝国主义分裂中国的状况依然存在，封建主义自给自足的状况依然存在，而这两者的结合就是军阀割据的根源。也就是说，蒋介石要想根除军阀混战的隐患，真正实现中国的富强统一，就必须从这两个根源上着手，毋庸置疑，蒋介石无论如何也做不到，否则，蒋氏王朝的根基就会坍塌，或许这也正是蒋介石的悲剧核心根源之所在吧。

对蒋介石而言，要想剪灭地方实力派，首先要选择合适的攻击对象，不能全线出击，四面树敌，只能分而治之，各个击破。在粤、桂、冯、阎四大诸侯中，最令蒋介石头疼的就是桂系。桂系曾是蒋介石发动“四·一二”政变、建立南京政府的武力后盾，但因不满蒋介石的亲疏有别，专横跋扈，而渐渐与蒋貌合神离，分道扬镳，以致最终上演了一出“逼宫”大戏。

蒋介石扫除障碍、东山再起之后，为了借助各派力量与张作霖争夺全国政权，暂时推迟了报复桂系的计划。谁曾想，桂系却趁着北伐讨奉之机，实力迅速膨胀起来，且有蔓延全国之势，因此，蒋介石在铲除异己之时，首先将目光锁在了桂系身上。与其他军事力量相比，桂系最大的特点就是，核心人物特长互补，相得益彰，抱团紧密，因此很难分而化之。

具体地说，李宗仁宽厚仁慈，众望所归；白崇禧精明能干，善于心计；黄绍竑八面玲珑，擅长外交。总而言之，李、白、黄抱成一团，以广西为根据地，不断问鼎中原。这给了志在成为天字第一号人物的蒋介石以非常强劲的冲击，蒋视其为肘腋之患，必欲除之而后快，为此，他可谓费劲了心机，绞尽了脑汁。

事实上，早在北伐开始的时候，蒋介石就有意识地将李、白、黄三人，分别派驻各地带兵，以使他们遇事不能相互照应。第二次北伐基本结束之后，蒋介石又把京津交给了白崇禧，把两湖交给了李宗仁，这样，桂系迅速发展成了以两湖为中心，北到京津，南抵广西的强大军事集团，一时之间，大有超过蒋氏嫡系部队的声势，然而，李宗仁、白崇禧做梦也没有想到，蒋介石的“好意”安排中竟暗藏杀机。

李宗仁和白崇禧（左）

当时的桂系军队从南向北一字长阵，兵力分散，战线过长，联系不便，难以照应，更为重要的是，桂系腹部外露，极易受到攻击，一旦发生战事，必然首尾难顾，全线崩溃。只可惜，李宗仁、白崇禧政治经验尚浅，在蒋早已向桂系举起“屠刀”之时，他们却还在卖力地为蒋献计出兵。当然，蒋介石更希望通过和平手段引诱各军阀自动交出兵权。1928 年 6 月 9 日，蒋介石突然宣布辞去党政军各职，为的就是“以身作则”，诱使各军事首领效仿。

然而，这场自编自导的大戏演完之后，蒋介石未能实现心愿。于是，他又以国民革命军总司令的名义，向李宗仁、阎锡山、冯玉祥等军事实力派，发出了“裁兵救国”的倡议，“裁兵能否实行，军政能否切实整理，今已为国家存亡之关键”，在“拉”“逼”各派表态之后，蒋介石召集了全国编遣会议，通过中央文件“合法”地剥夺了各实力派已掌握的军队，并将军官任命、军队编遣、部队调防等权利集中到了自己的手中。

在军阀混战、社会动荡的时代，“枪杆子”是挺直腰板的本钱，而蒋介石大裁特裁各派军队、独揽大权的做法，无疑是卡住了各路诸侯的脖子，从而遭到了他们的一致抗命。国家需要统一，军队应该统编，这是毫无异议的，问题的关键在于，蒋介石要削弱别人的军事实力，而搞大自己的嫡系部队，结果可想而知！全国编遣会议之后，蒋介石与各派军阀的矛盾就激化了起来，既然“文戏”不能奏效，也只能诉诸武力了。

1929 年 2 月的“湘变”，恰好为蒋介石武力荡平桂系提供了借口。事实上，蒋介石很早就开始部署讨伐桂系了，只是没有人觉察到而已。湖南省主席鲁涤平就是他安插在桂系的亲信，蒋介石曾秘密接济鲁大批弹药，以便在对桂系用兵时收到两面夹击的奇效。然而，洞悉蒋介石阴谋的桂系却抢先动手了，他们不仅撤换了主席，还趁机控制了整个湖南，这就是揭开蒋桂战争序幕的“湘变”。

“湘变”发生之后，蒋介石并没有急于出兵讨桂，而是呼吁停止用兵，和平解决矛盾。毋庸置疑，欲除桂系而后快的蒋介石绝不会如此好心，这不过是他麻痹桂系，争取战机的策略。根据当时各派军阀兵力部署的情况，蒋介石认为一旦桂系与冯氏结盟，自己势必成为瓮中之鳖，即使不会发生这样的情况，北平的白崇禧挥师南下，广东的李济深调兵北上，都会让自己身处险境之中，因此，在武力解决桂系之前，他必须将以上隐患除掉。

蒋介石根据桂系战线过长、腹部外露的弱点，决定采取各个击破的方针。蒋介石首先选中的就是北平的白崇禧。追随白崇禧进驻华北的军队虽然隶属于桂系，但却由唐生智的主力部队改编而来，桂系将领廖磊与李品仙等人，也曾效力于唐生智，在唐生智被桂系打败逃亡日本后，他们才投降了桂系，并受到了重用。即使如此，湖南人进入桂系当兵，总有寄人篱下的感觉，因此，他们很希望“老上司”能重回部队。

于是，蒋介石决定利用桂系之间的矛盾，达到挫败桂系的目的。为此，蒋积极帮助唐生智重夺军权。唐生智败逃之后也决定卧薪尝胆，寻找机会复仇，面对蒋介石的怂恿和鼓动，他开始积极联络旧部。结果，蒋桂战争还未打响，桂系的两位主将就已阵前倒戈，重归湘军行列，并宣布服从中央。素有“小诸葛”美誉的白崇禧，虽未将阎锡山的干扰放在心上，却无论如何也应付不了唐生智对其旧部的号召力，无奈之下，他只能乔装打扮，潜回广西，与李宗仁汇合。谁能想到，桂系第二号人物、在军事谋划上高人一筹的白崇禧，竟然被蒋介石不费一兵一卒就打败了。

扶唐倒桂计划成功之后，蒋介石又将目标转向了广东的李济深。李济深也是桂系中举足轻重的人物，要想彻底打败桂系，就必须清除他的势力。“湘变”发生之后，蒋介石以调解为名，电请李济深北上。与此同时，蒋介石还积极拉拢李济深的部属陈济棠、陈铭枢。3 月 13 日，李济深到达南京之后，被囚禁于汤山。陈济棠等人随即在蒋介石的授意下，煽动粤军军官驱逐广东的桂系势力。桂系黄绍竑随即宣布，粤桂两省各行其是，“盼勿相干”，蒋介石拆散粤桂同盟的阴谋再次得逞。

做好充分的战斗准备之后，蒋介石于 3 月 26 日以国民政府的名义，下达了讨伐桂系的命令。他指责李宗仁、白崇禧“借革命之名义以消灭革命”，“实为革命之障碍，三民主义之叛徒”，为此，前方各军对桂系所属各军必须“痛加讨伐”。3 月 28 日，蒋介石命朱德培为第一路军指挥，从九江、南昌攻武汉、长沙；命刘峙为第二路军指挥，沿长江西取武汉；命韩复榘为第三路指挥，沿平津线南袭武汉；命陈调元为预备队指挥。

在各路蒋军迅速进逼武汉之时，蒋介石开始拉拢各大军阀，毋庸置疑，冯玉祥、阎锡山、张学良是重点对象。在各路诸侯相继表示服从中央，支持讨伐桂系之后，蒋介石又开始收买桂系将领。与蒋介石的充分准备截然相反，桂系方面毫无准备，仓促应战，尤其是在战争初期，李宗仁、白崇禧等人都不在军中，一盘散沙、群龙无首的桂系，根本没有打赢蒋介石的希望。虽然李、白逃回广西后，与黄绍竑积极组织力量反蒋，无奈早已陷入孤立的广西，并没有给他们带来多少好运。毕竟，无论桂系再怎么强大，也无法与天下诸侯相抗衡。

1929 年 7 月 12 日，蒋介石任命俞作柏为广西省政府主席。7 月 15 日，俞作柏在南宁正式宣布广西省政府成立，蒋介石如愿以偿地实现了夺取桂系根据地广西的目标。1929 年 11 月，张发奎因不满蒋介石编遣措施，而与桂系组成“护党救国军”，第二次蒋桂战争爆发。不过，张发奎与桂系残部并没有坚持多久，就被蒋介石所派军队击败，至此，蒋介石取得了蒋桂战争的彻底胜利。

所谓春秋无义战，蒋桂战争只是两大集团为了各自的利益，进行的军事较量和政治角逐，我们很难评判谁是谁非。不过，从谋略的角度来看，我们不得不佩服蒋介石的才智！若论军事实力，蒋介石的嫡系部队，未必是桂系的对手，然而，蒋介石与桂系比拼的却不只是军事，他合纵连横，纵横捭阖，从而整合了各派军阀的力量，共同对付自己的政敌，在大军压境下溃败的桂系，几乎在一夜之间丧失了在北伐中聚集的军事力量，丢掉了北伐中获得的庞大地盘，可以说，桂系最终败在了蒋介石的权术上。

大败冯氏

就是在嫡系部队全力追击桂系军阀时，蒋介石也不忘戒备西北的冯玉祥，因为从军事实力上来说，冯氏军队在四大集团军中排名第二。当年为了借助这一庞大军团北上讨奉，蒋介石还曾专门与冯玉祥“义结金兰”，并表示“安危共仗，甘苦同尝，海枯石烂，死生不渝”。面对小老弟立下的“生死相共”的重誓，

蒋介石与冯玉祥、阎锡山（右）合影

冯玉祥愿为其“碎尸万段，在所不计”，事实也确实如此，在蒋介石发起的第二次北伐战争中，冯玉祥出兵最多，出力最大，而且还多次救蒋于危难中。

谁曾想，讨奉战争结束后，蒋介石非但没有投桃报李，反而设圈套，布陷阱，离间冯玉祥与各派军阀。此外，蒋介石还将冯的第 2 集团军，视为裁兵撤军的头号目标。根据全国编遣会议制订的方案，原先与第 1 集团军实力相当的冯氏军队，经过编遣之后实力不及第 1 集团军的一半，也就是说，在蒋介石看来，把自己的嫡系部队全部保留还嫌不足，而第 2 集团军则要裁去大部分人马，这样厚此薄彼、亲疏有别的做法，让冯玉祥无法接受。

于是，在讨奉战争中“同心同德”的拜把兄弟，在失去了共同的敌人之后，渐生嫌隙，互存戒心。然而，天下没有永远的敌人，也没有永远的朋友，刚刚还要全力打击冯玉祥的蒋介石，过了没多久，为了取得蒋桂战争的彻底胜利，又开始极力拉拢冯玉祥，因为冯玉祥正好处于蒋李双方控制区域的西北方，任何一方与冯结盟都会对另一方构成包围态势。

为了避免冯玉祥与李宗仁合作，蒋介石专门派邵力子带着“诚意”前去规劝，冯玉祥则以左右开弓手法应对蒋桂，尽量拖延时间以待事态发展。孰料，桂系将领阵前倒戈，长江战事迅速结束，失去利用价值的冯玉祥势力集团随之成为蒋介石剪灭的下一个目标。1929 年 4 月，蒋集结兵力于豫西、鄂西以及平汉、陇海线一带，准备一举歼灭冯玉祥统帅的军队。与此同时，蒋介石还针对冯军内部派系众多、矛盾重重的弱点，采取分而化之的手法，阴谋收买冯玉祥部将，并挑拨冯玉祥与阎锡山的关系，以破坏他们之间的松散联盟。

在与蒋介石长期斗法中长了见识的冯玉祥，预感到蒋挫败桂系后必将用兵西北，因此，他一方面积极联合阎锡山反蒋，一方面紧急召开军事会议，制定对蒋作战部署。5 月 7 日，蒋介石发布《和平统一为国民政府唯一之希望》的文告，声称“欲消弭内乱，非铲除军阀不可；欲铲除军阀，非根本扑灭封建地盘思想不可”，明眼人一看就知道，蒋已把矛头直接指向了冯玉祥集团。

冯玉祥也毫不示弱，他的部将孙良诚、刘郁芬、韩复榘在5月15日通电，指责蒋介石在外交上卖国，在用人上不当，要求蒋立即下野，与此同时，他们还公推冯玉祥为护党救国西北军总司令。一时之间，蒋冯剑拔弩张，战争大有一触即发之势。谁曾想，就在蒋冯即将交兵的关键时刻，蒋利用“糖衣炮弹”策反了冯的心腹爱将韩复榘、石友三，原来依附冯玉祥的杨虎城、刘镇华也纷纷通电“维护和平，拥护中央”。

至此，西北军还未正式与蒋氏部队正面交锋，就已经在蒋介石的运动下分化瓦解了。眼看老将纷纷阵前倒戈，同室操戈已迫在眉睫，深受打击的冯玉祥，最终拜倒在了蒋介石的谋略与军事压力下。5月27日，冯玉祥在华北发表了“洁身隐退，以谢国人”，“入山读书，遂我初衷”的下野通电，蒋介石成功地利用离间计，把冯玉祥的第一次进攻扼杀在了襁褓之中。

在扳倒冯玉祥之后，蒋介石又将目标对准了阎锡山。1929年8月1日，蒋介石在南京召开第二次编遣会议，致力于变地方军为中央军，从而独立掌握全国军权，素有“乱世狐狸”之称的阎锡山，对蒋介石分化地方实力派的阴谋洞若观火，眼看着势力最强的冯玉祥起兵伊始，即被蒋介石消弭于无形之中，回想北伐全胜不过一年工夫，第2、第3集团军的鼎盛已成昨日黄花，阎锡山不禁感慨万千，与此同时，他也深深体会到了何谓“唇亡齿寒”。

为了避免重蹈其他集团军的覆辙，在冯玉祥刚宣布下野之时，阎锡山就亲自将冯接到了太原，以携手冯与蒋周旋到底。面对高唱“与冯同时出洋，促成统一”的阎锡山，蒋介石只能派出心腹，携带“礼物”，到山西抚慰，以解决北方问题。事实

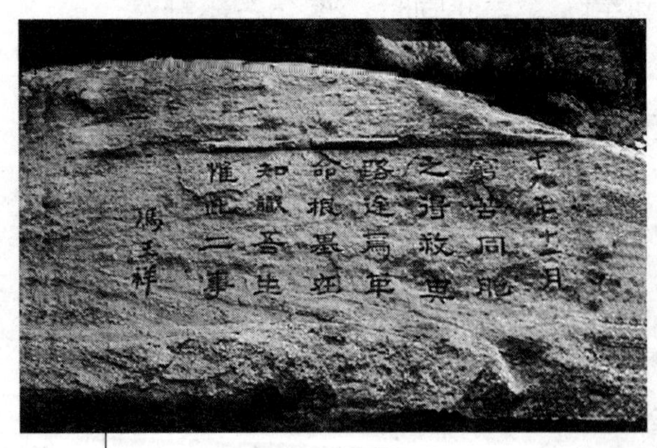

冯玉祥题词

上，阎锡山并没有问鼎中原的野心和气魄，他采取的所有行动不过是为了能在夹缝中生存下去，当蒋介石不断表现出“诚意”，甚至还屈尊纡贵，亲至北平约见他时，阎锡山亦“投桃报李”，软禁了蒋的心腹大患冯玉祥。

只可惜，蒋介石的计谋始终高人一筹。正当阎锡山窃喜“携冯以自重”初见成效时，蒋介石却开始大力拉拢西北军，以制衡这位山西土皇帝，冯、蒋部将的密切联系，让阎锡山坐立不安，被动异常。以共同反蒋为名，诱冯玉祥入晋，再将其软禁，本是为了讨好蒋介石，以稳固自己的地位，谁曾想，“偷鸡不成蚀把米”，现如今阎锡山却把两面都得罪了，因此陷入了孤立之中。为了防患于未然，阎锡山只能拉下了脸皮，再次求助冯玉祥，以另谋出路。最后阎、冯约定，由西北军首先发难，晋军随即响应反蒋。

在不露痕迹地完成反蒋准备后，宋哲元、孙良诚等 27 名西北军将领，借着庆祝双十节的机会，列举了蒋介石独裁专制的六大罪状，并宣布愿在冯、阎的统帅下，誓师讨伐蒋介石。不久之后，宋哲元宣布代理西北军总司令，以孙良诚为前敌总指挥，兵分三路进取河南。高呼“汉贼不两立，革命反革命不共存”的蒋介石，则立即派出三路兵马迎击冯氏军队，以图将其“歼灭于潼关——紫荆关——白河以东地区”，然后“直驱长安”。

对蒋介石来说，打退冯玉祥西北军的进攻并不十分困难，毕竟，蒋军在兵力、物力、财力上占据绝对优势，更为重要的是，冯玉祥的队伍虽然庞大，但组织不严密，内部派系众多，矛盾时有发生，只要做做工作，就可以分而化之。事实上，蒋介石更为担心的是，阎锡山的晋绥军跟着起哄，到那时，局面就很难收拾了。正因为如此，第二次蒋冯战争开始后，蒋介石在对西北军用兵的同时，还积极拉拢阎锡山阵前倒戈。

阎锡山贪婪自私、目光短浅的弱点，也给了蒋介石不少可乘之机。西北军按照既定方针举起反蒋大旗之后，阎锡山非但按兵不动，隔岸观火，还积极向南京表示将尽力制止宋哲元等人的“捣乱”行为。于是，蒋介石不惜以高官厚禄相许，竭尽所能地扩大冯、阎之间的裂痕，阎锡山则借机自抬身价，从而成为南京政府的座上宾。11 月 5 日，阎锡山公然撕毁与冯玉祥的约定，就任全国陆海空军副总司令，与此同时，他还在“讨逆大会”上表示，晋军完全拥护“中央”。

在蒋、阎的联合夹击之下，西北军完全陷入了被动，战况随之急转直下。然而，令所有人始料不及的是，就在西北军败局已定之时，戏剧性的一幕发生了。12 月 2 日，石友三在浦口炮轰南京，唐生智随即加入了反蒋阵营，败退的宋哲元、孙良诚也纷纷通电响应，大局初定的中原战场，再次燃起了战火，只不过敌我双方已发生了巨变，原先唐生智统帅的中央军各部，在重创西北军之后，竟然不得不讨伐起主帅来。如此混乱不堪、错综复杂的局面，不禁让人感慨民国政局的瞬息万变。不过，西北军掀起的这一次倒蒋高潮，因缺乏统一的指挥以及切实可行的方案，没有维持多长时间就销声匿迹了。

取胜中原

在 1929 年的几次军阀混战中，蒋介石通过分而治之、以派制派的权术，接连挫败了桂系和西北军，自此之后，他“骄横跋扈，不可一世，独裁野心，更加暴露”，党内倾轧也随之日益尖锐。不服蒋之压力的各派，在与蒋介石争雄的过程中，逐渐产生了联合反蒋的要求，而历来以两面手法保存实力的阎锡山，也因唇亡齿寒之故，萌生了反蒋之心，结果各派迅速集结，形成了庞大的反蒋联盟，并最终酿成了中原大战，此战历时之久、杀戮之惨、破坏之大、百姓之苦，皆是北洋军阀混战时所未曾见的。

事实上，1930 年 2 月，蒋、阎之间没完没了的电报战，就已成为了中原大战的前奏。如前所述，阎锡山在蒋介石悍然以武力排斥异己之时，游离于各实力派新军阀之间，时而联盟反蒋，时而助蒋退敌，以此自抬身价，保存实力，尽管他最终在“高官”引诱下，倒向了南京政府一方，并成为蒋的座上宾，然而，蒋介石对他只是利用而并不信任。因此，蒋介石在借助阎锡山的势力击败唐生智后，便将晋军列为下一个收拾的对象。毕竟华北和中原地带大患已除，只剩下阎锡山还颇具实力。

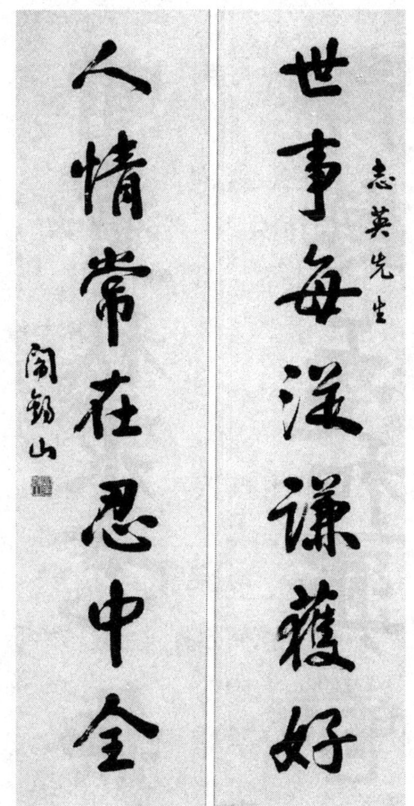

阎锡山行书手迹

1930 年 2 月 9 日，蒋介石以“武力平定两广，极为把握”，警告和威胁阎锡山，而预感到蒋介石将会对自己下手的阎锡山，则针锋相对地谴责蒋介石独揽大权、排斥异己的行径，并明确指出蒋介石就是内战的根源，此外，阎锡山还打出了“和平统一、礼让为国、党员公投”的旗号，反对蒋介石一手包办的编遣会议和国民党三大的各项决议。从此，蒋、阎之间打起了“电报战”。蒋要求阎“出洋休养”，阎则逼蒋“退位让贤”。

阎锡山的反蒋姿态，得到了各派的响应，他们迅速集结起来，站到了阎锡山的背后，汪精卫也适时地表示支持阎锡山，至此，以阎锡山为军事首领，以汪精卫为政治首领的反蒋联盟初步形成。1930 年 3 月 15 日，第 2、第 3、第 4 集团军的 57 名将领，在鹿钟麟领衔下发表通电，列举蒋介石的十大罪状，要求蒋必须下野，与此同时，他们还联名推举阎锡山为中华民国陆海空军总司令，冯玉祥、李宗仁、张学良为副总司令。

4 月 1 日，阎、冯、李分别宣誓就职，但东北的张学良却始终保持沉默，既不通电就职，也不声明反对，实际上，他是在观战，以决定方向。面对各地方实力派的异动，蒋介石早做好了应对准备，他认为“阎逆实为祸首，冯逆同为逆魁，其余桂逆等尚属局部之患”，因而，可以采取“分区清剿”的方针，于是，4 月

5 日，蒋介石以“国民政府”名义，免去了阎锡山本兼各职，并下令“严拿归案”，与此同时，他还想方设法组织联军行动。

5 月 11 日，蒋介石下达总攻击令。规模空前的国民党新军阀混战，在北起河北，南至长沙，东达山东，西迄襄樊的数千里战线上全面展开。因这次战争主要是在中原地区进行，“中原大战”缘此而得名。战争开始后的一段时间内，主动权掌握在反蒋联军手里。事实上，仅从军事力量对比上看，蒋介石就明显处于劣势。据初步统计，当时蒋介石的军队仅有 40 万人，而阎、冯、李却集结了 70 万大军，以致在各条战线上接连失败的蒋介石，曾一度提出停战议和的要求。

不过，蒋介石对反蒋联军深入骨髓的分析，以及由此作出的战略部署，最终帮助他扭转了不利的战局。早在两军交战之前，蒋介石就认识到，在倒蒋军队中，冯玉祥立场最坚定，因而，必定不惜一切代价抗争到底；而阎锡山倒蒋不过是为了偏安一方，因而，绝不会以损失实力为代价。于是，蒋介石将嫡系主力放在了陇海线上，并不惜代价换取胜利，因为他确信只要冯玉祥的西北军败退，李宗仁和阎锡山必定无心再战。

事实也确实如此，冯玉祥组织的“八月攻势”失利后，阎锡山为保存实力，密令陇海线晋军全部撤退，致使西北军孤立难支，不得不停止进攻。这给了蒋介石一个很难得的喘息机会，已经动摇的防线也因此得以稳定，战场形势随之发生了令人难以置信的逆转，蒋军开始处于主动地位，而反蒋联军则陷入了被动局面。其实，两军力量对比发生根本变化，还有赖于张学良态度的转变。

蒋介石与张学良

当时张学良的东北军有 30 万人马，不仅自成体系，且装备精良，远非其他地方军阀能够企及，甚至蒋介石的嫡系部队也望尘莫及。在国民党内各重要派别及军事集团，几乎全部卷入中原混战之后，置身事外的东北军，成为决定战争胜负的关键。实事求是地说，谁获得了东北军的支持，谁就获得了主宰全国的力量，以至于蒋介石认定，“张学良是当代的韩信，必须将其纳入自己帐下”。

事实上，早在中原大战爆发之前，蒋介石就制订了一系列拉拢、收买张学良的策略。蒋介石甚至表示“要钱给钱，要官给官，要地盘给地盘，只要张拥护中央，则什么都可以答应”。当然，冯、阎方面为了置蒋介石于死地，也在积极争取张学良，因而，中原大战的炮声还未响起，张学良已经身价百倍了。不过，长期混迹于政坛的张学良，绝非等闲之辈，他深知在敌对双方势均力敌、各有优劣的形势下，如果急于表明自己的立场，一旦出现差错的话，不仅不好收回，反而会伤及自己。于是，他决定采取谨慎态度。

张学良保持中立，置身事外，实际上是在搞壁上观，静待风向。一方面，可以在形势明朗之后再做决断，保证万无一失；另一方面，可以借机抬高自己的身价。为了让张学良早日表明立场，军事上对峙的双方八仙过海，各显神通。然而，在权术与谋略的较量中，蒋介石技高一筹。他不仅未雨绸缪，早有投资，而且锲而不舍，舍得下狠功夫，花大本钱，当时天津一家报纸刊登的“洋钱打垮冯”的漫画印证了这一点。

漫画上一共画着三个人物，他们截然相反的做法，决定了他们未来的命运，其中，蒋介石一手拿着洋钱，一手拿着机关枪；阎锡山一手抱着秤杆，一手抱着算盘；而冯玉祥则一手握着窝头，一手握着大刀。正是在蒋介石金钱、地盘、高官的攻势之下，张学良最终抛弃了只给自己开出空头支票的反蒋联军，完全倒向了在战场上逐渐掌握主动权的蒋介石一方。

9 月 17 日，经过几个月观战与待价而沽的张学良，公开表示“现在民困已达极点，北方尤不宜再受兵祸，故余已不能不被迫而出于干涉，惟余之意，干涉非用武力耳”。9 月 18 日，张学良发表通电，以“中间而偏向南方”的立场，“呼吁各方即日罢兵”，以“静候中央措置”。紧接着，他命令于学忠、王树常率东北军入关，驰援蒋介石的中央部队，中原大战的整个局势随即急转直下，反蒋联盟迅速瓦解。

至 10 月中旬，反蒋派的军事行动彻底失败，大势已去的阎锡山、冯玉祥不得不联名通电，“即日释权归田”。随后，阎锡山逃匿大连，冯玉祥避居山西，而汪精卫则南下香港。至此，历时 7 个月的中原大战，以蒋介石的全面胜利宣告结束，自此之后，遭受重创的阎、冯、李，失去了问鼎中原的实力，也失去了与蒋一较高下的机会，至 1932 年，蒋家天下大局已定，新军阀混战暂告结束。

总而言之，蒋介石在打击地方势力、摆平党内政敌的过程中，进一步巩固了自己的地位，从而为实现专制与独裁铺平了道路。但不容忽视的是，历时 7 个多月的中原大战，使得百万大军在千里战线上厮杀，给人民的生命财产带来了无法估量的损失。与此同时，它也给日本帝国主义发动侵华战争提供了可乘之机，蒋介石做梦也不会想到，正是奠定自己岿然不动的政治地位的这场战役，引来了一个凶恶的帝国主义国家，而且威胁着他费尽心机开创的蒋家王朝。

第八章
南京政府“新气象”

第一节 全新的外交政策

改订新约运动

蒋氏王朝开创之后，为了巩固自己的权势，蒋介石在荡平地方实力派与党内政敌的同时，在内政、外交上实行了一系列新的举措，他希望以此显示出国家独立自主、欣欣向荣的“新气象”。然而，与北洋军阀统治相比，南京国民政府并没有本质区别，它依然是城市买办与乡村豪绅的统治，依然对外投降帝国主义，对内剥夺人民权利。

建立南京国民政府之后，为了树立自己的领袖权威，塑造与众不同的国家形象，蒋介石采取了一些新的外交政策：1928 年 6 月 15 日，他命令外交部发表对外宣言，声称中国作为一个独立自主的国家，有权摆脱不平等条约的束缚。随后，南京国民政府发表了《关于重订条约的宣言》，提出了对不平等条约的处理办法，即中华民国与各国之间条约期满者，当然废除，另订新约；若尚未期满者，则应解除旧约而重订新约，这就是蒋介石引以为豪的“改订新约运动”。

事实上，这是一项软弱的外交活动，它只是在承认不平等条约的前提下进行的对若干条款的修改，其内容也仅限于关税自主与领事裁判权两项。众所周知，关税自主是主权国家应该享有的最起码的权力，然而，自鸦片战争之后，中国就逐渐丧失了该项权力。作为一个主权国家，它不仅不能自主决定关税税率，甚至还丧失了海关管理权。南京国民政府成立伊始，为了表示国家的主权独立，同时也为了增加政府的财政收入，蒋介石宣布自于1928年9月1日起实行关税自主。

西方帝国主义国家为了维护自己在华的既得利益，也为了维护代理人蒋介石的政权稳定，不得不考虑重新签订关税条约的问题。然而，日本却态度坚决地反对废除原有条约，致使中日交涉陷入了僵局。经过讨价还价的谈判与交涉，美、德、英、法、西、葡等国先后声明，取消在中国的一切关税特权，并承认中国有完全的关税自主权。无力扭转局面的日本，拖到1930年5月6日才在关税协定上签字。至此，南京政府关税自主的努力终告实现。

与前几届统治者的修约运动不同，蒋介石的关税自主运动，取消了苛捐杂税，提高了海关税率，降低了出口关税，有利于民族工业的发展，也有利于国际地位的提高。然而，成立不久的南京国民政府因实力有限，无法与各国列强实现真正意义上的贸易互惠，所以，中国海关税率的调高大受限制，关税行政大权也依然掌握在帝国主义者手中，也就是说，中国关税仍不能完全自主。

民国时期的天津码头

除了争取关税自主以外，蒋介石另外一项重要的外交活动，就是废除领事裁判权。所谓领事裁判权，是指“一国通过驻外领事等对处于另一国领土内的本国国民根据其本国法律行使司法管辖权的制度”，这是外国在华侨民脱离中国司法管辖的一种特权。领事裁判权最早出现于《五口通商章程》，随后的《望厦条约》与《黄埔条约》则进一步扩大了它的范围。根据上述不平等条约的规定，

“凡在中国享有领事裁判权的国家，其在中国的侨民不受中国法律的管辖，不论其发生任何违背中国法律的违法犯罪行为，或成为民事诉讼或刑事诉讼的当事人，中国司法机关无权裁判，只能由该国的领事等人员或设在中国的司法机构据其本国法律裁判”。

总而言之，领事裁判权不仅给侵略者任意妄为的行径提供了法律保障，还严重破坏了中国的主权与法制，这是任何有良知的政府无法忍受的事情。于是，蒋介石在同西方各国签订关税协定之后，立即向英、美、日等国发出照会，要求废除领事裁判权。不愿将特权拱手让出的各帝国主义国家，虽然没有公开反对南京政府的提议，却采取了拖延战术。在这种情况下，蒋介石只能放弃全盘交涉的计划，转而实行重点谈判，各个击破的策略，以期达到预定的目的。

1929 年 11 月 25 日，南京政府邀请英美派遣专使来华，商讨废除领事裁判权的事宜，然而，英美列强却装聋作哑，不做任何回应。无奈之下的蒋介石，只能态度强硬地宣布，自 1930 年 1 月 1 日起，“凡侨居中国之外国人民，现时享有领事裁判权者，应一律遵守中国中央政府及地方政府依法颁布之法令规章”。1931 年 5 月 4 日，南京政府又试探性地公布了“管辖在华外国人实施条例”22 条，规定“外人应受中国各级司法法院之管辖”，并宣布自 1932 年 1 月 1 日起执行。

民国时期俄国驻华领事馆

与此同时，南京政府与英美等国开始重新交涉，并初见成效。然而，日本大规模侵略中国的行动，打破了这一局面，英美趁机宣布无限期拖延谈判，而渴望获得英美支持的蒋介石，也不得不再次向列强低下了头，有关废除领事裁判权的规定，随之变成了一纸空文。历时近两年的废除领事裁判权的交涉，并没有让中国完全摆脱领事裁判权的束缚，不过，它却否认了列强在华领事裁判权的合法性，并收回了上海公共租界内的临时法院，总算取得了一定的成果。

总而言之，蒋介石发起的"改订新约运动"，虽然在外交上屡遭挫折，却也在一定程度上恢复了长期丧失的主权，尤其是南京政府获得了自定关税税率的权利，这对促进民国社会经济的恢复、保护民族工业的发展起到了积极作用。中国自鸦片战争以来，对于不平等条约，历届政府都不敢与列强交涉，而蒋介石政府成立之后，正式发表宣言，以谈判方式改订新约，确实应给予肯定的、客观的评价。然而，这场被誉为"外交新纪元"的运动，并没有真正解决问题，只是制造了国家独立自主的假象，从而让很多人对蒋充满了无限的期望。

亲英美，疏苏俄

南京国民政府对外政策的特点是，亲英美，疏苏俄。众所周知，自李鸿章主持晚清外交以来，中国政府在外交政策上多倾向于沙俄，间或仰仗日本的"扶持"与"帮助"，孙中山更是走上了"以俄为师"、联俄联共的革命道路。然而，蒋介石成为中国的最高决策者之后，却开始反共清党，反苏亲帝。这其中既有国内政治斗争的影响，也有国际局势的风云变幻，而且蒋介石个人的思想转变，也发挥着至关重要的作用。

蒋介石早年非常推崇苏俄革命，非常信仰马克思学说，他甚至下狠功夫学习俄文，梦想着有朝一日能到"共产主义国家"去看一看。然而，当从让他魂牵梦绕的苏俄归来之后，蒋介石对苏联和共产党的态度却发生了180度的大转变，"综括我在俄考察三个月所得的印象，乃使我在无形之中，发生一种感觉，就是俄共政权如一旦臻于强固时，其帝俄沙皇时代的政治野心之复活，并非不可能，则其对于我们中华民国和国民革命的后患，将不堪设想"。正是苏俄之行给蒋介石留下的很多负面影响，让他对苏维埃和共产党产生了强烈的不信任感，由此，他立下了坚定的反苏反共的志向。蒋介石不仅要竭尽所能地摆脱苏俄人对中国的支配，还要消灭国内所有的“俄奴”——中共。然而，具有讽刺意味的是，为了不受外人支配而拒绝做“俄奴”的蒋介石，却在寻求新的发展道路的过程中，逐渐沦为了“美奴”、“英奴”，甚至“日奴”。

除了政治信仰上的转变之外，蒋介石采取亲帝反苏的政策，还与国际上的反苏潮流密切相关。作为中国当时的最高统治者，蒋介石要想获得英美等国的支持，就不得不对他们的外交政策予以配合。此时的西方国家正在围攻社会主义阵营，即使蒋介石深知苏俄曾支持过中国民主革命，但基于意识形态上的考虑，以及对自身利益的考虑，他依然决定对苏俄采取疏远、甚至敌对的态度。

1927年12月，蒋介石在《对苏绝交决议》中宣称:“在革命未成功之前，一定要对俄绝交，等待我们革命成功以后，再来设法恢复邦交，现在急需将俄国领事馆及国营商业机关一律关闭”。不久之后，他借口共产国际代表参与了广州起义，派兵围攻苏俄领事馆，通令停止对苏贸易，宣布对苏绝交。随后，南京政府制订了限苏联领事离境、苏联侨民出境的方针，甚至还强行搜查和逮捕苏联在华人员。面对着南京政府掀起的反苏高潮，苏联方面反应相当强烈，他们坚称从未承认过蒋介石政府，至此，中苏外交陷入了决裂状态。

苏军官兵在中苏边境

为了进一步打击苏联在中国的势力，蒋介石指使东北地方当局不断制造与苏联的摩擦，从而挑起了“中东路事件”。中东路是沙俄根据不平等条约在东北修筑的一条铁路，它本身是殖民主义的产物，是沙俄强加给中国人民的。虽然中东路对东北经济的发展意义重大，但它却给沙俄带来了更大的利益。“十月革命”发生之后，苏俄尽管一再宣布无条件放弃在华攫取的一切特权，但她却舍不得放弃从沙俄手中继承的既得利益，中东路的主权问题遂成为中苏之间的悬案。

东北王张学良对苏俄控制中东路的行为耿耿于怀，正好给蒋介石打击苏联势力提供了机会。1929 年 7 月 10 日，在蒋介石的煽动与指示下，张学良下令中东路督办与苏俄进行交涉，要求中方在中东路上获得更大的权益。当中方的正当要求被苏方坚决拒绝后，张学良的全权负责人、中方督办吕荣寰，当场免去苏联铁路局长及各处长的职务，逮捕和遣送苏联高级官员，解散苏联在华的商业机构，并以武力接收了中东路。

面对蒋介石与张学良的过激行为，苏联总领事表示强烈抗议，并抓了 1000 多华侨作为人质。7 月 17 日和 19 日，苏方和中方先后宣布与对方绝交，中苏军队也相继在东北布防，战争大有一触即发之势。虽然“中东路事件”是蒋介石点火挑起的反苏事件，但它也是维护国家主权的正当行为。无奈，东北军在一系列的中苏冲突中遭遇惨败，最后只能在西方国家的调停下，与苏联当局签订了《伯力协定》，恢复了中东路战前的状态，不过，该协定并没有恢复中苏间的邦交。

总而言之，亲帝反苏是蒋介石的既定国策，他本想通过“中东路事件”，在国内掀起反苏的高潮，同时，借机收复国家主权。而苏联政府则乘机扩大事态，通过武力迫使中国政府满足其要求，以便在中国同西方关系越来越近时，继续维护自己在东北的特权。自此之后，蒋介石更加坚定了亲帝反苏的志向，中苏关系也随之进一步恶化。

第二节　内政新举措

推行训政

蒋介石成为中国的最高统治者后在内政上同样也采取了诸多新举措，比如：

在政治上，推行"训政"。1928 年 6 月，南京政府讨奉胜利后，蒋介石为了建立不受任何派系挑衅的全国性政府，以实现其政治上的真正统一，宣布"军政时期"结束，"训政时期"开始。事实上，"训政"这一政治理念，是孙中山先生提出来的。鉴于中国封建制度根深蒂固，而又缺乏民主传统的实际情况，孙中山认为中国建国应分为军政、训政、宪政三个时期，以循序渐进地推进民主进程。也就是说，处于承上启下地位的"训政时期"，是"以文明法理，督率国民建设地方自治"，为的是增强国民的民主意识，提高国民的参政能力，以便为日后实行宪政奠定基础。

国父孙中山

然而，蒋介石所推行的"训政"，却完全背离了孙中山的理念。在南京政府形式上统一全国之后，为了"控制所有顽强而具有独特性之竞争者"，使他们乖乖地归顺南京"中央"，蒋介石借口实施孙中山的"建国大纲"，提出了"统一军政"、"实施训政"、"以党治国"的口号。尽管从表面上看来，这些口号继承了孙中山的遗愿，但它实质上却是蒋剪灭地方实力派的旗号，也是强化他个人专制统治的招牌。1928 年 10 月 3 日，国民党中常委通过的《训政纲领》就印证了这一点。

在政治制度上，《训政纲领》规定，“训政时期由中国国民党全国代表大会，代表国民大会领导国民行使政权”，“中国国民党全国代表大会闭会时，以政权付托中国国民党中央执行委员会执行”，也就是说，《训政纲领》把国民党中央定为最高权力机构，从而将“训政”异化为国民党包揽一切的一党专政，并为蒋介石建立独裁统治提供了法理依据；与此同时，《训政纲领》还规定人民享有选举、罢免、创制、复决等四项权利，但这些权利却由国民党“训练国民逐渐推行”。非常明显，这样的“训政”非但没有给人民带来实惠，反而剥夺了人民本该享有的民主自由权利。

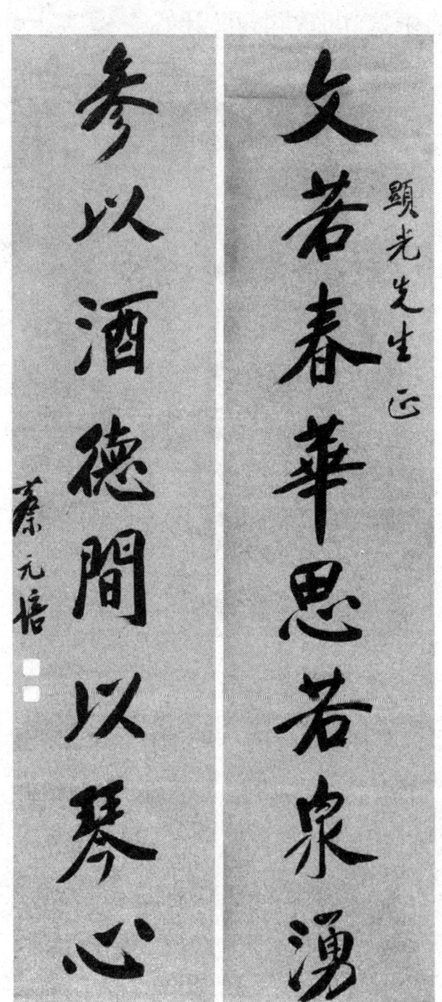

蔡元培行书手迹

尽管 1936 年蒋介石政府公布的《五五宪章》，打出了“还政于民”的旗号，但此宪章却仍然停留在官样文章上，并没有多少实质性的动作。因而，人民争取民主自由的斗争，依然此起彼伏，从未间断。总而言之，蒋介石推行的“以党治国”为核心的“训政”，抽掉了孙中山“五权宪法”原则的精华，背离了孙中山“训政理念”的民主精神，从而将“国民政府主席”的权力扩大到了至高无上的地位，并为建立独裁政权制造了法律依据。

在颁布《训政纲领》的同时，国民党中常委又公布了《中华民国国民政府组织法》，规定国民政府“总揽中华民国之治权”，

“国民政府以行政院、立法院、司法院、考试院、监察院五院组成之”，“设主席委员一人，委员十二人至十六人”，“国民政府主席兼中华民国陆海空军总司令”。在颁布《组织法》的当天，国民党中常委任命蒋介石为国民政府主席，同时任命谭延闿、胡汉民、王宠惠、戴季陶、蔡元培分别任五院院长。至此，蒋介石的政权正式组成，其组织形式也日趋完备。

新经济政策

在经济上，蒋介石实施“新经济政策”。南京国民政府成立之后，蒋介石承继的“烂摊子”，并不比 1949 年时的状况好到哪里去。6.67 亿万美元的债务，以及不断增加的行政、军费开支，迫使蒋介石必须采取新经济政策，以解决财政赤字问题。然而，要想发展中国的资本主义经济，就必须清除封建主义的障碍。也就是说，蒋介石首先要做的就是废除封建土地所有制，即实现孙中山提出的“平均地权”与“耕者有其田”的主张。毋庸置疑，向来标榜自己是孙中山嫡传弟子的蒋介石，必然会在这一方面狠下工夫。

1930 年 6 月，国民政府正式颁布酝酿了两年的《土地法》，该法试图通过对大土地所有者进行限制，保护佃农利益并使其逐渐成为自耕农，以“达到平均地权与耕者有其田的目的”。然而，南京政府的土地政策却遭到了大土地所有者的百般阻挠，结果土地改革根本无法深入进行下去，最终只能不了了之。毕竟，蒋介石依靠的就是城市买办和乡村豪绅，如果失去了这些人的支持，他的政治命运必将终结。这就是蒋介石的无奈啊，他要想发展经济，巩固统治，就必然会触及某些人的既得利益，而这反过来又将危及到了他的统治！

尽管农村土地改革的效果不是很理想，但国民政府改革税制、裁撤厘金、统一币制的措施，却在一定程度上促进了经济的发展。如前所述，南京政府成立后不久，就关税自主问题与西方各国进行了交涉，尽管海关的行政管理权未能收回，但海关税率的小幅提高，却成为稳定财政的重要保证。据统计，1928 年的“改订新约运动”，使关税在财政总收入中的比重由1913年的21%，上升到1928年的41%和1929年的51%。此外，盐税也成为当时政府收入的重要来源。不过，盐税收入的逐年增加，却加重了百姓的负担。据30年代的统计，盐税之重，约占盐价的3/4，而每年缴纳的盐税，则呈直线上升，例如，1928年仅为1亿元，1930年增至1.4亿元，1931年则涨至1.7亿元。非常明显，这是国民政府以加重对人民的剥削，来解决财政困难的问题。与增加盐税的性质不同，裁撤厘金制度，实行统税制度，则在一定程度上活跃了社会经济，便利了商品流通，从而增加了政府收入。

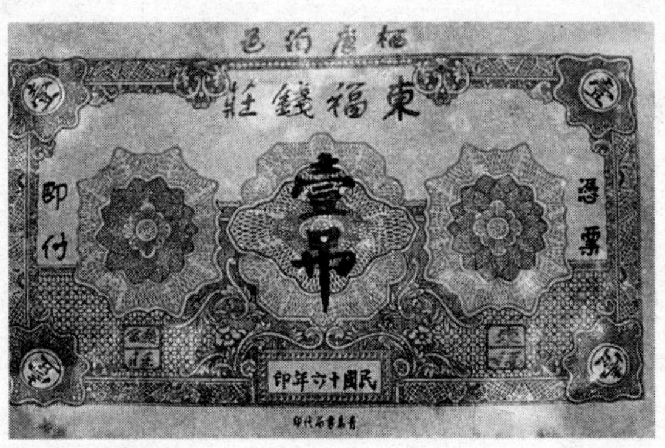

民国时期的钱币

所谓厘金制度，是指地方政府在水路交通要道设立关卡，对过往商品征收1%—5%的税金。虽然厘金制度增加了地方的财源，却严重阻碍了各地商品的流通，以及民族工业的发展。为此，蒋介石政府决意裁撤厘金，改征统税，也就是说，一物只课税一次，课税后便可通行全国，不再另行收税。这一举措不仅避免了地方毫无节制的摊派，减轻了民众的负担，还促进了商品经济的发展，增加了政府的财政收入。

与此同时，南京政府还针对币制混乱的现状，进行了一系列改革。据记载，货币品种繁多是民国当时货币的一大特色，历史上通用的白银，中央政府发行的钞票，地方实力派发行的纸币，大财团发行的代金券，充斥着中国市场，影响着民众生活，妨碍着商品流通，阻碍着市场的统一。为了适应市场和经济发展的需要，蒋介石政府决意取消旧币，发行新币。币制改革加强了中央的财政大权，自此之后，地方当局因受限于财政，而失去了与蒋介石一较高下的能力。此外，统一货币的出现扩大了经济活动的范围，促进了全国物资的交流，从而使中国经济得到了长足发展。

总而言之，蒋介石政府的新经济政策，虽然存在着掠夺人民财富、榨取人民血汗的一面，但它也为民国民族资本主义的发展创造了良好的条件与发展环境。据统计，当时中国的工业增长率达到 8% 以上，其中，电力工业增长率为 9.4%，水泥工业为 9.6%，钢铁工业则为 40%。无怪乎美国的魏德迈将军曾称赞，“1927 年至 1937 年之间，是许多在华很久的英美和各国侨民所公认的黄金十年。在这十年之中，交通进步了，经济稳定了，学校林立，教育推广，而其他方面，也多有进步的建制”。毋庸置疑，尽管民国进入了经济发展的黄金时代，但依然是世界经济弱国，不过，这短暂的经济发展却为日后的全面抗日战争积累了必需的物质财富。

建立特务系统

从历史发展的角度来看，凡是想搞独裁统治的人，没有不重视特务工作的。正如蒋介石在《特务工作人员之基本修养》中所说，“特务工作人员，就是领袖的耳目，你们所到的地方，就是领袖耳目所及的地方。你们如果不实实在在尽心尽力去工作，领袖的耳目，就失了聪明，革命事业的进行，便会发生障碍”。蒋介石如此露骨的言论，真是让听者大开眼界啊。

尽管蒋介石时刻高举“三民主义”的旗帜，时刻渲染自己的“正统”地位，但他最崇拜的却是法西斯政治理论。蒋介石曾不止一次地公开表示，“共产主义和民主自由主义理论”均不可取，只有“法西斯主义”才能救中国，才能使中国富强，他甚至鼓吹用“法西斯手段来推行三民主义”，以及“树立最高领袖之信仰”。针对蒋介石挂三民主义羊头、卖法西斯主义狗肉的做法，国民党元老胡汉民曾批评说，“以三民主义为标榜，而实际推行的，乃是武力统治的独裁专制主义”。

其实这也没有什么奇怪的，要想成为乾纲独断的统治者，就必须严密控制军队，严加防范民众，严厉打击异己，而德、意法西斯的经验和措施，正好为蒋介石提供了成功的范例。为此，蒋

陈立夫书法作品

介石先后成立了“中央俱乐部”（CC 系）和“中华民族复兴社”，后来又发展出了“中统”和“军统”两大特务组织。“中央俱乐部”是陈果夫、陈立夫在蒋介石的授意下成立的，专门从事破坏中共组织和打击异己的特务活动，淞沪会战之后，蒋介石为了维护摇摇欲坠的统治，进一步加强了特务统治，CC 系于是归并改组为“国民党中央调查统计局”（简称“中统”）。事实上，CC 系深受蒋介石的信任，它不仅是国民党内的主流势力，还与黄埔系、政学系、孔宋系成为南京政府的支柱力量。

尽管“CC 系”的特务活动臭名昭著，不过，一提起蒋介石的专职暗杀组织，大家首先想到的却是“复兴社”，也称“蓝衣社”。事实上，“复兴社”才是国民政府特务组织的源头。1932 年 5 月，何应钦的机要秘书刘健群建议蒋介石，仿照希特勒的“褐衫党”、墨索里尼的“黑衫党”，建立自己的秘密特务组织“蓝衣社”。蒋介石对此十分赞同，但是鉴于“褐衫党”、“黑衫党”的名声太坏，因而，没有采纳与之类似的“蓝衣社”名称，而是打着“复兴中华民族”的旗号，给它取了一个能迷惑人心的名

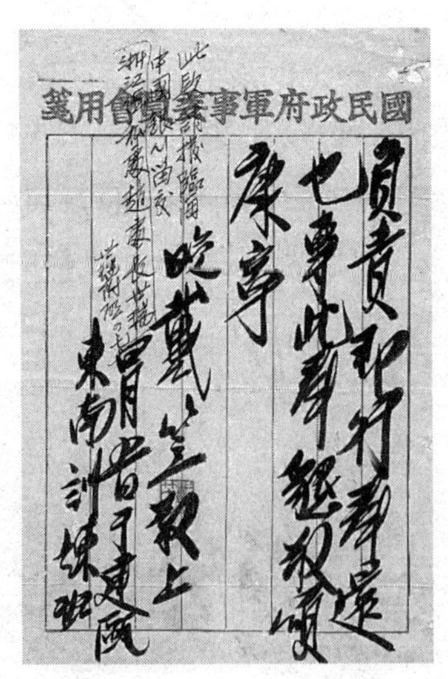
國民政府軍事委員會用箋

戴笠信札手迹

字，即“中华民族复兴社”，简称“复兴社”。

“复兴社”的核心组织是“力行社”。1932 年 3 月，自诩为黄埔中坚的戴笠、康泽、邓文仪、贺衷寒、曾扩情、桂永清、郑介民等 50 人，在蒋校长的授意和策划之下，发起成立了“三民主义革命同志力行社”，以作为蒋亲自控制的特务组织的核心。在“力行社”成立初期，凡入社者都须经社长蒋介石审核批准，此外，蒋介石还经常在自己的府邸，召集组长联席会议，讲解其倡导的“力行哲学”，并研究德、意法西斯组织的发展状况。

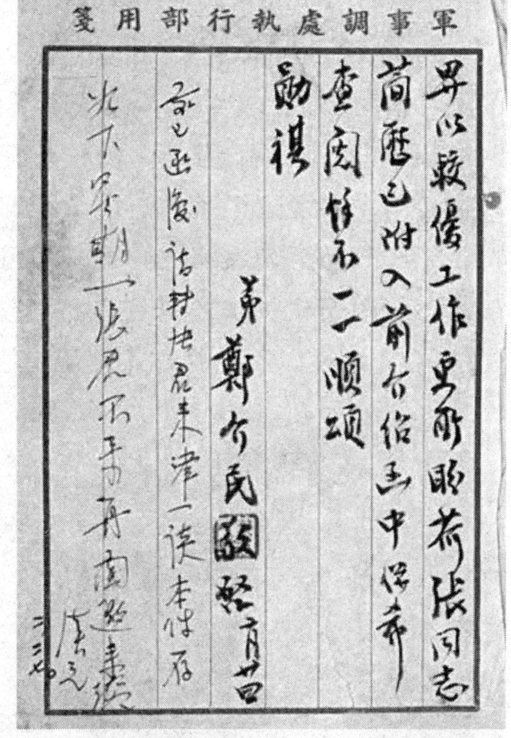
軍事調處執行部用箋

郑介民信札手迹

不久后，蒋介石以“力行社”为核心，创立了“复兴社”，主要吸收黄埔军人、知识分子和机关要员。该组织的骨干分子，均是蒋的心腹与爱徒，他们奉蒋为领袖，甘愿为蒋之耳目。尽管复兴社的纲领“驱逐倭寇，复兴中华，平均地权，完成革命”，与同盟会的纲领有几分相似，但其目标与实质却有着天渊之别，蒋的这些亲信打着“复兴中华民族”的旗号，标榜“国家只应有一个领袖、一个主义”、“法西斯独裁是中国

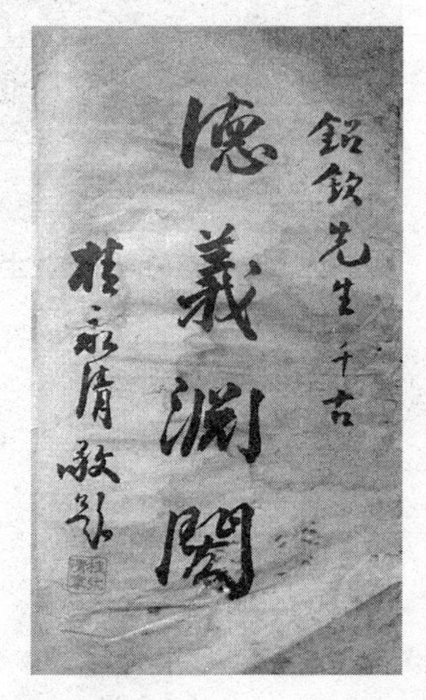

桂永清题词

的唯一救主”。

为了更好地学习德、意军国主义的模式，蒋介石甚至派专人前去考察法西斯的实情，并组成了类似于党卫队的“别动队”，专门从事情报、暗杀、绑架、监禁、盯梢、恐吓的勾当，以压制国内进步势力和爱国运动，监视杂牌部队和地方实力派，牵制“杂特”系统，乃至嫡系部队的将领。可以说，不论在国民党各级党部、各级政府机关，还是在各种经济机构、各类文化教育机关，“复兴社”都在以不同的方式，开展着特务活动。

被国民党特务暗杀的闻一多先生

总而言之，“复兴社”成立之后，发展非常迅速，仅仅五年的时间，它就从原来的50人，发展至10万余人，并逐渐分化为特务系、军事系、别动系、政训系，控制着政府与社会的各个方面。“复兴社”后专属军委会，称“军委会调查统计局”，简称“军统”，实际上，它仍以“复兴社”特务处的原班人马为核心骨干，不过，手段却更加阴险残暴，破坏性也更大。蒋介石正是以这些组织为核心，广设耳目，控制军队，钳制舆论，打击异己，实行独裁。

第九章
民族危亡的时刻

第一节 “围剿”红军

龙岗之役

孙中山联俄、联共、扶助农工的政策，使濒临死亡的国民党因吸收新鲜血液而获得了重生，中国革命也因此呈现出蓬勃发展的态势。然而，坚信“一个主义、一个党”的蒋介石，却无视这一历史事实。为了树立个人的绝对权威，在革命即将胜利的关键时刻，蒋介石竟然将屠刀对准了与己有恩的共产党人。这绝对是恩将仇报的行为！那些在前线奋勇杀敌的革命者做梦都不会想到，他们没有死在敌人的炮火之下，却倒在了昔日战友的屠刀之下。

蒋介石斩尽杀绝的屠杀政策，尽管葬送了孙中山的革命事业，也扼杀了轰轰烈烈的大革命运动，却没有吓退浴血奋战的革命者。这些幸存下来的共产党人和革命志士本来就是为了活下去才起来革命的！这些革命者在严峻的革命形势下，在擦干身上的血迹、掩埋同志的尸体后，再次拿起了“枪杆子”，毕竟，只有革命的武装才能反对反革命的武装。可以公正地说，共产党人是被“逼上梁山”的。然而，这些幸存下来的“星星之火”，却最终形成了燎原之势。

据统计，在1927年至1930年间，中共共建立了15块革命根据地，范围遍及广东、广西、湖南、湖北、四川等省的300多个县市，正式红军也迅速扩充为13个军7万多人。蒋介石始原本只是打算趁着共产党羽翼未丰之时，将其一网打尽，以永除后患，谁曾想，“兔死狗烹”的策略非但没有吓倒、杀绝、征服对手，却促使他们发展为能与自己一较高下的强大力量。

红色政权的日益壮大，尤其是靠近武汉、南京、上海的中央根据地、闽浙赣根据地、鄂豫皖根据地的发展、扩大，直接威胁着国民党的统治，也引起了蒋介石的极度恐慌。蒋视其为“心腹大患”，欲以除之而后心安。事实上，早在 1928 年至 1929 年的时候，蒋介石就指使亲信对根据地发动了四次“进剿”和三次“会剿”，不过，这些行动均因国民党各省军阀自保实力而失败，也就是说，蒋介石虽一门心思剿灭“心腹大患”，却因地方实力派的阳奉阴违以致铩羽而归。

于是，在中原大战已稳操胜券、在冯阎桂丧失问鼎中原的实力后，蒋介石迫不及待地调转枪口，部署重兵，疯狂“围剿”红军。“围剿”的重点是朱德、毛泽东率领的红 1 方面军，也就是居于中央革命根据地的中央红军。1930 年 10 月 10 日，蒋介石在纪念“双十节”的《告父老文》中，将“肃清匪共”列为“五项政策措施”之首，明确规定“划定区域，责令分区，各负全责，……自军事告终之日起，期以 3 个月，至多 5 个月，限令一律肃清”。

10 月 28 日，蒋介石亲自发布围剿命令：“一、以歼灭朱毛彭黄及方志敏各股匪之目的，集结第六、第九、第十九路军及行营直属各部，在赣境内四周包剿各股匪于赣西地区及景德镇附近而歼灭之。二、所在赣之第五、第十八、第五十、第新五、新十三各师及独立十四旅其他团队暂编为第九路军，统归该总指挥（即鲁涤平）指挥。”国民党 11 个师 2 个旅的 10 万军队，随之入赣准备作战。蒋介石认为，赣南是红军主力所在地，“此股一经扑灭，其余自易解决”，因而，在南昌设立了总司令部，以鲁涤平为总指挥，采取“分进合击，长驱直入”的战术，发动了第一次大规模的“围剿”。

当时红 1 方面军仅有 4 万余人，根据敌强我弱的形势，朱德总司令和毛泽东总政委，采取了“撒开两手，积极防御，诱敌深入”的作战方针，将敌军主力18师引入我方伏击圈龙岗地区。结果，18师“片甲不归”，师长张辉瓒则被活捉。龙岗一役之后，乘胜追击的红军于1931年1月又歼灭了敌军第50师的一半人马，闻讯之后的国民党其他各路纷纷溃逃。蒋介石接连吃了两个败仗，损失武器12000余件，损失人马15000余人，至此，第一次“围剿”彻底失败。

第二、三次“围剿”失败

不甘心失败的蒋介石认为，这次军事失败主要是因为某些军队行动迟缓，未能按约定时间到达集结地，因此，他接着又组织了第二次“围剿”。1931年1月29日，蒋介石任命亲信何应钦为“剿匪”司令，赴南昌指挥军事行动。何应钦也确实没有辜负蒋介石的期望，在短短的一个月时间内就迅速集结了20万军队，并将其部署在兴国、永丰等各个据点之上，从而形成了对根据地的包围之势。非常明显，吸取了第一次“围剿”失败教训的国民党军队，改取“集中优势兵力，稳扎稳打，步步为营”的战术，先严密包围，后发起进攻。

4月1日，在蒋介石授意下的何应钦下达总攻击令，国民党军队随即兵分四路，大举进攻红军，并先后占领了水南、富田等地。面对来势汹汹的国民党军队，朱德、毛泽东等领导人当即决定采取“集中优势兵力，先打弱敌，并在运动中歼灭敌人”的作战方针。自5月16日至31日的半个月时间内，红军由富田向东转战，横扫700里战线，各个击破蒋军，直逼福建建宁。蒋介石则连吃5次败仗，损失3万余人，第二

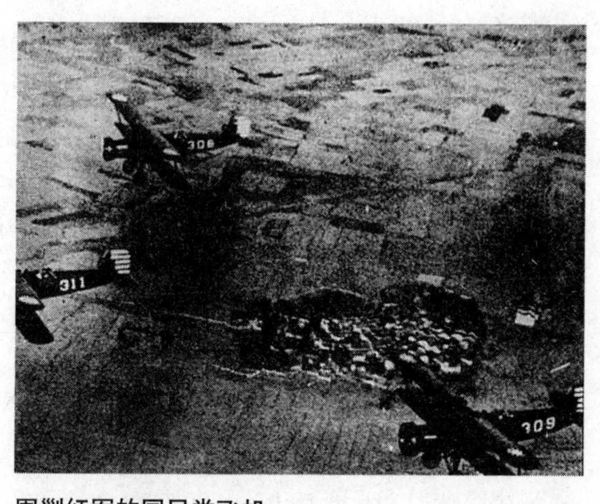

围剿红军的国民党飞机

次“围剿”又遭惨败。

军事上的接连失败让蒋介石决意亲自部署“围剿”事宜。6月13日，蒋介石发表了《告全国将士书》，声称定要戒除内乱，剿灭赤匪，保证统一，否则将舍死疆场，在所不惜。为了实现自己的夙愿，蒋介石在7月初亲率30万军队，采取“长驱直入，分进合击”的战术，向中央根据地发动了第三次“围剿”。尽管这次蒋军来势凶猛，似乎志在必得，然而，在红军“避敌主力，打其虚弱，乘退追歼”的策略之下，蒋军却始终被牵着鼻子走。

从7月初正式开始作战至“九·一八”事变发生后的匆匆收场，蒋介石军队在与红军交战的两个多月时间内，五次大规模作战均以失败告终，被歼灭17个团，共计3万余人。与此同时，蒋对湘鄂西、鄂豫皖等根据地的“围剿”也相继以失败告终。令蒋介石没有想到的是，他越是集中全力歼灭红军和根据地，红军和根据地发展越是迅速。在三次反“围剿”中，全国正规红军发展至10万余人，根据地则发展到10多个，并成立了与蒋介石政权相对峙的红色政权。也正因为如此，蒋介石在日本帝国主义发动蓄谋已久的侵华战争后，依然将中共视为首先要解决的政治问题，而对日本侵略者则采取了妥协退让的不抵抗政策。

黄埔同门对决

1932年6月，在东北沦陷、华北危急的关键时刻，蒋介石自任鄂豫皖“剿匪”总司令，亲自挂帅出征，开始了第四次“围剿”。吸取了前三次“围剿”失利的惨痛教训，蒋介石这次派出了自己最得意的学生——黄埔一期生第1师师长胡宗南，第2师师长黄杰，第3师师长李玉堂，第4师师长徐庭瑶，第9师师长蒋鼎文，第10师师长李默庵，第80师师长李思愬，第83师师长蒋伏生，第88师师长俞济时……

与蒋氏黄埔系对阵的鄂豫皖红4方面军，亦派出了最佳阵容：总指挥兼红4军军长徐向前（黄埔一期），红1师师长曾中生（黄埔一期），红10师师长倪志亮（黄埔四期），红12师师长陈赓（黄埔一期）……由此可见，第四次“围剿”与“反围剿”是中国战争史上一场黄埔同门之间的大搏杀。尽管在这次对决中双方各显神通，各展所长，互有胜负，但由于张国焘的错误指挥，红 4 方面军在给了敌人迎头痛击之后，被迫转移至川陕边界。与此同时，蒋介石还发动了对中央苏区的进攻。

1933 年 2 月，陈诚（黄埔军校教育副官）率领 12 个师为中路，配合朱绍良部与蒋鼎文部，采用“分进合击”的战术，气势汹汹地向根据地扑来，第四次“围剿”红军的第二期作战由此拉开了帷幕。如前所述，身为蒋介石嫡系骨干的陈诚，依靠着黄埔师生关系，招揽了大批黄埔生，例如，其军中骁将黄维、萧乾、彭善、陈烈、方天、霍揆彰等，均为黄埔军校的优秀毕业生，更为重要的是，他们还和将要与之生死相搏的林彪（黄埔四期）有着同窗之谊。

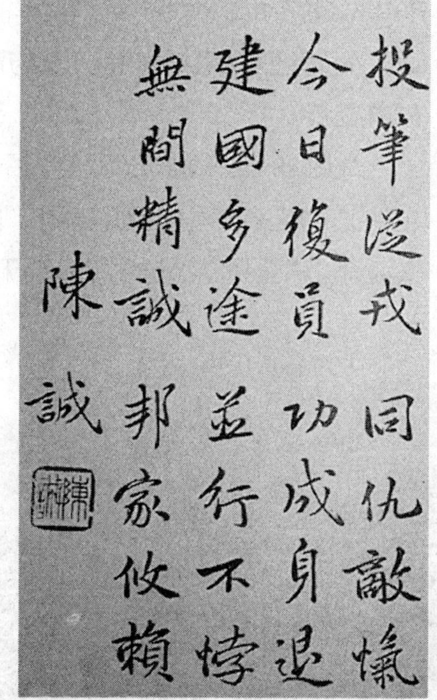

陈诚手迹

年纪轻轻的林彪此时已升任红 1 军团团长，其下辖的两个军红 4 军与红 15 军的主要领导，也大多是他的黄埔同学，而与林彪有着师生之谊的聂荣臻，则是红 1 方面军的政委，这又是一次同门师兄弟的对垒。究竟是赤色黄埔系，还是蒋氏黄埔系更胜一筹呢？敌我双方上下摩拳擦掌，跃跃欲试。被蒋介石誉为“当代韩信”的林彪，乃是黄埔一期毕业生中的佼佼者，也是蒋早年想极力收归己用之人，其作战指挥能力由此可见一斑。只是，有着坚定的共产主义信仰的林彪，对蒋校长的青睐并未感恩戴德，相反，他义无反顾地投入到了红色阵营，不仅逐渐成长为红军的得力干将，还成了蒋介石军事上的一块心病。

当然，稳坐“黄埔八大金刚”第二把交椅的陈诚，也绝不是浪得虚名之徒。他行军布阵极具章法，部队首尾呼应，左右照顾，竟让红军一时之间无计可施。于是，红军总政委周恩来决定“改强袭南丰为佯攻”，以便为兵团伏击战创造条件。与此同时，周恩来还故意将电报透漏给了敌军。不知中计的陈诚急电第 52、第 59 师，火速赶往黄陂一带，以与南丰敌军里应外合，形成对红军的夹击之势。

2 月 28 日，进入我伏击圈的第 52 师，被打得晕头转向，挤在狭长的山谷中，乱成一团，自相践踏，师长李明重伤被俘，不久毙命。“全师人员损失下级干部 2/3，士兵 6000 余名”，蒋介石的一个精锐师就这样被歼灭了。与此同时，第 59 师也在霍源一带的峡谷中遭到了红军伏击，伤亡过半，师长陈时骥率残部落荒逃窜。眼看着敌军从伏击圈中杀出，林彪率领红 1 军团主力立即撤出南丰战斗，并赶至黄陂地区等待收网捕鱼。

宜黄县黄陂镇霍源村

闻听两个精锐之师溃不成军的消息后，陈诚不禁抱头痛哭，随后他命令萧乾指挥的第 11 师火速增援。周恩来则大造声势，诱牵敌军扑向南昌，再次造成了红军打伏击的战机。3 月 20 日夜间，林彪、聂荣臻率部进入阵地，尽管第 11 师乃蒋记黄埔军团王牌中的王牌，却难敌红军战士之英勇，经过这一场鏖战，陈诚起家的资本、素称为蒋氏嫡系的第 11 师，逃走了不到一个团的兵力，师长萧乾负伤逃窜，而黄维则坐着担架，离开了根据地。至此，蒋介石的第四次“围剿”基本上被粉碎了。携着反“围剿”胜利的余威，中央苏区的地域扩大至湘、赣、闽、粤四省，红 1 方面军则发展至10万人左右，达到了中央苏区的全盛时期。

1933年初，日军大举进犯华北，民族危机日益严重，然而，这并没有引起蒋介石的足够警惕，在他的心目中，共产党才是“肘腋之患”。为了消灭让其寝食难安的红军，蒋介石于9月调集了50万兵力，以亲信陈诚、顾祝同等人为总指挥，企图以“步步为营，节节进剿”的战法，消灭红军主力部队。由于王明等“左”倾冒险主义的错误领导，红军苦战一年也未能打破敌人的“围剿”，最终只能撤出中央革命根据地，开始了举世闻名的长征。不过，蒋介石并没有就此罢手，反而是积极部署军队，进行围追堵截，企图将红军彻底消灭。

值得庆幸的是，经过1936年“西安事变”兵谏的蒋介石，暂时结束了对共产党的穷追猛打，并与老对手握手言和，共赴国难，只是这时已错过了遏制日本侵略的最佳时机，中华民族亦为此付出了沉重的代价。

第二节　攘外必先安内

“九·一八”事变

日本军国主义发动以中国为对象的侵略战争，其筹谋可谓由来已久。日本人长期偏居海岛之上，深受贫瘠耕地、狭促疆域以及自然灾害之苦，因而，拥有广袤而富饶的土地，是这个小小岛国民众与生俱来的梦想。自从被华夏文明的繁荣折服后，日本人的心目中就种下了大陆情结，他们憧憬着使用强力将大陆从大海上拉过来，而朝鲜半岛则是他们将触角伸入中国大地的桥梁，正如日本著名历史人物丰臣秀吉所言，“图朝鲜，窥视中华，此乃臣之夙志”。

尽管日本一直寻找机会向中国挑衅，其侵略野心也不可遏止地表露出来，但19世纪以前的中国实在太强大、太辉煌了，“迁都大陆”只能是日本人遥不可及的梦想。然而，明治维新的成功却改变了这一切。全面接受西方强权文化的日本，在西方列强对中国的瓜分之中，闻到了“人人可以得而食之”的味道，于是，日本战略家“取台湾，占朝鲜，夺满蒙，征服中国，称霸世界”的理论，开始全面成为日本政府的政策纲领。

1927年6月27至7月7日，日本田中内阁专门召开东方会议，讨论中国时局问题，进一步确定其“对华政策”。与会者狂妄地叫嚣满蒙、尤其是东北对日本“在国防上及国民的生存上有重大的利害关系”，日本必须“采取适当措施”，“断然自卫”在满蒙地区的“特殊地位”，并要支持满蒙一带的依附日本的“有力者”作为傀儡。非常明显，东方会议表明了日本企图以武力解决满蒙问题的方针。此后，日本开始了一系列的侵华行动，以打开占领全中国的突破口。1931年上半年，武力占领东北的呼声更是甚嚣尘上。

尽管这一时期的日本并不具备全面侵华的能力，但他们却决意赌一把。张学良的东北军向来是日本吞并这一地区的障碍，如今情况发生了意想不到的逆转。为了帮助蒋介石获得中原大战的胜利，张学良率领11万主力部队入关，进驻鲁豫地区，而此时中国的最高统治者蒋介石正沉醉于宁粤争权和围剿红军中，也无力顾及东北地区，给日本采取军事行动提供了大好时机。虽然不清楚发动武力的命运将会怎样，但日本还是抱着典型的赌徒心理开始了试探，就算一败涂地又如何呢？大不了“倾家荡产”，退回日本本土去。

为了增加武力占领东北的胜算，日本在发动事变之前，做好了充分的准备。除了在各地散发传单、制造舆论之外，他们还频繁调动军队，检阅日军，并对关东军进行了异常的人事安排：从日本本土调来了适合在寒冷地带作战的第2师团；特意任命“中国通”本庄繁就任关东军总司令；密令东北各地日本的在乡军人赴沈阳等地报到；驻东北日军频繁进行攻城、巷战的作战演习；多次组织参谋旅行以详细调查东北地区的兵要地志情况……战争的气氛越来越浓，大有一触即发之势。

与此同时，日本还在东北制造了“中村事件”与“万宝山事件”，以此获取动用武力的“口实”。1931 年 9 月 18 日，准备就绪的日本关东军在炸毁南满铁路柳条湖段路轨后，突然袭击了沈阳北大营的东北军第 7 旅，震惊中外的“九・一八”事变爆发了。第 7 旅是东北军驻守沈阳的唯一一支正规部队，素有“王牌之师”的美誉，然而，就是这么一支拥有一万多士兵的劲旅，竟被 500 多名日本士兵打得弃营逃跑。

“九・一八”事变后日军装甲车侵入沈阳

毋庸置疑，他们不是没有战斗力，而是严格履行了军人的天职——服从命令。“九・一八”事变发生之时，旅团长均不在北大营，只有一个参谋长驻守营地，以至面对在坦克掩护下迅速逼近的日军时，群龙无首的第 7 旅官兵竟然不知所措！更令人费解的是，东北军参谋长荣臻在敌人欺负到家门前时，竟还忠实遵守着蒋介石“先清内匪，再言抗战”的不抵抗政策，命令东北军“不准抵抗，不许动，把枪放到库房里，挺着死，大家成仁，为国牺牲”。

结果可想而知，原地待命的第 7 旅士兵，要么被日军活活刺死在床上，要么在奔走中被日军枪杀。在这种情形之下，凡是有血性的中国军人，无不嚎啕大哭，这可是在中国自己的领土上，在东北军自己的行营内啊！无奈，“九・一八”事变之前，蒋介石就已定下了“不抵抗”的政策和基调！在蒋看来“外患不足虑，内匪实为心腹之患”，他甚至露骨地表示，“中国亡于帝国主义，我们仍能当亡国奴，尚可苟延残喘；若亡于共产党，则纵肯为奴隶亦不可得”。

尽管政见、信仰的差异，让蒋介石对共产党心存芥蒂，实属正常。但在民族处于危亡的关键时刻，堂堂的一国领袖，竟说出如此混账的话来，确实让国民感到汗颜。而东北王张学良为了保住挺直腰杆的本钱——军队，忠实地执行了把兄弟的“不抵抗”命令，因而，东北军没有集中兵力对日军进行统一协调的反击行动，就匆忙地撤出了东北的各大城市和主要交通线。于是，在短短的四个月时间内，东北三省全部沦陷于日本的铁蹄之下。

日军侵略锦州使用的装甲列车

与其说是日本占领了东北地区，不如说是“不抵抗政策”断送了东北地区。事实上，不战而降是张学良一生最大的污点，这让他背上了千夫所指的骂名，压得他抬不起头来，从而也为日后的“西安事变”埋下了伏笔。日本在“九·一八”事变这场豪赌中赢了，不仅白白霸取了数倍于本土的疆域，还获得了东北丰富的资源、劳动力和商品市场，从而初步获得了全面侵华的能力。如果中国能在1931年时奋起抗争，则完全有可能避免日后半壁江山沦陷的悲剧，可惜，历史永远没有假设存在！

不抵抗政策

尽管日本向来喜欢采取不宣而战、突然袭击的手法，但它在“九·一八”事变前的军事行动并没有瞒过中国军队的眼睛。不过可惜的是，面对东北驻军不断发出的日军可能异动的警报，蒋介石非但没有作出任何重大的军事部署，反而将30万军队调往江西，准备发动对红色根据地的第三次“围剿”。正如蒋介石在1931年7月23日《告全国同胞一致安内攘外》文告中提出的，不消灭“共匪”和“粤逆”，就不能抵抗日本入侵。7月30日，他又将“攘外应先安内”改为“攘外必先安内”。非常明显，在民族危机日益严重时，蒋介石将反共放在了第一位，自此之后，“不抵抗主义”成为南京政府指导对日关系的既定方针。

毋庸置疑，蒋介石采取“攘外必先安内”的政策，是在打自己的如意算盘。尽管当时的南京政府以“中央”自居，蒋氏军队也以“中央军”命名，但蒋介石控制的地区只是江南华中一带，他所掌握的黄埔军也不过是各派军阀中最强的一股力量。虽然中原大战让蒋介石暂时取得了优势，但他仍要不断面对地方军阀虎视眈眈的挑战。与此同时，在屠杀政策下逃脱的“星星之火”，竟然在短短的时间内，发展成了“燎原之势”，这更让蒋介石坐立难安，惊恐万分。事实上，日本正是瞅准了蒋介石的反共本质及其深受地方军阀掣肘的时机，才敢于肆无忌惮地发动“九·一八”事变。

总而言之，处于内外交困中的蒋介石，必须选择其中一个作为主要对手，而对其他两者采取妥协政策。非常不幸的是，蒋介石选中了中共，因为他认为只有整治了国内的混乱状态，只有巩固了南京政权，才能全力抵抗外来侵略，而中共领导的工农苏维埃政权正是其肘腋之患。于是，当凶残的日本人在东北大肆屠杀中国人时，中国人自己也在大肆屠杀中国人，并且一直从江西杀到陕西。事实证明，“攘外必先安内”的政策是蒋介石一生中所犯的最大错误，其严重程度不仅最后注定了蒋自身的命运，也给中华民族带来了一场永远无法忘记的灭顶之灾。

当时主政东北的张学良对日本的野心也早有觉察，面对日军频繁的军事演练和人士安排的异动，张学良在“九·一八”事变前夕，请示蒋介石该如何应对，蒋明确指出“无论日本军队以后如何在东北地区寻衅，我方应不予抵抗，力避冲突，吾兄万勿逞一时之愤，置国家民族于不顾。”9 月 12 日，唯恐张学良沉不住气的蒋介石，特邀把兄弟在石家庄会晤，并再次重申“不抵抗政策”，“最近获得可靠情报，日军在东北马上要动手，我们的力量不足，不能打。……我这次和你会面，最主要的是要你严令东北全军，凡遇到日军进攻，一律不准抵抗。如果我们回击了，事情就不好办了。”

不出蒋介石所料，一个星期之后，日本发动了蓄谋已久的

"九·一八"事变。然而，早已洞悉日军行动的蒋介石，却在沈阳传来枪声的当天，亲率政府要员到江西"剿匪"去了。乱作一团的南京政府一面对日提出严正抗议，一面急电蒋介石回宁主持一切。9 月 21 日，蒋介石在国民党军政要员会议上，再次重申"务须慎重，避免冲突"的既定方针，并强调这个时候只有诉诸国际联盟，才能期望获得公平的处理。紧接着，蒋介石于 9 月 22 日发表政策性演说，"此时世界之舆论，已共认日本为无理，我国国民必须上下一致，先以公理对强权，以和平对野蛮，忍痛含恨，暂取逆来顺受态度，以待国际公理之判断。"

日本关东军指挥部

根据蒋介石的讲话精神，国民党中央宣布了政府关于等待"国联公理断处"的方针，并强调即使在"非常事变"时，国家与个人均应"努力于剿匪救灾"，也就是说，"危害民族生存之赤匪必须根本铲除"。由此可见，在中华民族处于危亡的关键时刻，蒋介石决定对外"忍痛含恨"、"逆来顺受"，对内"上下一致"，"铲除'共匪'"。毋庸置疑，弱国对抗强敌，争取国际援助是非常重要的，但"人不自救，天莫能助"，连中国军队自己都不做任何抵抗，西方列强又怎么会冒着得罪日本的危险，帮助不战而降的中国呢！事实证明，向国联呼吁干涉的外交活动并不能阻止日本的侵略行动，而国联委派调查团也无非是一场闹剧而已。

然而，蒋介石逆来顺受的态度，却给日本侵略者提供了可乘之机。就在东北军队严格遵守"不抵抗政策"，并迅速撤出主要交通线的时候，日本军队一周之内就占领了吉林、辽宁两省的 30 座城市，正如当时驻北平的日本特务机关长松室孝良所说，"中国军因依赖国联，而行无抵抗主义，故皇军得以顺调胜利……则彼时中国官民能一致合心而抵抗，则帝国在满之势力，行将限于重围……偌大地区、偌大人口，能否为帝国所控制，均无确实之把握……”

知己知彼，百战不殆！蒋介石政权之所以不战而降，虽然在很大程度上源于其反共本质，但他对日本与自己实力的错误估计，也是重要的因素之一。事实上，深受关东大地震和世界经济危机打击的日本，在1931年的时候根本不具备发动持久战争的能力，更为重要的是，日本政府在入侵中国的问题上犹豫不决，即使是主战派也只是抱着赌一把的心态。然而，日本人小心翼翼的试探却没有遇到中国军民的强有力反击，东北地区轻而易举地取得，就像给整个日本社会注入了兴奋剂，主战派由此在日本政坛占据了主导地位。

值得一提的是，东北地区丰富的资源及广阔的市场，帮助日本摆脱了30年代经济危机的阴影，并使其初步获得了全面侵华的能力，而1931年的中国是完全有能力奋起反击的，但在“不抵抗政策”的误导下错过了最好的反侵略时机。可以说，“九·一八”事变是日本14年侵华战争中，代价最小、得利最大的一次军事行动。自此之后，日本政府通过“以战养战”的策略，把东北作为战争的后勤基地，向中国内地步步紧逼，直至1937年发动全面侵华战争，中国的半壁江山随之陷入日本的铁蹄之下。

面对日本侵略野心的进一步膨胀，蒋介石抱定了“攘外必先安内”的方针，他不仅要求全国军队放弃抵抗，还不断压制民众的正义要求。蒋甚至认为对抗日本是“自取灭亡”的“绝路”。1932年“一·二八”事变前夕，蒋介石又提出了“不绝交，不宣战，不讲和，不订约”的“四不”方针，称这是“今日我国外交唯一之途径”。事实上，“四不”方针是不抵抗主义的翻版，其核心依然是对日妥协退让。堂堂一国的领袖，竟提出如此儿戏的方针，实令国人难以理解！

正是在这一误国政策的指导下，蒋介石在淞沪抗战爆发后，公开表示“各军将士非得军政部命令而自由行动者，虽意出爱国，亦须受抗命处分”。奋力抗击异族入侵的第19路军，非但没有得到强有力的增援，反而被停发了军饷，只能依靠民间捐助来补充战略物资，实在令爱国军民感到心寒！此外，蒋介石为了集中兵力实现“先安内”的“剿共”计划，还不惜与日本密谋和谈事宜。闻讯后的社会各界爱国人士纷纷表示，“在此敌兵压境之秋，如不思积极抵抗，甘为城下之盟，签订辱国条约者，为民族之叛徒，誓不承认”。

谢晋元

然而，蒋介石政府依然我行我素，力谋和谈，并于 1932 年 5 月 5 日违背“不订约”的方针，与日本签订《上海停战协定》，中国由此丧失了在上海地区的驻兵权。紧接着，第 19 路军因“违令”抗日，受到蒋介石的“整肃”。不过，蒋介石对日本的刻意讨好，并没有换来日本的感激，反而招致了他们大举进犯长城各口和滦东一带。在大片国土沦丧、平津危急的关键时刻，中国代表在蒋介石的授意下，在不容修改的日方停战提案上签了字，这就是臭名昭著的《塘沽协定》。

《塘沽协定》是继袁世凯承认“二十一条”之后，最为严重、最为屈辱的卖国条约。它在事实上将包括热河在内的整个东北四省拱手送给了日本，冀东、平北地区也在所谓的“非武装区”的名义下丧失了主权，日本由此打开了通向中国华北的门户。面对如此丧权辱国的条约，蒋介石竟还洋洋得意地声称，“协定成立，停战政策得告一段落，人民暂可安息；国际形势，当有进步，对内对外，得此整顿准备之余豫，其足为复兴之基乎！”

痛感政府软弱无力的各界爱国志士，纷纷行动起来，发表抗日通电，进行抗日宣传，甚至冲破重重阻碍，直接投入抗日第一线。令人费解的是，不敢奋起反抗的蒋介石政府，竟然也不允许民众抗日。为了围剿察哈尔民众抗日同盟军，蒋介石以“擅离军政名义”、“妨碍统一政令”为借口，短时间内就组织了15万兵力。1933年蒋介石又自任“讨逆军总司令”，进攻抗日民主政权——福建人民政府。与此同时，蒋还继续“围剿”早已对日宣战的革命根据地，并逼迫红军开始了两万五千里长征……既然蒋介石并不害怕伤亡，既然他对付自己人动辄都能出动15万、30万、甚至100万的兵力，为何不愿意振臂一呼，整合全国力量，共同对付异族入侵呢？这恐怕还是他心里的小算盘在作怪吧。

日军装甲列车在锦州作战中遭到东北义勇军的还击，图为日军下车开战

1935年5月，面对日本策动的“华北五省自治运动”，蒋介石依然沉醉于争取和平的幻想中。为了继续维持中日之间不战不和的局面，蒋介石不仅与日本政府签订了丧权辱国《秦土协定》与《何梅协定》，放弃了河北与平津的大部分主权，还正式颁布了“敦睦邻邦令”，禁止中国人民组织反日团体，发表反日言论，甚至报刊上也不准出现“抗日”字样。然而，蒋介石一再的妥协退让，并没有换来中日间的和平，反而进一步刺激助长了日本的侵华野心。随着国土不断地被蚕食，随着抗日呼声的日益高涨，经过“西安事变”这场兵谏，蒋介石最终结束了对共产党的穷追猛打，并加入了抗日民族统一战线。不过可惜的是，中华民族已为此付出了沉重的代价，也错过了打击日军侵略的最好时机，而蒋介石引以为豪的“黄金十年”，竟是以“南京大屠杀”作为结局的。

第三节 被迫“纳谏”抗日

华清池被擒

1935年华北事变以来，日本灭亡中国的狼子野心，已是昭然若揭，蒋介石政府与日本的矛盾随之愈益尖锐，再加上全民族“抗日御辱，救亡图存”的呼声与要求，蒋介石对日态度逐渐变得强硬起来。尽管这时的蒋介石在外交报告中，仍以忍耐的态度表示，“和平未到绝望之时，决不放弃和平；牺牲未到最后关头，亦不轻言牺牲”，但他也明确地提出，“任何国家要来侵扰我们领土主权，我们绝对不能容忍，我们绝对不能订立任何侵害我们领土主权的协定，并绝对不容忍任何侵害我们领土主权的事实”。

与此同时，蒋介石还向日本提出了调整邦交的希望条款，包括取消塘沽、上海两个停战协定，取消冀东伪政权等等。不过，蒋介石对日政策的强硬，并不意味着他放弃了“攘外必先安内”的既定的内战方针。事实上，共产党仍是蒋首要想要解决的问题，正如他在对军官训话时所言，“我们最近的敌人是共产党，为害也最急，日本离我们很远，为害尚缓”。也就是说，蒋介石政府仍坚持“戡乱”方针，如果有人胆敢“不积极剿共而轻言抗日”，则必然会受到严厉制裁。

然而，民族危机的进一步加深，却让红军、东北军及第17路军在抗日的基础上实现了大联合，当蒋介石获悉东北军中发现“抗日不剿共”的宣传品，以及西北军实现抗日联合的消息后，震怒地认为，“这一事态的发展，如不设法防止，势将演成叛乱”。于是，安排好“两广事变”的善后事宜后，蒋介石就匆匆地飞往西安，逼迫张、杨进攻红军。与此同时，蒋介石还积极北调自己的嫡系部队，以便随时进发陕甘地区，在“剿共”的同时相机解决东北军和西北军。

不愿与红军再起战端的张学良、杨虎城，多次劝说蒋介石改变内政政策，张学良甚至亲赴洛阳，犯颜直谏。然而，蒋介石却固执地表示，“我就是革命，我就是政府，只有我可代表整个国家、整个民族，反对我，就是反对政府，就是奸党暴徒。”蒋介石的坚定态度迫使张、杨初步萌生了“挟天子以令诸侯”的打算。此时，蒋介石也获得了“将有非常之密谋与叛乱的密报”。12月4日，蒋介石在做好“剿共”部署后，带着大批高级将领从洛阳乘专车再次来到西安，“以资震慑，而挽危局”。与此同时，蒋介石的嫡系部队也纷纷受命开进潼关，内战大有一触即发之势。

12月7日至11日，张学良、杨虎城为了争取最后一丝希望，又到蒋介石面前痛哭陈词，并恳请他挽救国难，然而，蒋介石却依然无动于衷，并表示“剿共”是国家的根本大计，即使有人拿枪将他杀死，他也不会改变这一既定政策。蒋介石最后甚至威胁张、杨，如若不服从“剿共”命令，则将他们分别调往福建和安徽，由中央军承担陕甘地区的“剿共”任务。陷入进退维谷境地的张、杨被迫下定决心，置生死毁誉于度外，实行“兵谏”，逼蒋抗日。

12月12日凌晨五点，当古城西安的民众还在沉睡中时，张学良的心腹卫队已风驰电掣般地驶进临潼华清池，猝不及防的蒋氏卫队被迅速解除了武装，蒋介石则在匆忙之中越墙而出。不过，惊吓过度的蒋介石却不慎跌入了深沟，扭伤了脚腕，只能躲进草丛中，等待时机逃跑。只可惜天不遂人愿，蒋介石最终还是被搜山士兵发现，随即被押往绥靖公署新城大楼，与此同时，杨虎城第17路军的一部解除了中央宪兵第2团、省公安局、警察大队等军警机构的武装，囚禁了蒋的随从军政要员陈诚、陈继承、钱大钧、

杨虎城与张学良

蒋鼎文等10余人，此即著名的“西安事变”。

事变发生的当天下午，张、杨及东北军、西北军高级将领联名通电全国，“前方之守土将士浴血杀敌，后方之外交当局仍力谋妥协。……学良等多年袍泽，不忍坐视。因对介公为最后之诤谏，保全其安全，促其反省”，与此同时，他们还提出了包括“改组南京政府，容纳各党各派，共同负责救国，停止一切内战，召开救国会议”在内的8项《救国主张》，张、杨道出了西安军民的心里话，也表达了全国民众的抗日愿望。然而，“西安事变”之后，国内外各派势力的不同反应，却让张、杨从事变前的兴奋之中冷静了下来。

毋庸置疑，日本侵略者希望中国政局越乱越好，以便趁火打劫！因而，日本极力挑拨南京与西安的关系，企图挑起中国更大规模的内战；英美等国为了维护在华的既得利益，则主张南京与西安妥协；在国内，以宋美龄为首的亲英美派竭尽全力要求和谈，以确保蒋介石的安全；而以何应钦为首的亲日派则力主军事“讨伐”，欲乘机置蒋介石于死地，以便堂而皇之地取代蒋的地位，随着大批军队开赴临潼，大规模内战大有一触即发之势。

深感问题棘手的张、杨，决意邀请中共代表赶赴西安，共同商议抗日救国大计。12月13日上午，张学良急电中共中央：“吾为中华民族及抗日前途和利益计，不顾一切，今已将蒋扣留，迫其释放爱国分子，改组联合政府。兄等有何高见，速复。”中共在“西安事变”刚爆发时，曾主张罢免蒋介石，交付国人审判，但在对国内外形势做了深入分析后，中共中央确定了和平解决的正确方针，并应张、杨的共同邀请，派遣代表团到西安，商讨事变的处置事宜。

参与“西安事变”中共谈判的代表

12 月 22 日，宋子文又偕宋美龄等人飞往西安，因事前没有通报，正面壁冥思的蒋介石突见爱妻，顿时悲喜交加，热泪潸然而下，并惊呼“余妻真来耶？君入虎穴矣！”在听了宋氏兄妹的汇报之后，审时度势的蒋介石也同意在“八大主张”基础上进行谈判，但提出不亲自出面谈判，不作任何书面签字，只是以“领袖人格”担保协议实现。为了尽快收拾“危局”，张、杨及中共同意了蒋介石的要求。12 月 23 日，双方代表开始了第一次正式谈判，宋子文代表蒋介石和南京当局，周恩来代表中共中央，张、杨代表西北军政当局。

出乎意料的是，谈判进展得非常顺利，周恩来提出了中共及红军的六项主张，并表示只要蒋介石能保证实行，就襄助蒋统一中国，一致抗日。宋子文对此表示同情与支持，但也表示必须先征得蒋介石的同意。12 月 14 日，经过反复思考之后，蒋介石接受了中共的这六项主张，即改组国民政府、驱逐亲日派、容纳抗日分子；释放上海爱国首领、释放一切政治犯；停止“剿共”政策、联合红军抗日；召集救国会议、商讨抗日救国……

全國民衆迫切要求
張楊昨發動對蔣兵諫
通電全國發表救國主張八
改組南京政府容納各黨各
救亡領袖
救亡領袖
張楊等通電全國
發表救國主張

《西北文化日报》关于“西安事变”的报道

至此，震惊中外的“西安事变”遂告和平解决，张、杨两将军也因领导和解决了西安事变，“有功于抗日事业”，而成为“千古功臣”。

再度携手

在张、杨两位将军爱国义举的压力下，蒋介石最终放弃了“攘外必先安内”的反动政策。12 月 24 日，和平谈判一结束，蒋介石即派人携其手谕赶赴潼关与华县，令前方部队后撤一千公里，以避免与红军再起冲突。12 月 25 日，南京政府明令即日停止军

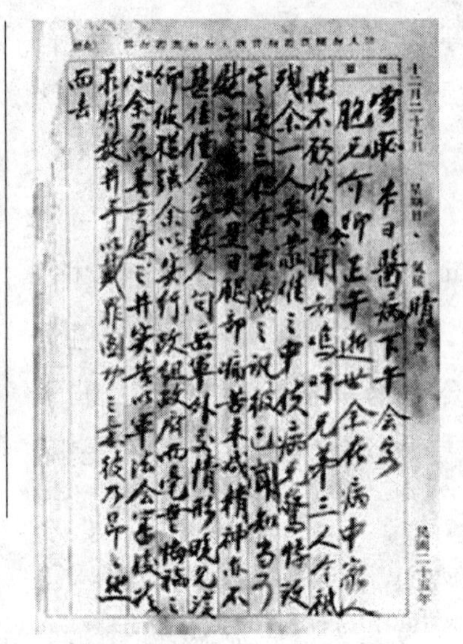

蒋介石日记一页

事行动。1937年1月，蒋介石又以行政院名义，宣布“撤销设于西安的西北‘剿匪’总司令部，改设军委会西安行营”。自此之后，长达十年的内战基本停止，这给国共再度携手创造了必要的前提条件。

1937年2年15日，蒋介石召集国民党五届三中全会，讨论国共关系问题以及对日政策问题。为了巩固已获得的国内和平，共产党在会议召集之前，向国民党五届三中全会提出了五项要求：“一、停止内战，集中国力，一致对外；二、保障言论、集会、结社之自由，释放一切政治犯；三、召集各党各派各军的代表会议，集中全国人才，共同救国；四、迅速完成对日抗日之一切准备工作；五、改善人民生活。”与此同时，中共中央还表示，只要国民党能做到上述五点，共产党将在全国范围内停止武装暴动，并将苏维埃政府更名为中华民国特区政府，直接接受南京中央政府和军委会的领导。

事实上，中共中央的五项主张和四项保证，在推动国民党中央决策性转变上，起着至关重要的作用。2月21日，五届三中全会通过了《关于根绝赤祸之决议案》，该决议虽然仍充斥着污蔑中共、诋毁革命的论调，但也从侧面承认了停止内战，和平统一的政策，这表明蒋介石实际上接受了中共关于合作抗日的正确主张，而中共也完成了由“逼蒋抗日”到“联蒋抗日”的战略转变，抗日民族统一战线由此初步形成。自此之后，中国的政治形势进入了国内和平，国共两党共赴国难的阶段。

中国国内政局的陡变让日本军部极为恐慌，他们认为，如果中国恢复团结统一的话，日本势必丧失其在华的既得利益。与此同时，蒋介石的“新经济政策”初见成效，中国国力开始提高的现实，也让日本军部断定，必须在中国羽翼丰满之前予以挫折。于是，日军于1937年7月7日悍然挑起了“卢沟桥事变”。这是日本大陆政策的必然结果，也是日本军国主义发动全面侵华战争的开始。“七七抗战”虽然以失败告终，但中国守军喋血沙场的壮举，拉开了中华民族全面抗战的帷幕。

被日军占领的卢沟桥

在对“卢沟桥事变”处理的过程中，蒋介石表现出了矛盾的心情：一方面他表示“再没有妥协的机会，如果放弃尺寸土地和主权，便是中华民族的千古罪人”，“中正早已决心，动用全力抗战，宁为玉碎，不为瓦全，以保持我国家之人格”；另一方面，他又幻想以妥协退让换取日本停止侵略。此外，他还将希望寄托在列强对此事的干涉上，“在华北有权利之各国，必不能坐视不理，而且重要数国外交，皆已有把握”。由此可见，此时蒋介石应战的决心是不稳固的，国共联合抗日的和谈由此一度陷入了僵局。

不久，日本通过“八·一三”事变将战火引向了上海，进一步威胁到了英美帝国主义和蒋介石集团的利益。8月14日，在日本大军压境和全国抗日浪潮的推动下，蒋介石政府发表了《自卫抗战声明》，宣告“中国之领土主权，已横遭日本之侵略”，“中国决不放弃领土之任何部分，遇有侵略，唯有实行天赋之自卫权以应之”。尽管蒋介石在此声明中还只是表达了“自卫”的意向，并没有公开对日宣战，也没有公开与日绝交，但这一立场与不抵抗政策相比，无疑是前进了一大步，实际上，这一声明也为国共再度携手提供了难得的契机。

为了调遣红军到前线抗战，以牵制来势凶猛的日军，蒋介石放弃了先前诸多不合理的要求，表现出了更多的合作诚意，而中共在坚持领导红军的原则下，也做出了重大的让步，于是，许多悬而未决的问题终于达成了协议。9 月 22 日，国民党中央通讯社发表了搁置已久的《中共为公布国共合作宣言》。9 月 23 日，蒋介石在庐山发表了《对中共宣言的谈话》，表示愿意“开诚接纳”各党派共同御侮，换言之，蒋介石在事实上承认了中共在全国的合法地位，至此，抗日民族统一战线正式形成。

在十年内战中兵戎相向的国共两党，在相互牵扯中渐行渐远的黄埔师生，随之摒弃前嫌，再度携手，共赴国难。曾几何时，为了统一而建的革命队伍，因信念、政见、目标、革命态度的差异，而在激荡的风云变幻中分道扬镳，兵戎相见。蒋氏黄埔系为了实现“一个主义、一个党”的梦想，在历次斩尽杀绝的“剿共”行动中，充当了主力军与马前卒的角色。例如，深受蒋介石宠信的“五虎上将”之陈诚，在第五次对中央苏区的围剿中，率领部队先后占领了广昌、建宁、石城等地，而同为“五虎上将”顾祝同则被任命为五省“剿匪”军北路总司令，直接指挥五个纵队的 40 万军队，对中央苏区进行第五次“围剿”，在黄埔系第一次分化中投入共产党阵营的“赤色黄埔”，也义无反顾地拿起了“枪杆子”，以革命的武装反对反革命的武装。

十年的兄弟阋墙，十年的斗智斗勇，十年的沙场点兵，让昔日的黄埔幼苗，早已成长为两大阵营的军事中坚，在民族危机日益严重的关键时刻，这些生死相搏、势不两立的仇敌，暂时将个人的恩怨、党派的分歧放到了一边，携手并进，共济国难。事实证明，国民党与共产党、蒋氏黄埔系与赤色黄埔系，直接主导着中国近现代史的发展进程，他们合则两利，分则两损。

第十章
为民族生存而战

第一节　全面抗战

抗日整体战略

日本军事当局“三个月灭亡中国”的狂妄计划，彻底击碎了蒋介石的和平梦想以及妥协退让的念头，正如他在日记中所言，从此“当一意作战，勿再作避战之想矣”。为了讨论和确定抗战大计，1937 年 8 月 7 日，蒋介石在南京召开最高国防会议，确定了以“持久消耗战”为抗日的最高方针。所谓“持久消耗战”就是军事上采取持久战略，逐渐消耗敌人的力量，以改变敌强我弱的态势，从而达到最终消灭敌人的目的。此外，南京政府还以大本营的训令颁布了《作战指导计划》，明确指出：“决以武力解决”企图“灭我民族生存”之日军，“以达成‘持久战’为作战之基本主旨。”

蒋介石在简陋的战地指挥所中指挥持久抗战

客观地说，“持久消耗战略”符合敌强我弱的现状，有利于中国的持久抗战，但这一战略也有着致命的缺陷，它主要不是通过自己的积极作战来改变敌优我劣的状况，而是寄希望于国际形势的变化，寄希望于国际社会的干涉。如此被动应战的防卫策略，如此守株待兔、坐山观虎斗的消极战略，虽然能通过拖延时日，给敌人造成一定的消耗，却很难在打击敌人的同时，有效地保存自己的实力，也就是说，它是以国土的大量沦陷，将士的大量牺牲、百姓的无穷苦难为代价的。

在抗日战争爆发的初期，“持久消耗战略”的实施，关键还是将敌人诱入预定的防御区域，而扩大上海的战事则为重中之重。正如蒋介石的亲信陈诚所言，“敌从华北而来最为忧虑，华北一马平川，千里大平原，利于日军机械化部队快速推进，速战速决。……若日军在华北得势，必以主力沿平汉路南下，直扑武汉。这样，我华中部队将被敌切断后路，既无险可守，又无路可退。华中我军则有被敌人一鼓而歼之的危险”。为了避免这一危机的出现，同时，也为了“持久消耗战”的开展，唯一的办法就是在上海开辟战场，迫使日军分散其兵力，“日军既然不肯放弃上海，不如索性将计就计……我华中地区，江河纵横，水网泽国，机械化部队展开困难，敌之锋芒顿然锐挫，而我军则尽可发挥其优势”。

陈诚“扩大淞沪战事，以牵制之”的建议，深得蒋介石的赞赏。1937 年 8 月 20 日，蒋介石发布命令，实行全国总动员，转瞬之间就组织了 30 万兵力，增援张治中负责的淞沪战场。当占据优势的中国军队对日军形成包围态势时，日本也迅速向上海增兵以重创我军，战争随之陷入了胶着状态。9 月 21 日，蒋介石亲自兼任第三战区司令长官，并以陈诚、朱绍良、张发奎为左、中、右三路指挥官，与日军展开了更大规模的激战。与此同时，蒋介石还进一步向淞沪地区增兵。至此，中国军队在上海地区已集结了 40 余万人，且

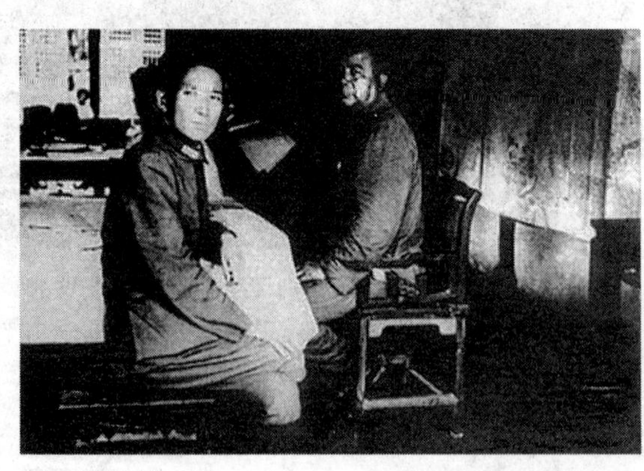

张治中与冯玉祥

全为国民党中央军的精锐主力。

众所周知，国民党中央军乃是蒋介石的嫡系部队，其各级将领多为天子门生、黄埔精英，甚至连排长几乎都是黄埔七期至十一期的学生，例如，第三战区副司令官顾祝同，第三战区前敌总指挥陈诚，集团军总司令张治中，军长罗卓英、胡宗南，师长黄杰、宋希濂、俞济时、王耀武、李延年，军校教导总队桂永清，上海保安总队吉章简，炮兵旅长蔡忠笏，炮兵团长孙生之等等，这些天之骄子在战场上视死如归的表现，让武士道训练出来的日本军人也为之惊恐失色。

在被称为“血肉磨坊”的罗店争夺战中，汪化霖“成功不敢预期，成仁确有决心，不到日暮决不生还”的豪言壮志，以及率领全排将士死守阵地，慷慨献身的事迹，传遍全军，举国称颂；在宝山保卫战中，姚子青率领全营 500 士兵浴血奋战六昼夜，最终全部壮烈殉城的精神，令残暴的日本人为之折服，并列队鸣枪致敬；谢晋元率领“八百壮士”死守四行仓库的壮举，更是震惊中外，令人敬佩……

淞沪会战中的四行仓库的抗日战士

据第三战区司令官冯玉祥回忆，“我们的部队，每天一个师一个师投入战场，有的不到三个小时就死了一半，有的支持五个小时就死了 2/3，这个战场就像大熔炉一般，填进去就熔化了。”第 88 师师长孙元良也回忆说，一个师 15000 人左右，到最后，只剩下不到 1/3。在这场争夺淞沪地区的血腥战役中，仅为国捐躯的黄埔系高级将领，就有 58 师旅长吴继光、67 师旅长蔡炳炎、88 师旅长黄梅兴、90 师旅长官惠民，以及 18 军团长李维藩、汪化霖、路景蓉、李远新、韩应斌等等，真可谓“一寸山河一寸血”啊！

正是爱国将士誓死寸土不让的决心，以及誓同日军血战到底的勇气，打乱了日军在华的战略部署，粉碎了日本“三个月灭亡中国”的狂妄计划，并为沿海工业、战略物资的内迁赢得了时间，从而为长期抗战保存了经济实力。不过，蒋介石把日军引入江南这块富庶区域，从而保证了“持久消耗战略”计策的实施，这虽取得了非常显著的成效，但也使中国军队的有生力量遭受了严重的损失。更为严重的是，华北、华东、华中半壁河山也步东北之后尘，陷入了日军的铁蹄之下。

在国土大片沦丧、首府陷入重围之时，蒋介石不得不重新考虑抗战的全盘战略，在广泛听取了专家顾问的建议后，蒋坚定了“经营四川”的决心。“就兵力及国力比较，我国殊少胜利把握。但毅然与之作战，且有最后胜利的自信者，系基于以下三个根据：（1）自二十四年以四川为后方根据地后，即以四川为国民政府之基础。我军节节抵抗，诱其深入（川）。愈深入内地，于我抗战愈有利。（2）只要国民政府不被消灭，我之国际地位就能确立。敌人骄横暴戾，到处树敌，在二三年以内即难维持下去。我一时一地之得失，无害于根本大计。唯一方针，就是持久。”

与此同时，蒋介石还加紧了军事方面的部署，以便于战时统一指挥。1937 年 8 月 20 日，根据对日防御作战的需要，蒋介石将全国划分为五个战区：第一战区辖平汉、津浦铁路线，由蒋介石兼任司令官；第二战区辖晋察绥，由阎锡山担任司令官；第三战区辖苏浙，由冯玉祥担任司令官；第四战区辖闽粤，由何应钦担任司令官；第五战区辖山东，由李宗仁担任司令官。此外，蒋介石还特意调整了部分兵力部署：第 1 集团军宋哲元部驻守津浦路北段地区；第 2 集团军刘峙集结于保定、石家庄一线；第 5 集团军顾祝同部集中于陇海线西段……

宋哲元

黄埔战功

中华民族全面抗战的帷幕拉开之后，国民党正面战场随即成为主战场，而黄埔系统帅的国民党中央军，则成为主战场的中流砥柱。事实上，出身黄埔军校前六期的国民党高级将领，向来是蒋介石嫡系部队将校的来源，是蒋介石所依赖的中坚力量，以及支撑国民革命军的核心骨干。蒋介石所宠信的“五虎将军”，除卫立煌之外，刘峙、陈诚、蒋鼎文、顾祝同均是“念得蒋氏真经，修成黄埔正宗”之人；号称蒋介石“五大主力”的王牌军的军长，也几乎全是由出身黄埔军校前六期的师生担任，例如，第74军军长俞济时、王耀武、张灵甫；第18军军长陈诚、彭善、方天、胡琏；第5军军长张治中、杜聿明、邱清泉、李运成；新1军军长郑洞国、潘裕昆；新6军军长廖耀湘。

值得注意的是，蒋介石的黄埔爱徒与亲信将领，也继承了校长的这一偏好，他们在掌握军权之后，也非常喜欢提拔黄埔学生，并以此为骨干组建部队。陈诚统帅的第18军“从连排长到师长，80%为黄埔学生”；“顾祝同统帅的第九军，各师团长大部分是黄埔一期学生，副团长、营长都是第一、二、三期学生，连排长都是三、四、五期学生”；……由此可见，国民党中央军嫡系几乎是清一色的黄埔军人集团，并且以“服从校长，尽忠党国，精诚团结，成功成仁”为座右铭。在日寇铁蹄不断践踏中国大好河山时，这些铁血的黄埔男儿在校长“地无分南北，人无分老幼，人人都有守土抗战之责”的号召下，出于民族义愤和爱国热情，义无反顾地投身于抗日第一线，以他们的铮铮铁骨与远见卓识，在中国近现代史上挥洒出了人生的浓墨重彩。黄埔军校亦因此而

国民党空军参与抗战，执行空中轰炸任务

在中国近代军事教育史上留下了浓重的一笔。

据粗略统计，在抗日战争期间壮烈成仁的民族英雄中，仅出身黄埔军校的军官就多达 3000 余人，其中包括上校级以上的军官 100 余人。然而，除了这些耳熟能详的英雄外，那些默默无闻的士兵同样值得我们敬佩，同样不该被遗忘。在这里，我们选取部分经典战役，来缅怀那些大义凛然的先辈们，他们是中华民族的脊梁，是中国人民的骄傲。

“起来，弟兄们，是时候了。我们向日本强盗反攻。他，强占我们国土，残杀妇女儿童。我们保卫过京沪，大战过开封，南浔线，显精忠，张古山，血染红。我们是人民的武力，抗日的先锋。我们是人民的武力，抗日的先锋。”这首豪迈悲壮的歌曲，是抗日铁军第 74 军的军歌，它不仅表达了该军官兵驱逐倭寇的壮志，也道出了他们收复河山的心愿。历史事实证明，第 74 军在八年艰苦卓绝的抗战中，确实以其顽强的意志、不屈的精神、勇猛的战斗实践着自己对祖国、对人民的承诺——英勇杀敌，誓死报国。

第 74 军由王耀武第 51 师和俞济时第 58 师合编而成，不仅是黄埔嫡系统帅的部队，还是浙系军队的一支，因此，深得蒋介石的宠信与偏爱。事实上，第 74 军作为嫡系中的核心与骨干，不仅获得最精良的武器装备、最及时的后勤补给，还领得双倍于其他部队的薪水，也正因为如此，该军官兵素来骄横自大，目中无人，除了对蒋校长顶礼膜拜之外，他们根本瞧不起其他中央军主力，地方杂牌军自然更入不了他们的法眼。然而，这支地位尊贵、恃宠而骄的嫡系主力，却在千万同胞沦入日本铁蹄之下时，义无反顾地投入到了挽救民族危亡的战斗中，并表现出了王牌之师的威风与铁军本色。

自淞沪会战拉开了全面抗战序幕之后，第 74 军就马不停蹄地参与了南京战役、兰封会战、武汉会战、南昌会战、长沙会战、冬季攻势、上高会战、浙赣会战、鄂西会战等正面战场的几乎的所有重大战役，且多次勇敢地挑起主力的重担，与凶狠残暴的日本军队展开了殊死搏斗。其中，最为惨烈的、最可歌可泣的铁血拼杀，当属德安大捷、上高会战与常德会战。

德安大捷（又称万家岭战役）是武汉会战的经典战役之一，也是国民党正面战场继台儿庄大捷后的又一次重大胜利，对挫败日军突破南浔线的企图，延缓日军对南昌的进攻，起到了至关重要的作用。众所周知，武汉素有“九省通衢”之称，既有长江水路联络东西，又有平汉、粤汉铁路贯通南北，乃名副其实的华中战略要地。国民政府西迁重庆之后，武汉实际成为指挥全国抗战的枢纽，战略位置十分重要，故而成为日军觊觎的目标，以及敌我双方的争夺之地。

山东台儿庄大捷后的李宗仁

日方认为“只要占领汉口、广州，就能统治中国”，为此先后调集了12个师团，共35万兵力，分五路会攻武汉。为了最大限度地消耗敌人，以鼓舞中国民众的斗志，蒋介石迅即决定以第5、第9两个战区所属部队“十四个集团军、一个江防军、一个武汉卫戍司令部，五十七个军，一百二十九个师，另配合骑炮工兵及飞机队长江舰队”，总兵力约100万人，参加保卫大武汉之作战。“保卫大武汉”的口号随即响彻于整个大后方。

所谓“保卫大武汉”之作战，是指将防守作战的重点放在武汉的外围地区，也就是以武汉为中心，以鄂、皖、豫、赣为广阔战场的大战役。随着蒋介石的振臂一呼，大批黄埔师生如陈诚、黄维、彭善、何平、宋希濂、王耀武、张灵甫、吉章简等，纷纷投身于江、淮、湖、汉战线上，与日军展开了空前规模的大会战。1938年7月初，日本攻占马当、湖口等战略要地后，迅速向大别山山麓进犯，企图夹击江西，合围武汉。赣北地区则是日军的必经之路，于是，中日双方在赣北展开了大决战。

日军以冈村宁次的第 11 军进攻这一地区，而国民党则在此投入两个兵团，并重重设防，以逐次抵抗、消耗敌人。1938 年 8 月至 10 月间，第九战区第 1 兵团司令薛岳在德安万家岭地区利用此地重峦叠嶂、地形复杂、山路崎岖的特点，摆下了一个口袋阵，诱使日军王牌部队第 106 师团成为瓮中之鳖，蒋介石全力支持这一计划，并表示再调遣部队支援薛岳。10 月 2 日，薛岳从南浔路、德星路、瑞武路抽调 12 个师合击万家岭之敌。面临“危险之状态”的第 106 师团，不得不放弃原定计划全力突围，而突围点正好选在了第 74 军第 58 师的防区。

作为王牌之师骨干的第 58 师没有让蒋介石失望，他们以顽强的防御顶住了敌军 113 连队在空中支援下的多次猛攻。不过，第 58 师也为此付出了沉重的代价，经过两天艰苦卓绝的激战，该师仅剩下了 500 余人。10 月 7 日，中央军在调整兵力之后，向敌区发起了全线总攻，第 74 军作为主攻部队，奉命攻击万家岭的核心阵地——张古山。在讨论作战方案的时候，众人认为张古山地势险要，易守难攻，颇有畏难情绪，唯有第 51 师第 305 团团长张灵甫力排众议，跃跃欲试。

事后，张灵甫效法魏国大将邓艾暗渡阴平、占领蜀国之策，亲率敢死队轻装出发，攀藤附葛，穿越峡谷峭壁，配合正面部队的进攻，一举袭占了张古山。不甘心失败的日寇，出动飞机与重炮狂轰滥炸，几乎将张古山夷为平地，张灵甫虽身中 7 块弹片，鲜血直流也依然指挥部属，与日军鏖战了五天五夜，从而为最终胜利立下了头功。10 月 9 日，薛岳命令各部组织敢死队，向日军发起最后围歼。在这场战役中，除松浦中将率部分日军趁黑夜仓皇逃脱外，敌军 106 师团几乎全被歼灭。

黄埔名将张灵甫

紧接着，我军一举收复九江以南

失地。可以说，德安大捷战果之辉煌，足以与平型关和台儿庄战役媲美，然而，这一战役既没有平型关八路军奇袭之利，又没有昆仑关国军火力之优，其胜利全靠将士们的浴血奋战。其实，战役刚刚打响之时，蒋介石曾两次下令把他的嫡系第 74 军调回后方休整，不过，第 1 兵团司令薛岳直言犯上，坚持留下了这支生力军，而第 74 军守得住、攻得上的上乘表现，也确实没让薛岳失望。

1939 年 6 月，第 74 军军长俞济时升任第 10 集团军副司令，兼第 86 军军长；51 师师长王耀武随即升任第 74 军军长，下辖第 51 师、第 57 师以及第 58 师。黄埔系流传的“三李不如一王”说法中的“王”，就是指骁勇善战的王耀武。抗日战争全面爆发之后，王耀武率领第 51 师防守吴淞至罗店的中心阵地，浴血奋战，誓死卫国，一时间成为举国称颂的抗战英雄。自此之后，王耀武几乎无役不从，因为他的地位一直较高，故而对战局的正面影响较大。

黄埔名将王耀武

1941 年 3 月 15 日，日军为巩固华中战略要地南昌外围地区，调遣 2 个师团及 1 个混成旅团，兵分三路进击上高地区，企图打击和削弱国民党第 19 集团军主力。第九战区副司令官罗卓英立即集中了第 49 军、第 70 军、第 73 军、第 74 军参加作战，南北两路日军虽来势汹汹，但在中国军队的狙击与阻挠下，不得不改变原有的进攻计划，中路日军主力第 34 师团随之成为孤军，在遭到国民党第 70 军和第 74 军的狙击后，被包围于东北上高地区，进退不得。

3 月 22 日至 24 日，日本第 34 师团团长大贺亲自督阵，并纠集南路残部数万兵力，在几十架飞机的掩护下，向上高以东的第 74 军阵地发起了总攻，以求最后一搏。在敌机的轮番轰炸之下，第 74 军的阵地大部分被摧毁后，但官兵却依然拼死力拒，即使血肉横飞，伤亡惨重，也不稍退。为给友军实施两翼包抄敌人的计划争取时间，第 74 军不得不动用预备队，先后七次与敌军展开肉搏战。当第 49 师、第 70 师适时赶至主战场，国民党军队转入反攻之后，伤亡惨重的第 74 师，来不及补充休整，就作为先锋部队，投入到了围歼敌军的战斗中。

历时 25 天的上高会战最终以 74 军的全面胜利而告结束。据统计，在这场血战中，日军第 33 师团遭受了前所未有的重创，第 34 师团及独立第 20 混成旅团的伤亡，更是高达 70% 以上。这一战果不仅粉碎了日军“攻必克”的神话，还有利支援了友军的抗日斗争，为此，该会战被何应钦称为抗战以来“最精彩之战”。功不可没的第 74 军，也被罗卓英司令评价为“战斗力量坚强”的部队，并荣获了国民党最高荣誉“飞虎旗”。与此同时，李天霞第 51 师获第一号“陆海空军武功状”，余程万第 57 师获第二号“陆海空军武功状”。

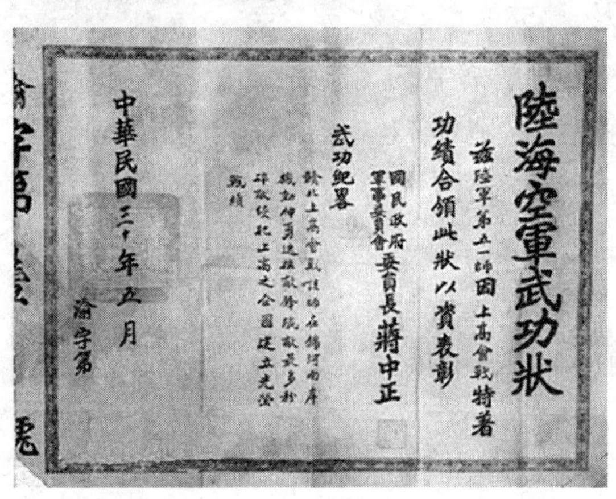

陸海空軍武功狀

茲陸軍第五一師因上高會戰特著

功績合頒此狀以資表彰

國民政府軍事委員會委員長蔣中正

武功紀畧

中華民國三十年五月

渝字第

陆海空军武功状

第 74 军 57 师死守常德的战斗业绩，更是震惊了海内外。闻讯后的罗斯福总统，还专门在备忘录上记下了余程万师长的名字，其震撼力、影响力由此可见一斑。常德乃是湘西重镇，素有“西楚唇齿”、“黔川咽喉”之称，历来是兵家必争之地，武汉失守之后，这里成为拱卫大后方的屏障，其战略重要性更是进一步凸显了出来。为了动摇中国的抗战信心，挽救自己败亡的命运，日军于 1943 年 11 月悍然出动了 16 万兵力进攻常德地区，蒋介石随即电告第九战区司令官薛岳以及第 74 军军长王耀武，“一定要守住常德，驻军须与城共存亡。”随后，蒋介石又下达了“不成功，则成仁”的训令，要求第 74 军务必死守常德，以牵制日军主力，从而为远征军开辟新战场争取时间。

为了完成保卫常德的任务，第 74 军 57 师在易攻难守、无险可凭的情况下，以 8 千之师顽强抗击了 4 万日军陆、空、坦的协同攻击，即使在日军不断释放毒气弹，常德陷入火海毒雾之中时；即使孤军奋战了 16 天，几乎弹尽粮绝而援军又迟迟未到时，仅剩的 300 守军依然死战不退，自愿与常德共存亡。与此同时，国民党 20 万兵力在常德外围地区与日伪军展开了激战，大量黄埔学生视死如归地投入到了这场血战中，如王耀武军的李炎、张灵甫、余程万师，柳际明军的黄湘、沈澄年、王中柱师，王甲本军的向敏思、龚传文、赵季平师……

12 月 13 日凌晨一点，余程万召开紧急军官会议，决定亲率部分士兵突围，迎接向常德城郊靠近的援军，而第 169 团团长柴意新则率残部 51 人，继续与敌人坚持巷战，以牵制日寇，掩护伤兵，等待援军的到来。余程万率部突围之后，柴意新残部与突入城内的日军逐屋争夺，全部壮烈殉国。6 天后余程万随反击部队杀回了常德，遭受重创的日军随之开始全线撤退。以常德为核心进行的这场殊死血战，虽然为入缅远征军解决了后顾之忧，中国也为此付出了惨重的代价，除了第 74 军第 57 师几乎全军覆没外，我方参战的师长级军官就牺牲了三位——彭士量、孙明谨及许国璋。

当参加开罗会议的英美首脑听到常德会战的消息后，无不为中国军队誓死抗战的精神与英勇顽强的斗志所折服，第 74 军更是受到了美国顾问团的高度赞誉。第 74 军在常德保卫战中立下了头功，但我们也不能忽视其他部队的作战能力。例如，在常德会战中牺牲的第一位将军彭士量统帅的暂 5 师，孙明谨将军统帅的预 10 师，许国璋将军统帅的第 105 师长……下面我们以彭士量将军为例，来感受下常德会战中其他军队奋勇杀敌的风采。

彭士量将军是黄埔军校一百零八将之一，在常德会战中奉命固守石门县城，与敌人浴血奋战八昼夜之后，他亲率部队与敌短

常德会战中的国民党军队严阵以待

兵相接，白刃搏斗。防守石门的任务完成之后，伤亡十之八九的暂5师奉命撤出石门，但在渡河时遭遇日寇围击。彭师长亲自指挥部队奋力突围，不幸被敌人机枪击中要害，然而身受重伤的他还拼力高呼，“大丈夫为国家尽忠，为民族尽孝，死何憾焉！”彭士量英勇善战、抗战殉国的精神，令在场的官兵哭声不绝。为表彰其牺牲救国的精神，国民政府追授其为陆军中将。

总而言之，如果没有其他部队的协同作战，第74军再怎么顽强勇猛，也不会取得如此显赫的战功，不过，该军在战争中显示出来的铁军雄风与王牌本色，确实无愧于其作为蒋记黄埔军团五大主力之首的地位，无愧于“抗日铁军”的美誉。武汉会战结束之后，以最新装备进行整编的第74军更是被蒋介石钦定为军委会总预备军，随时支援各大战场之战事，以至于凶狠残暴的日本军队对第74军亦相当敬畏，并以“三五部队”称之。1945年8月日本投降后，第74军因赫赫战功被空运至南京受降，随之成为守备南京的“御林军”。

第18军是蒋家“小总裁”陈诚土木系的支柱，也是黄维、方天、胡琏、杨伯涛等黄埔将领日后赖以晋阶的基础。1930年中原大战期间，浙系军官陈诚的第11师因“勇敢神速，出奇制胜，力挫顽逆，居功甚伟”，而被蒋介石扩编为第18军，陈诚随之晋升为第18军军长兼第11师师长。自此之后，一举成名的第18军成为最受蒋介石青睐的“王牌”主力军，陈诚亦凭借着蒋校长的宠信，以黄埔毕业生为基础骨干，不断收编各地杂牌军，扩充第18军的实力。

据记载，第18军先后产生了陈诚、黄维、胡琏、罗卓英、杨伯涛、李延年、周至柔、罗广文等5个一级上将、4个参谋总长、

2个海军总司令、1个空军总司令、1个联勤总司令以及20多个军长，乃是名副其实的“种子军”。此外，第18军还是国民党军界实力最雄厚、影响最深远的老牌劲旅。无论是在兄弟阋墙的国共内战时期，还是在抵御外侮的抗日战争时期，该军官兵皆恪尽职守，骁勇善战，以至于被敌军视为“最不受欢迎的部队”。

第17军从德国引进的37毫米反坦克炮

毋庸置疑，第18军的辉煌离不开刀光剑影的洗礼，离不开抗日战争的磨砺。1937年8月13日，淞沪会战拉开帷幕之后，作为蒋介石“第一王牌”主力的第18军，在陈诚“只要完成任务，打光打尽也在所不惜”的指示下，火速将4个精锐主力师派往上海前线。虽然淞沪会战最终以中国守军全线撤退告终，但中国军民在战场上，尤其是在“罗店争夺战”中表现出来的誓死与敌抗战到底的勇气与毅力，让侵略者切切实实领教了中国王牌之师的厉害。

罗店是通往宝山与上海的交通枢纽，亦是中国军队的后防重镇，战略位置十分重要。日本上海派遣军司令松井石根认为，只要控制了这一地区，就掌握了淞沪会战的主动权，于是，日军第11师团以迅雷不及掩耳之势扑向了罗店。洞悉敌人阴谋的第9集团军总司令张治中，随即命令第18集团军赶赴罗店，敌我双方随之在被称为“血肉磨坊”的罗店展开了激烈的拉锯战。至此，松井石根才真正了解了中国王牌军队的厉害，“罗店方面使用了中国军中最精锐的陈诚指挥的第11、第14师。因此判断我军的兵力最小限度要5个师团，当前最重要的是紧急派遣待机中的第14师团及天谷支队神速到达。”

面对日军源源不断地增援，面对敌人飞机重炮的狂轰滥炸，第18集团军坚守阵地、毫不畏惧，即使整营整连牺牲也在所不惜。在 20 多天的鏖战中，敌我双方屡进屡退，罗店阵地一再易手。为了完成上级交给的任务，第 18 军所辖的第 11 师、第 14 师、第 67 师，伤亡均超过了半数，有不少团、营打光了三四次，又补充了三四次，甚至有的营长、连长在一天内要换好几次。然而，第 18 军没有一支部队擅自放弃阵地，也没有一个士兵临阵脱逃，尽管日军最终占领了罗店，但也为此伤亡了近 2 万人。

1937 年 9 月 1 日，当日军第 11 师团在罗店陷入苦战状态之时，另一路日军开始进攻宝山和闸北，十余架飞机也前来空袭，负责守卫宝山的第 18 军第 98 师第 294 旅 583 团第 3 营官兵，在营长姚子清的指挥下，浴血奋战，多次打退敌人的进攻。不过可惜的是，该营官兵最终因寡不敌众，高呼“杀身成仁，以死报国”，全部壮烈殉国。可以说，淞沪会战是第 18 军扬名立威的首场战役，该军官兵在战争中展示的守土血战精神，让敌人惊恐失色，让世人尊敬佩服。

罗卓英率领第 18 军驰援上海抗日部队之后，升任第 15 集团军总司令，第 18 军军长职务由原第 11 师师长黄维继任。出身黄埔一期的黄维是土木系的中坚，也是陈诚的亲信与爱将，罗店争夺战乃是他的成名之战。面对日军疯狂的进攻与不断的增援，黄维率领部队死守阵地一个星期，直打到师部再无人可派往前线。淞沪会战结束之后，黄维奉命率部转战皖南山区。1938 年 7 月中旬，日本第 11 军的五个师团，分兵沿长江两岸进攻武汉，奉命参与武汉保卫战的黄维第 18 军，协同俞济时的第 74 军在江西狙击敌人，从而打破了日军迂回德安的企图。

1943 年 5 月 5 日，日本第 11 军纠集 10 余万兵力，发动了鄂西会战，企图消灭江南野战军，夺取川江第一门户——石牌要塞，以威逼陪都重庆。在这千钧一发的时刻，第六战区司令长官陈诚，决定依托既设阵地逐次抗击日军，待敌人进入鱼洋关、石牌之间后再予以聚歼，与此同时，陈诚将固守要塞的重任，交给了第 18 军第 11 师。事实上，石牌要塞保卫战是鄂西会战的关键，石牌为我军全线扇形阵地的旋转轴，正如当年徐州会战中的台儿庄，因此，蒋介石对石牌要塞的安危极为关注，他不止一次地给陈诚电报，强调确保石牌要塞的重要性。

5 月 26 日，蒋介石又传来手令：石牌要塞乃中国的斯大林格勒，关系着陪都重庆的安危，中国守军必须坚守此地，勿失聚歼敌人之良机。负责死守石牌要塞的第 11 师师长胡琏，当即写下了 5 封诀别信，然后沐浴更衣，决心与石牌共存亡。以擅长苦战、鏖战、硬战著称的胡琏，是陈诚一手提拔起来的心腹爱将。1938 年率部挺进皖南、苏南之后，胡琏效仿新四军开展游击战，多次重创日本侵略者，堪称黄埔将领中游击战第一高手。

黄埔名将胡琏

为了完成坚守要塞这个光荣而艰巨的任务，胡琏命令各部利用石牌周围山峦叠嶂、壁立千仞、千沟万壑、古木参天的有利地形，构筑坚固的防御工事。5 月 28 日，日军第 34、39 师团约 2 万人开始向石牌要塞推进，其中，日军的一路人马向我第 11 师的第一道防线南林坡阵地发起攻击，另一路人马进攻我第 18 师阵地，至此，一场争夺石牌的大战在西陵峡拉开了帷幕。这场战斗之激烈，损失之惨重，乃八年抗战中鄂西战事所仅有。为了守卫中华民族的每一寸神圣国土，我第 18 军将士以血肉之躯铸就了抵御外敌的钢铁长城。

南林坡阵地是日军的主攻目标，为了消灭这一地区的中国守军，日军接连发起了 5 次冲锋，我第 11 师 31 团 3 营右翼 9 连、左翼 8 连阵地相继被敌人突破，连长阵亡。然而，配有重机枪排的 7 连，却始终坚守阵地，没有后退一步。遭受重创的日军遂搬来直射钢炮数门，对我 7 连阵地进行狂轰滥炸，即使防御工事已破坏殆尽，迫击炮手已全部牺牲，技术兵也幸存无几，该连余部依然顽强血战。不管战斗环境多么恶劣，不管伤亡多么惨重，他们也要完成师长下达的死令："积极报效祖国，死守阵地，战斗到最后一个人，流尽最后一滴血！"5月31日，当第7连奉命撤离南林坡时，全连伤亡已达3/4，南林坡战斗正酣之时，日军第39师团主力大举进犯我第11师朱家坪、牛场坡阵地，当战斗白热化时，陈诚打电话问胡琏能否守住石门要塞，胡琏斩钉截铁地回答，"成功虽无把握，成仁却有决心！"其英雄气概可见一斑！正是第18军官兵的浴血奋战，使得敌人每一寸土地的占取，必须付出同等的血肉代价，八斗方阵地前沿敌军尸体呈金字塔形就是明证。正如中央社向全国播发消息称："宜昌西岸全线战斗已达激烈。每一据点均必拼死争夺。"

自日军进入我石牌外围主阵地后，敌我双方的争夺更趋激烈。武器装备更为先进的日军，曾一度钻隙绕过石牌，冲到距三斗坪仅30公里的伏牛山。师长胡琏立即命其属下将国旗插上最高峰，严令守军不得后退一步，"打仗要打硬仗，这一次一定要使日军领教中国军队的作战精神!"在坚守石牌要塞的日日夜夜中，孤军奋战的第18军就是凭着这种精神，保卫了陪都重庆的最重要门户，从而为日后的反攻奠定了基础。在胡琏部队死守要塞的同时，陈诚调集大军完成了对日军的战略包围，中美联合空军也频频出动，切断敌人的增援和补给。6月2日，战场上的枪炮声突然沉寂了下来，进犯石牌的日军纷纷掉头撤退。师长胡琏因固守石牌要塞有功，被授予青天白日勋章，所属之团、营长也各获得了最高级的奖章。

1944年11月，作为嫡系主力的第18军，换上了美式装备，战斗力大幅提升。在不久之后的湘西雪峰山会战中，第18军与第74军联手作战，给日寇以重大杀伤。1945年5月，10万日军进攻湘西雪峰山，妄图摧毁中国最大的空军基地——芷江机场。王耀武统率30万大军迎战，在雪峰山南麓为日军掘下了坟墓。胡琏的第18军则受命插入敌后，截断湘黔铁路，包围歼灭敌军，当胡琏抵达指定战斗位置时，他的黄埔老同学、四方军参谋长邱维达，准备为他设宴洗尘，胡琏当即表示，"军务在身，兵贵神速，救兵如救火，等打败日本鬼子后，长沙再见，共叙友情。"

紧接着，胡琏率部在湘西山路上昼伏夜出，成功截断湘黔公路，从而配合王耀武军几乎全歼日军 116 团。战争结束之后，国民党军委会论功行赏，第 18 军第 11 师因表现出色获得武功状一轴，另外，第 18 军几十名官兵荣获“宝鼎云麾”勋章以及美国政府颁发的银星、自由勋章。尽管成名于军阀混战、建功于抗战烽火的第 18 军，在抵御外侮时的战绩不如第 74 军，获得的荣誉也比不上第 74 军，但它在抗战中浴血奋战、誓死为国的精神，却绝不逊于第 74 军，它为抗战胜利所作的贡献也不容小觑。

国民政府云麾勋章

宝鼎勋章

国民党主力部队出于民族义愤和爱国热情，在正面战场顽强抵御日军的同时，中共领导的八路军也迅速东渡黄河，开赴山西抗日前线，投身于民族解放战争中。太原失守之后，华北地区的正规战争宣告结束，游击战争取得主导地位，八路军随即在中共中央的指示下，逐渐向敌后实施战略展开，广泛进行游击战争，创立敌后根据地。八年抗战期间，山东抗日根据地、晋绥抗日根据地、晋察冀抗日根据地、晋察鲁豫抗

中共领导的华北敌后抗日根据地武装

日根据地，成为配合国民党友军、消耗牵制日军的重要阵地。尽管在这一片片的辽阔土地上，大部分军民没有像样的军服，没有先进的装备，但他们不屈不挠的斗志，誓死为国的决心，顽强英勇的战斗，却配合国民党主力部队，使日军如陷入了汪洋大海中一样。

如前所述，国民党、共产党因主义不同、理想不同、路线不同，而在并肩携手掀起大革命浪潮之后，分化为势不两立、殊死搏斗的两大阵营，原本“亲爱精诚”的黄埔师生，亦在这段大开大合的动荡年代，选择了不同的人生道路。更为重要的是，身为国民党最高统帅的蒋介石、身为共产党重要决策者的周恩来，都曾是黄埔军校的重量级人物，这也使得“黄埔系”在国共两党分裂之后，可以根据自己的信念与理想，选择适合自己的不同阵营。

毋庸置疑，黄埔系是蒋介石嫡系中的嫡系，深受蒋的信任与青睐，而投身于共产主义事业的赤色黄埔系，也获得了展示才华的宽阔舞台。事实上，在毛泽东所依赖的军事力量中，赤色黄埔系的数量蔚为壮观，他们甚至成为红色阵营的王牌。据相关方面的统计，仅黄埔一期生就有 14% 投入到了共产党的阵营，而在工农红军、八路军、新四军以及解放军中担任正军职以上职务的黄埔系超过了 40 人，担任其他职务的黄埔生就更不计其数了。

亲如兄弟的国共两党，一母同胞的黄埔学生，为了各自的信念与所代表的阶级，在十年内战中刀剑相向、生死相搏。例如，出身黄埔一期的关麟征，在兄弟阋墙的国共内战中，多次与老同学陈赓、徐向前，以及小师弟林彪对垒，而且胜多败少。然而，在大敌当前、亡国灭种的危难时刻，欲置对方死地而后快的国共党人，却将个人恩怨、集团利益放在了一边，为了中华民族的尊严和荣誉，为了中华民族每一寸神圣的国土，他们尽释前嫌、共救国难。前述的“剿共”名将关麟征，在抗日烽火的洗礼下，成长为黄埔抗日第一骁将，他统帅的第 52 军号称国军第六大主力，实力远居蒋介石五大王牌主力之上，乃名副其实的没有王牌称号的王牌军。

1937年9月，在南线的淞沪会战陷入胶着状态，国民党军队伤亡惨重之时，八路军为了打击日军的疯狂气焰，开始向日军发动强大攻势。此时，板垣征四郎的第5师团在东条英机察哈尔派遣军的配合下，正沿着平绥路进攻长城沿线，企图南下进攻太原，夺取山西腹地。在大军压境之时，周恩来应第二战区司令长官阎锡山的要求，在一天内拟定了切实可行的作战方案，阎锡山看后敬佩不已，赞叹道，“写得这样快，这样好，如能这样打，中国必胜！”

为了配合国民党友军保卫山西，八路军115师迅即开赴平型关。平型关是山西东北的咽喉要道，峰峦叠起，陡峭险峻，易守难攻。师长林彪（黄埔四期）与副师长徐向前（黄埔一期）决定抓住日军骄横自大、疏于戒备的弱点，利用平型关的险要地形，以伏击手段歼灭敌人。9月25日，当日军第5师团第21旅进入我伏击圈内时，八路军突然发起猛攻，将敌人包围分割。经过一天的激烈战斗，击毙日军1000多人，击毁汽车100多辆，马车200多辆，并缴获了大量武器以及军用物资。

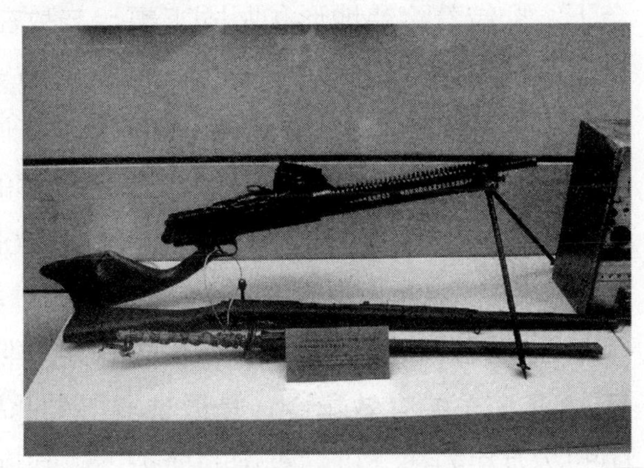

八路军在平型关战役中缴获的日军武器

平型关大捷是全国抗战以来取得的第一个大胜利，它不仅有力打击了日军的嚣张气焰，打破了日军不可战胜的神话，还鼓舞了中国民众的士气。蒋介石看到八路军出师告捷的报告后，不禁感慨万千，“我几十万军队久驻华北，尚不能打一次胜仗，为什么刚一上阵的八路军就能首战告捷？”在蒋介石连续两次给八路军发电祝贺之后，国民党高级将领何应钦，也发表了自己的看法，“第八路军在敌后方游击，亦迭予敌以重创。”

从整个战略上来说，平型关大捷还有效钳制了日军的行动，从而为忻口会战赢得了准备时间。忻口位于太原以北，东托五台山，西倚云中山，地势险要、易守难攻，是保卫太原的最后防线。1937 年 7 月底，日军占领平津之后，立即分兵沿平绥、平汉、津浦三线进犯，企图合击太原，夺取山西。在华北局势危如累卵之际，第二战区副司令长官卫立煌亲任前敌总指挥，集中 6 个集团军的 28 万兵力，组织了以保卫太原为目的的忻口会战。

黄埔一期生刘戡、陈铁、彭杰如、李仙洲、李默庵以及刘茂恩、王靖国、郝梦龄、陈长捷等率部，在第 18 集团军 115 师（师长林彪）、120 师（师长贺龙）、129 师（师长刘伯承）的支援与配合下，凭借着险要地形和坚固工事，与敌在忻口鏖战 20 余日，使日军不能迅速逼近太原。然而，敌我双方实力太过悬殊，中国守军虽顽强抵抗，浴血奋战，但始终无法挽回败局。不过，抗战初期华北战场最壮烈的这一战，挫伤了日军的锐气，推迟了太原沦陷的时间，使中国军队得以顺利向晋南撤退，从而为战略相持创造了一定的条件。

毋庸置疑，负责正面战场的国民党军队，若没有中共领导的第 18 集团军的有效配合，是很难取得如此战果的。当日军 3 个师团的 7 万兵力在飞机、重炮的掩护下，向忻口阵地发起猛攻之后，朱德、彭德怀指挥的第 18 集团军，开始在敌军两翼及敌人后方不断侵扰：10 月 14 日，贺龙第 120 师与独立第 7 旅配合，一举收复了宁武县；10 月 15 日，该军又在广灵一带歼敌百余人，并收复了这一地区；10 月 19 日，刘伯承第 129 师夜袭日军阳明堡飞机场，使日军损耗了空中优势……总而言之，忻口防御战是国共双方互相配合、共同作战、防御敌人的一次重要战役，正如蒋介石在致何柱国的电报中所说，"八路军已发挥机动效能，希饬部果敢实施扰乱牵制，使正面作战有力为要"。

历史经验再次告诉我们，国共两党"合则兴，分则衰"。从黄埔建校，到东征北伐，再到协同抗战，国共两党走过的道路，无不凸显着这一真理。在八年艰苦卓绝的抗日战争中，20 多万国共两党的黄埔师生投身到了民族解放战争中，他们为挽救民族危亡流血牺牲，为捍卫每寸国土浴血奋战，即使十年内战的刀光血影，让他们成为势不两立的仇敌，但在中华民族面临生死存亡的危急关头，他们还是暂时放弃了恩怨，在各个抗日战场上，齐心协力、共同抗日，他们是抗战的中流砥柱，他们是中国的栋梁支柱。

第二节　寻求国际的支援

盟军中国战区最高统帅

自中国抗战全面爆发以来，蒋介石一直寄望于国际社会能“主持公道”。蒋介石曾不止一次地向外交官们强调，“现在的局势只有各关系国，尤其是美英两国之合作，可挽危机”。为此，蒋介石在“卢沟桥事变”爆发后的第一时间，向国联提出了第一声明书，要求国联对日本大举侵略中国的行径采取必要措施。此外，蒋还本着“宁为玉碎，不为瓦全”的态度，在淞沪地区投入了 70 万兵力，与日寇展开了殊死搏斗，蒋介石的动机非常明显，他要向国际社会展示中国军民死守疆土的决心，以及血战到底的勇气，并以此促使英、美改变不干涉的“中立”态度。

如前所述，淞沪会战是八年抗战中最为惨烈的一役，“我们将奋斗到最后胜利或最后惨败。纵使大好河山悠远历史，都染上鲜红的血液，或毁灭在猛烈的烈火之中，亦在所不惜。”宋美龄血战到底的抗战决心，道出了淞沪地区中国守军的心声。为了保卫中华民族的每一寸国土，中国军人誓同侵略者血战到底！许多防御工事被敌人的炮火摧毁殆尽后，中国守军就将战友的尸体垒成工事，继续与日本侵略者血拼。“战事初起，国际人士一般认为，中国决不能抵抗日本的武力，抗战简直是发疯”，然而，中国军民顽强抵抗、浴血奋战的壮举，不仅改变了国际社会的看法，还赢得了国际社会的尊重。

英国《泰晤士报》当时发表评论称赞道，“中方伤亡固极惨重，但十周之英勇抵抗，已足造成中国堪称军事国家之荣誉，此乃前所未闻者；须知若干中国军队器械，犹未充分，但一般所认为不能保持一日之阵地，彼等竟守至十周之久，此种奇迹，自属难能可贵，上海一隅之抵抗，对于整个中国均有极大影响”。美国罗斯福总统的特使埃文斯·卡尔逊上尉也被中国军民守土血战的精神震惊，他在给总统的信中如此感叹：“我简直难以相信，中国人民在这样危急的时刻是那样齐心协力，就我在中国将近十年的观察，我从未见过中国人像今天这样团结，为共同的事业奋斗。”

不过，令蒋介石失望的是，国际社会虽对中国军民的浴血奋战精神表示尊重，但依然采取作壁上观的中立态度，英、美两国也不肯为了中国的利益而卷入远东战争。在蒋介石这个现实的朋友与日本这个潜在的敌人之间，他们更害怕触怒日本，为了维护自己在中国和东南亚地区的既得利益，他们宁愿在一定程度上牺牲中国的部分利益、满足日本的侵略要求，以“和平解决”中日之间的争端，从而将日本这只恶狼引向社会主义苏联。然而，在抗战初期被英、美彻底抛弃的蒋介石，始终没有放弃争取国际支援的努力。

1937年9月4日，蒋介石在接见美联社记者时呼吁，“我国抗战，非仅为中国本身之存亡而战，亦为维护世界和平而战，制止日本之侵略行为，及为九国公约非战公约签字国、国联各会员国之责任”。9月24日，蒋介石又以行政院长的身份再次强调，“此次中国抗战，不仅关系中国本身之存亡，且亦为九国公约及国联盟约伸张意义，因此，九国公约签字国及国联会员国，均应遵守其义务，对于中国之奋斗加以援助。尤其美国为华盛顿会议召集者，而九国公约及国联盟约之订立系属美国之力，故其责任尤为重大。”然而，蒋介石的这些声明与呼吁犹如石沉大海一般，没有引起英、美等国的任何回音。不难理解，即使再强大的国家，也是欺软怕硬的。为了防止卷入远东的战争，英国在瓢虫号军舰，美国在美孚油轮遭到日本空军轰炸后，只能采取息事宁人的态度，而不敢公然兴师问罪。在这样的情形下，我们又怎么能期待英美为了毫不相干的中国人的利益，而去招惹嚣张跋扈的日本呢！不过可惜的是，英、美两国对中日战争采取的“中立主义”的立场，更确切地说是，充当日本侵略者帮凶的立场，并没有换来日本的感恩戴德，反而进一步助长了其侵略气焰，从而为日后的惨痛经历埋下了伏笔。

1941年12月8日，183架日本飞机袭击了毫无戒备的珍珠港，美国在太平洋上最大的空军基地，顿时变成了一片火海，太平洋舰队随之几乎全军覆没。紧接着，蓄谋已久的日本又袭击了英国在太平洋的战略基地——新加坡，与此同时，香港、泰国、菲律宾、马来西亚也相继遭到了日本的入侵。怒不可遏的罗斯福总统发誓，要领导全国民众报仇雪恨，大洋彼岸的复仇火焰也感染着英国的民众，他们支持首相丘吉尔对日宣战，太平洋战争随之爆发了。第二次世界大战的力量对比，由此发生了意想不到的逆转，蒋介石的命运也由此发生了戏剧性的变化，正如丘吉尔高呼的，“我们从此不会单独作战了”。

日军偷袭珍珠港

日本侵略者突袭珍珠港的举动，让苦撑待变的蒋介石看到了机遇和希望，他清楚地知道，珍珠港的火海一定会改变英、美对日的暧昧态度，而英、美态度的变化必然会带来国际战局的突变，自此之后，中国将彻底摆脱孤军奋战的困境。正如蒋在日记中所写的，“抗战政策之成就，至今已达于顶点”，“由世界整个局势与远东战争最后结果而言，反可因之转祸为福。以英、美以后则不能不集中全力先解决远东之倭寇；否则，英、美仍以远东与中国为次要也。”因此，与美国人得知珍珠港事件后大都呆若木鸡、悲极而泣的情形不同，向来不苟言笑、令人捉摸不透的蒋介石，这时流露出了一丝激动与兴奋。在召集中常委特别会议，商量研究对策之后，蒋介石向美、英、苏三国驻华大使递交了成立军事同盟的建议书，并表示将竭尽全力与美、英、苏以及其他友邦国家协同作战，以促成日本及其同盟轴心国家的完全崩溃。

12 月 9 日，再没有后顾之忧的南京政府，继美、英之后正式对日宣战，“原期侵略者之日本于遭受实际之惩创后，终能反省。……不料残暴成性之日本，执迷不悟，且更悍然向我英美诸友邦开衅，扩大其战争侵略行动，甘为破坏全人类和平与正义之戎首，逞其侵略无厌之野心。举凡尊重信义之国家，咸属忍无可忍。兹特正式对日宣战……”至此，被日本侵略者逼上绝路的英、美等国，才真正意识到了中国抗战的意义。美国总统罗斯福更是由此认定，一个强大的中国将在这场世界性的战争中崛起，战后的中国“将重申其历史上的地位”。因此，在南京政府发表宣战训令的当天，罗斯福就向蒋介石表达了自己对中国坚持四年抗战的敬意，并呼吁共同协作打倒日本。蒋介石随即复电罗斯福总统，表示中国“将贡献其所能与其所有，与美国相联合”。

1941 年 12 月 23 日，在罗斯福与丘吉尔的赞同与支持下，蒋介石在重庆召开了中、英、美三国军事代表联合会议，至此，中国人民的抗日战争与世界人民的反法西斯战争汇合起来了。不过，令蒋介石感到沮丧的是，中、英、美三国虽已置身于同一战壕之中，但各自的战争目的和期望并不一致，因此，重庆军事代表联合会议虽取得了部分成功，却没有就亚太战场总体战略达成协议，中国战场的重要性更没有凸显出来。毋庸置疑，这与当时中国的国际地位密切相关，但更为关键的是“先欧后亚”战略思想在作祟。

“欧洲第一”是美国确定不移的战略方针，也是“先欧后亚”战略思想的核心。在 1941 年底召开的“阿卡迪亚会议”上，罗斯福和丘吉尔一致认为，德国是举足轻重的轴心国家，打败德国是胜利的关键，而远东战场不过是击败德国的保证。也就是说，在“先欧后亚”战略思想的指导下，蒋介石期望的中、英、美协同作战根本无从谈起。此外，“阿卡迪亚会议”决定成立的盟军最高决策机构中，竟然没有中国代表的席位，这无疑给了信心满怀的蒋介石当头一棒，毕竟这对承担巨大牺牲去牵制日军行动的中国，是非常不公平的。诚如罗斯福对丘吉尔所说，“中国已苦战四年余，如再无特别之补救，人民恐难再继续忍受数年之战争。”

然而，信奉“没有欧洲，美国将不成其为美国”的罗斯福，又不得不坚持“欧洲第一”的政策，为了补偿受到不公正待遇的中国，以使其继续牵制日军行动，罗斯福决定把蒋介石推向大国领袖之列。1941 年底至 1942 年初，英、美两国首脑在协商全球战略问题时，决定成立包括越南、泰国在内的中国战区以及最高统帅部，至于最高统帅的人选，罗斯福提议由蒋介石担任。1 月 2 日，蒋介石复电罗斯福，表示“自当义不容辞”。1 月 3 日，中国战区统帅部正式成立，美国随即向中国提供了 5 亿美元的信用贷款。

蒋介石在开罗会议期间

与此同时，中国作“世界四强”之一，与英、美、苏领衔 26 国在华盛顿签署了标志国际反法西斯统一战线正式形成的《联合国家共同宣言》，自此之后，近现代中国开始以大国的身份活跃在国际舞台上。尽管当时中国的实力有愧于“四强”头衔，但中国国际地位的提高，还是让所有中国人为之振奋。不过，我们也不能太过感觉良好，毕竟中国大国地位的获得，很大程度上是基于英、美对中国的补偿，实际上，英、美军事官员始终轻视中国战区，以至于蒋介石感叹，“中国民众今已渐怀疑窦，岂联合国将以为无维持中国战区之必要耶？……深感中国名为同盟国，实被歧视。”

派遣远征军入缅作战

位于印度与中国战区之间的缅甸，战略位置十分重要，日本侵略者一旦占领这里，不仅会直接威胁英印大陆，还会切断中国唯一的国际补给线，因此，中国政府对出兵防守缅甸抱有积极的态度，然而，英国因害怕中国势力重新进入缅甸，而对中国军队入缅作战颇有戒心。正当中、英两国在防守缅甸问题上争论不休时，日本制定了缅甸作战计划。1942 年 1 月 20 日，日本第 15 军大举进犯缅甸，企图切断滇缅公路，以强化对中国的压力，被日本攻势逼得喘不过气来的英国，不得不向中国低下了高昂的头。在大英帝国火速派兵增援的请求下，蒋介石命黄埔虎将杜聿明任代理司令长官，率领 3 个精锐之军远征缅甸，以协助英军抗击日寇。

1942 年 3 月，为了掩护驻缅英军撤退，我第 5 军第 200 师作为远征军先锋部队，冒险孤军深入同古（东瓜）、答吉（东枝）一线。3 月 19 日，日军第 55 师团在轻取仰光之后，迅速包围了同古地区。面对数倍于己的日军，戴安澜师长（黄埔三期）召集军官会议，豪气冲天地动员道，“此次远征，系唐明以来扬威国外的盛举，虽战至一兵一卒，也必死守同古”。可以说，戴安澜师长是抗战中最会演讲煽情的黄埔将领，在他“如本师长战死，以副师长代之；副师长战死，以参谋长代之；参谋长战死，由步兵指挥官替代，各级照此办理”的命令之下，全师官兵热血沸腾地投入到了战斗中，他们以不足 1 万的兵力顽强抗击了日军第 55 师团、56 师团的 5 万之众，且创造了敌我伤亡比率高达 5 ∶ 1 的罕见纪录。

开赴缅甸的中国远征军

同古保卫战是日军南洋作战以来遭受的第一次严重挫折。闻讯之后的蒋介石不禁心花怒放，声称“中国军队的黄埔精神战胜了日军的武士道精神”，参与战斗的第 200 师与新 22 师更是被盟军称为“世界上最精锐之部队”，“以寡敌众与其英勇作战之经过，实使中国军队光荣簿中增一新页”。3 月 30 日，誓死捍卫阵地的第200师奉命撤离，他们在同古血战12天的壮举，为主力部队集结赢得了时间，平满纳战役随之拉开了帷幕。

令中国远征军没有想到的是，西线英缅军竟不堪一击，节节败退，最终被日军困于仁安羌。4月17日，远征军第66军新38师奉命驰援英军，经过两天的激战，孙立人将军率领的113团，以不到1000人的兵力，击败了数倍于己的敌人，解救了近10倍于己的友军，创造了军事史上的奇迹。仁安羌大捷是第二次世界大战中，中国与盟军并肩作战取得的一次重大胜利。中国远征军英勇战斗、血洒异域的壮举轰动了英伦三岛，英美政府特向孙立人颁发“帝国司令”勋章及“丰功”勋章，然而，局部的胜利并没有扭转远征军战略上的劣势。

由于积极南进的日军不断扩大缅甸战事，而毫无战斗力的驻缅英军却背信弃义，单方面向印度退却，陷入孤军奋战的中国远征军，不得不奉命撤退。令人气愤的是，未忠诚履行协定的英军为了自已能够顺利逃跑，竟然向远征军司令部发出假情报，以至于戴安澜的第200师跑了500公里的冤枉路，延误了整整3天的时间，东线的第5军主力军因此未能得到及时支援，曾在台儿庄、昆仑关立下战功的戴安澜，也在率军突围中壮烈殉国。消息传到重庆，蒋介石老泪横流，连呼：一将难求！可以说，戴安澜是抗战期间黄埔高级将领中以身殉国的第一人，也是二战期间获得美国勋章的第一位中国军人，被周恩来誉为“黄埔之英，民族之雄”。

5月3日，日本攻陷云南边城畹町，切断了中国远征军的后路，第5军被迫向缅北退去。5月7日，蒋介石命令全部远征军撤退回国，然而，回国的必经之路已被日军占领，最后，第5军大

黄埔名将戴安澜之墓

部退往印度，第6军、第66军大部退回云南。在这场灾难性的大撤退中，远征军伤亡惨重，入缅作战的10万精锐，竟有6万血洒异域，更让人可惜的是，他们多数不是在战斗中牺牲，而是在溃败中被俘虏，被炸死，被饿死……当时滇缅公路战线两侧，尸横遍野，血流成河，惨不忍睹！然而，远征军数月的浴血奋战、生死搏斗，却未能集中兵力，与敌会战，也未能控制滇缅公路，保全援华通道，究其根本原因在于盟军指挥失策，英军作战不力。

据统计，整个缅甸战役期间，英方投入兵力仅有以缅甸人为主的第1师和以印度人为主的第17师，约1.6万人，毫无战斗力，而有3.6万余军队（其中包括第7装甲旅和英澳军第63旅）未经战斗便退往印度。因此，处处为英军堵漏洞的远征军，始终陷于被动挨打的境地，尽管他们斗志高昂，英勇杀敌，却难以挽回早已注定的败局，只可惜了那6万远征健儿，如果他们驰骋在国内战场的话，那将是一支将星云集的抗日军队，一支无坚不摧的抗日力量！

1942年8月，仓皇撤退的中国远征军新22师和新38师，进驻印度兰姆珈训练基地，接受美式装备和艰苦训练。10月，中国驻印军在经历了无数曲折与磨难后，练就了丛林作战的过硬本领，并组建了装备精良的新1军，黄埔名将郑洞国任首任军长。从1933年长城抗战开始，足迹踏遍华北、华南、缅甸与印度的郑洞国，堪称抗日战争中跑得最远的将领，他到印度统领中国驻印远征军时，曾在授旗仪式上说，“人在旗在，军旗指到哪里，就与日寇血战到哪里！”郑洞国将军的英雄气概与抗战豪情由此可见一斑，中国军队异域扬威的辉煌篇章从此拉开了帷幕。

1943年10月，为了给抗战后方的军队杀开一条血路，中国驻印军与英美友军联手，以胡康河谷为首战目标，开始向缅甸北部大举反攻，异国土地上一支支锈蚀的枪支，一堆堆散乱的白骨，无言诉说着一年前远征军兵败“野人山”的耻辱，与此同时，他们也成了指引战友们英勇前进的醒目路标！ 12月，中国驻印军在于邦打响了反攻缅北的第一仗，今非昔比的新38师（师长孙立人）如下山猛虎般扑向胡康河谷，在同古战役中立下奇功的新22师

（师长廖耀湘）紧随其后。

这些饱尝国仇家恨的远征军将士，面对双手沾满同胞鲜血的衣冠禽兽，不禁燃起了熊熊怒火与杀敌斗志，结果可想而知。新1军官兵同仇敌忾，奋勇杀敌，克于邦、下孟关，占瓦鲁班……号称“丛林作战之王”的日本第18师团，在中国驻印军的强攻下死伤过半，狼狈地逃出了盘踞已久的胡康河谷，紧接着，中国驻印军乘胜向孟拱河谷发起了攻击。新22师在黄埔六期廖耀湘的率领下，穿越热带丛林迂回至日军后方，与孙立人的新38师密切配合，两面夹击，攻占了坚布山天险，从而叩开了孟拱河谷的大门。

1943年5月下旬，新22师以不足4个团的兵力，将日本“常胜军”的主力围困于索卡道，日军长期盘踞的加迈城，顿时变成了一座空城。闻讯后的孙立人见机行事：命112团向南迂回西通；命113团向西进取加迈；命114团向南穿插孟拱。1944年6月16日，新38师与新22师在加迈成功会师，独守空城的第18师团残部仓皇南逃。至此，反攻缅甸北部的第一期战斗以胜利告终，在这一阶段的中日鏖战中，中国驻印军共歼敌2万余人，不仅一雪了两年前兵败缅甸的耻辱，还给了日军王牌第18师团以毁灭性的打击。

抗日名将孙立人

中国战区参谋长史迪威闻讯之后，不禁称赞这是“中国历史上对第一流敌人的第一次持久进攻战”，新1军由此博得了“天下第1军”的美誉，而在瓦鲁班战斗中突袭日军第18师团司令部，缴获其官方大印的新22师，则被蒋介石嘉奖为“中国虎”，师长廖耀湘更是受到了史迪威将军的赞赏，“这是你的光荣，是新22师的光荣，是中国驻印军的光荣，是全体盟军的光荣，更是中国人民的光荣！”

随着隶属陈诚土木系第54军的第14、第50师空运至缅北反攻前线，蒋介石以新22师为骨干班底，成立了日后叱咤军界的新

6 军（下辖新 22 师、第 14 师、第 50 师），屡立战功的廖耀湘任军长。自此之后，扩编为 2 个军的中国驻印军，在黄埔名将们的带领下，向日军发起了更加猛烈的攻击，并势如破竹、一路凯歌地驶向了滇西畹町。与此同时，退入滇西的远征军也发起了滇西反攻作战。

1944 年 5 月，中国远征军强渡怒江天险，进入高黎贡山地区，从而与中国驻印军一起对敌形成了东西夹击的态势。尔后，中国远征军继续前进，并相继攻克了腾冲、松山、龙陵等重要城镇。日军在滇西方面经远征军多次沉重打击，在缅北方面，又经驻印军不断攻击，已经面临着全面崩溃的局面。不过，逐次退至滇西畹町附近的日军，却不甘心即将败亡的命运，他们积极构筑防御工事，企图做最后的垂死挣扎。为了防备日军疯狂的反攻，远征军加紧了整修与补充。

12 月 12 日，蒋介石电令远征军司令长官卫立煌，“着远征军迅速攻击畹町之敌，限亥月养日以前占领畹町具保”，以早日与所向披靡的驻印军会师。12 月 28 日，夺取畹町的悲壮战歌奏响了，远征军各军在炮兵的掩护下，迅速攻击前进。1945 年 1 月 21 日，驻印军新 22 师与远征军第 166 师取得了联系，并对芒友地区形成了包围态势。1 月 27 日，新 22 师主力向芒友地区的日军发动总攻，孤立无援的日军顷刻溃败，驻印军与远征军胜利会师。翌日，中、美两军高级将领在畹町举行会师典礼。

携着芒友会师的余威，驻印军和远征军继续高歌猛进，3 月 8 日，攻克腊戌，3 月 23 日，占领南图，3 月 27 日，克复猛岩，3 月 30 日，与英军会师乔梅，至此，驻印军与远征军胜利完成了反攻缅北和滇西、打通中印公路的作战任务。可以说，缅北、滇西反攻的胜利，不仅摧毁了日军在缅北的精锐师团，为盟军反攻建立了基地，还粉碎了日、德法西斯会师中东的计划，有利支援了欧洲战场与太平洋战场，这是中国人民为反法西斯战争作出的贡献，与此同时，它在中华民族反击外族入侵的历史上，也写下了光辉而又悲壮的一页。

第十一章
挥之不去的反共情结

第一节　国共合作道路上的后退

新的“溶共”政策

俗语说得好，“兄弟阋于墙，外御其侮”！日本侵略者在中国掀起的狂风暴雨，迫使“欲置对方死地而后快”的国共两党，最终以民族利益为重，筑成了守土血战的坚固长城。尽管十年恩仇未能冰消融释，但势不两立的两个老对手，总算在山河破碎之际，摒弃前嫌，共救国难。毕竟在生死存亡的危急关头，只有全民族抗战才有生路，正如蒋介石针对《中共为公布国共合作宣言》发

國共第二次合作的正式文件

獨立自由幸福的新中國的前提

中國共產黨中央委員會宣言

抗日戰爭勝利萬歲！

獨立自由幸福的新中國萬歲！

中國共產黨中央委員會

国共第二次合作的正式文件

表的讲话中所说，“在存亡危急之秋，更不应计较过去之一切，而当使国民彻底更始，力图团结，以共保国家之生命与生存。”

实际上，在促成民族统一战线形成的过程中，共产党表现出了更大的诚意。“卢沟桥事变”爆发后，中共中央在呼吁“国共两党亲密合作，抵御日寇侵略”的同时，还主动提出了取消苏维埃政府、取消红军番号的建议，这是共产党真诚与国民党亲密合作、团结御侮的表现，也是国共两党抛开恩怨，共渡劫波的基础。正是在共产党的积极倡议下，以及全国救亡运动的蓬勃发展下，蒋介石豪气冲天地表示，“地无分南北，人无分老幼，人人都有守土抗战之责”。

国共第二次合作物品章

听到如此慷慨激昂的宣言，中华儿女无不热血沸腾。当国民党主力在正面战场奏响一曲曲悲壮战歌时，八路军与新四军也义无反顾地在敌后实施战略展开，广泛开展游击战争，以配合正面战场的正规作战。可以说，国共两大战场互相配合，互相依存，分别牵制着大量日军，“我们全国一致抗战的组织和行动，使敌人不得不重新认识我国国民的力量，已团结集中于政府指挥之下，来排除侵略，这实在给予敌寇以致命的打击。”

陷入战争困境中不能自拔的日本，为了应对旷日持久的侵华战争，在坚持“灭亡中国”的基本国策下，开始调整其对华政策，即由“速战速决”、“武力征服”的政策，改为“以战养战”、“以华制华”的政策。自此之后，日军停止了对正面战场的战略性进攻，而逐渐将矛头转向了敌后根据地。可以说，日本引诱国民党对日妥协、分化瓦解抗日战线的计谋，获得了极大的成功，继汪精卫公开叛国投敌之后，蒋介石集团也陷入了矛盾之中。

由于与日军的正面交锋并没有完全停止，而日本“灭亡中国”的既定国策也没有根本改变，所以蒋介石还需要借助共产党的力量，以增加对日战争的胜算，不过，在抗战中日益发展壮大的共产党，又让蒋介石惊恐万分，寝食难安，于是，既想妥协又想抗日、既想分裂又不敢公开的蒋介石，陷入了难以抉择的痛苦境地。1939 年 1 月召开的国民党五届五中全会，则将这种矛盾淋漓尽致地反映了出来。

国民党五届五中全会的议题，主要是抗日问题和党务问题。在抗日问题上，全会基本上坚持了“抗战到底”的立场，“中国若怵于日本暴力，以屈服谋一时之苟安，则将降为日本之殖民地”。蒋介石更是在《以事实证明敌国必败我国必胜》的开幕词中高呼，“我们一定要持久抗战，奋斗到底……我们目前如果妄想妥协，希求侥幸的和平，就无异于自投罗网，自取灭亡”。可惜的是，这段话虽讲得慷慨激昂、振奋人心，却是说给美国人和日本人听的，蒋介石本身并没有决战到底的勇气，他所说的“抗战到底”也不过是“恢复七七事变以前的状态”。也就是说，日本人只要不突破他的这一底线，蒋介石甚至可以牺牲东北、华北利益，以换取中日之间的和平。事实上，自全面抗战爆发以来，蒋介石与日本和谈的大门一直没有关闭，而日本政府对华政策的变化，则进一步增加了他与日本媾和的可能性。

在党务问题上，全会确立了“溶共、限共、防共”的方针，并设置了专门的“防共委员会”，以防范、限制、排斥甚至打击共产党。事实上，早在全面抗战爆发之前，信奉“一个主义、一个党”的蒋介石，就萌生出了“溶共”的打算。蒋介石认为解决中国党派问题的唯一途径是其他党派，尤其是共产党，溶化在一个信仰一个组织之下。毋庸置疑，中国政治舞台的主角是国民党，各党派自然要消溶融合于三民主义之下。非常明显，蒋介石的如意算盘是把共产党合并到国民党内，以取消共产党的独立性，这样既顺应了民众团结御侮的要求，又削弱了共产党的实力，进而达到了“安内”的目的。但是，洞悉了蒋介石用意的中共中央，坚决拒绝了这种合作方式。

然而，共产党领导的抗日力量的日益壮大，却让蒋介石“溶共”的心情更加迫切起来。1938 年 1 月 6 日，蒋介石在日记中写道，“目前急患不在敌寇，而在(一)共产党之到处企图发展；(二)沦陷区游击队之纷乱无系统；……”为了防止共产党在抗战中“坐大”，进而危及国民党对全国的统治，蒋介石在五届五中全会上明确指出，“对中共是要斗争的，不好怕它……我们对中共不好像十五、十六年那样，而应该采取不打它，但也不迁就它，现在对它要严正——管束——教训——保育——现在要溶共——不是容共。它如能取消共产主义，我们就容纳它”。在蒋介石“溶共”思想的指导下，五届五中全会确立了以“政治限共”为主的方针。

与此同时，国民党中央还陆续制订了《制止异党活动办法》、《共产党处置办法》、《异党问题处理办法》、《沦陷区防范共党活动办法草案》等一系列秘密的反共文件，企图在“国家至上，民族至上”，“军事第一，胜利第一”，“意志集中，力量集中”的口号下，利用自己的执政地位，加强对共产党的防范、限制、排斥甚至打击。总而言之，国民党五届五中全会的召开，标志着国民党反动性的一面在上升，标志着蒋介石对共产党的担忧超过了对日寇的仇恨，但是，由于日蒋之间的矛盾无法解决，国民党不敢冒天下之大不韪，公开破裂国共之间的合作，因而，抗日民族统一战线在“溶共、限共、防共”的方针下，没有陷入四分五裂的境地，然而，与前一阶段国共之间融洽的合作相比，这无疑是一个倒退。

反共摩擦事件

随着敌后战场的武装力量逐渐发展为全国抗战的支柱，蒋介石对老对手共产党的疑心越来越重，以至于他在日记中如此写道，“军事如常，无变化，惟共产党作祟为可恨耳”。在日本居心叵测的政治诱降之下，蒋介石再次将同一战壕的生死兄弟视为国民政府的心腹大患，必欲除之而后快。而此时《日苏停战协定》签署引起的国人对苏联的厌恶，则为蒋介石掀起反共逆流提供了合法外衣。据统计，仅1939年下半年，国民党军队和地方顽固势力在博山惨案、深县惨案、平江惨案等反共摩擦事件中，杀害的共产党员战士就达1350人！然而，这仅仅是蒋介石制造的同室操戈、豆萁相煎惨剧的开端。

1939年11月，国民党召开五届六中全会，将“政治限共”改为“军事限共”，并发出了进攻八路军、新四军的密令。死心塌地听命于蒋介石反共的胡宗南，随即在空军的配合下，向陕甘宁边区纵深进犯，在占领了中共边区关中分区囊形地带淳化、正宁等5座县城之后，胡宗南公开喊出了“消灭边区”的口号，并迅速集结兵力，准备进犯延安。众所周知，胡宗南是黄埔一期生中的“高材生”，加上与蒋校长有同乡之谊，故而成为蒋介石最宠爱的军事将领，他不仅位列复兴社“十三太保”之首，还是黄埔系在国军中的第一个军长，第一个集团军总司令，第一个战区司令长官，第一个陆军上将。事实上，胡宗南势力集团与陈诚土木系、何应钦系、汤恩伯系、杜聿明系，是黄埔系中实力较强的派系，亦是蒋介石嫡系部队的根基。

蒋介石在各方面蓄意培植胡宗南的势力，而胡宗南亦不负校长之期望。1931年1月13日，升任第1师中将师长的胡宗南，开始以“黄（黄埔系）、陆（陆军大学）、浙（浙江籍人）、一（第一师干部）”为用人标准，培植清一色的黄埔势力，随后他又以第1师为基础骨干，逐渐扩充形成了“黄埔系少壮派集团”。至胡宗南就任第一战区司令长官时，其所部的“军、师长大多为黄埔出身，集团军总司令全系黄埔一期生”，与此同时，胡宗南还利用蒋介石给其创造的有利条件，在西北黄土高原逐渐坐大，从而成为蒋氏嫡系部队中的反共“王牌”，并被蒋管区人称为“西北王”。

尽管盛极一时的胡宗南好大喜功，但对蒋介石却唯命是从、忠心不二，因此，在第二次国内战争期间，跟着蒋介石疯狂“围剿”红军的胡宗南，虽然被称之为“常败将军”，却依然平步青云、扶摇直上。1939年8月4日，胡宗南升任第34集团军总司令，受命集结部队准备向延安进攻，与此同时，朱怀冰、石友三奉命率部向太行、冀南进发，而长期盘踞山西的阎锡山，则趁机制造了晋西事变。此外，胡宗南还与蒋氏嫡系部队配合，连续破坏了阳城、晋城等 7 县的抗日政权，屠杀、拘捕了大批共产党人及进步人士。

面对国民党制造的一系列摩擦事件，共产党在“又团结又斗争，以斗争求团结”的方针，以及“有理、有利、有节”的自卫原则指导下，分别击退了国民党各派的军事进攻。随后，从团结抗战大局出发的共产党，派代表与阎锡山、卫立煌进行谈判，达成了划定驻区、分区抗战的协议，至此，第一次反共高潮结束了。然而，梦想着实现“一个主义、一个党”理想的蒋介石，却依然密令嫡系持续不断地制造事端，不过，这次反共活动的重点由华北转到了华中，矛头也由八路军转向了新四军。

国民革命军新编第四军是由南方八省的红军游击队改编而成，根据国共两党建立统一战线的协定，新四军在编制上隶属于顾祝同的第三战区，然而，它实际却听命于延安的共产党，为此，蒋介石从新四军成立之日起，就处心积虑地限制其发展。恰在此时，英、美、日想方设法拉拢蒋介石的局面，无形之中提高了蒋介石集团在国际上的地位，蒋介石由此认识到，这是沉重打击共产党力量，完全掌握中国命运的大好时机，于是，信心大增的他加快了消灭新四军的步伐。

1940 年 10 月 19 日，蒋介石指使何应钦、白崇禧以南京政府军委会正、副参谋长的名义，向八路军正、副司令朱德、彭德怀以及新四军正、副军长叶挺、项英发出“皓电”，强令长江南北和黄河以南的八路军、新四军，在一个月内全部开赴黄河以北，与此同时，“皓电”还将国共之间在华北、华中的摩擦，全部归罪于八路军、新四军，实际上，这是蒋介石在为排挤新四军，寻找正当的、合理的借口，洞悉国民党邪恶用心的共产党，在揭露国民党反共阴谋的同时，向何应钦、白崇禧发出了“佳电”，表示中共为了顾全大局，确定江南主力北移，江北主力请暂免调。

国共关系顿时紧张了起来。1940 年 12 月 9 日，蒋介石密令第三战区司令长官顾祝同妥善部署安排，以尽快解决新四军问题。同日，蒋介石又发布了“展期限新四军北移”的手令：“希（八路军、新四军）即遵照参谋总长十月皓电所示之作战地境内，共同作战，恪尽职守，勿得再误，此令。”实际上，这是蒋介石发动“皖南事变”的动员令，而第三战区司令长官顾祝同则充当了蒋介石反共的急先锋。素有“驭将之才”、“军中圣人”美誉的顾祝同，虽历经黄埔建军、东征北伐、围剿红军、抗日战争的洗礼，却没有立下什么可以拿得出手的战功，然而，他却一直深得蒋介石的宠信，平步青云，扶摇直上，不仅位列“八大金刚”，还列名“五虎上将”。

黄埔名将顾祝同

事实上，顾祝同最拿手的本事，就是善于揣摩蒋介石的心思，并且绝对听从指示，服从安排，以至于何应钦评价他说，“顾墨三百依百顺”，而其他人也称赞顾祝同“服从心好”，也正是凭借着这一点，顾祝同在国民党内的地位不断上升。全面抗战拉开帷幕之后，顾祝同被任命为第三战区副司令长官，先后指挥张发奎第 8 集团军、张治中第 9 集团军、刘建绪第 10 集团军、陈诚第 15 集团军、薛岳第 19 集团军等部约 70 万人，誓死保卫淞沪地区。南京失守之后，顾祝同升任第三战区司令长官。

不过，顾祝同在任职第三战区司令长官的八年时间内，除了纵容部下大搞走私贸易，大发国难横财之外，并没有取得多少功绩。事实上，在整个抗日战争期间，第三战区始终采取消极防御的战略，基本上没有打过大规模的战役，也没有实现与日决战的计划。然而，在对付同一战壕的生死兄弟之时，顾祝同不仅使出了浑身解数，还担心所调之兵不够精良。顾祝同与新四军军长叶挺将军乃是同期同学，私交也相当不错，可是，当蒋介石下令武力解决新四军之时，唯命是从的顾祝同非但没有念及自己与叶挺的情谊，反而利用私交麻痹好友，于是，震惊中外的“皖南事变”爆发了。

1941年1月4日，新四军军部及所属部队9000余人奉命北移，当部队抵达泾县茂林地区时，突遭国民党军队顾祝同所部7个师，共8万余人的包围袭击，新四军被迫反击，血战七昼夜之后，因寡不敌众，弹尽粮绝，全军除2000余人突围外，大部分壮烈牺牲，军长叶挺被扣押，副军长项英、参谋长周子昆、政治部主任袁国平皆遇害。“皖南事变”爆发之后，国民政府封锁消息，妄图掩盖真相，然而，几千条人命岂是几句话就能敷衍了事的！事实上，皖南军事行动进展如此顺利，完全出乎蒋介石的预测，所以，他对忠心事主、卖力反共的顾祝同更加赏识。1943年，顾祝同以“制裁解散新四军”、“肃清江南共军”有功，被南京国民政府授予青天白日勋章，当然这是后话。

不过，这场精心策划的大屠杀取得的“成功”，却让蒋介石冲昏了头脑。1月17日，他公然宣布新四军为“叛军”，取消新四军番号，并将新四军军长革职，交军事法庭审判，至此，第二次反共高潮达到了顶点。愤怒至极的共产党对蒋介石的阴谋和罪行，进行了针锋相对的斗争。1月18日，周恩来在《新华日报》上题词，“为江南死难者致哀！”“千古奇冤，江南一叶，同室操戈，相煎何急。”这是对蒋介石暴行的控诉，这是对死难者的哀悼。1月20日，中共中央发布重建新四军的命令，与此同时，共

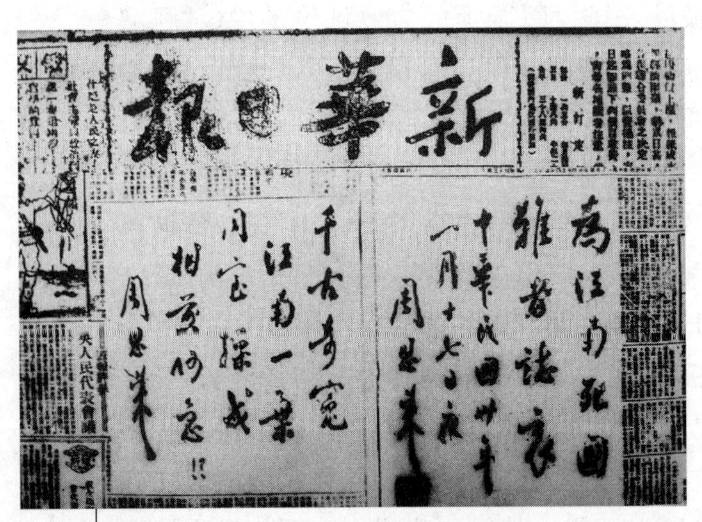

新華日報

為江南死國難者誌哀
中華民國卅年一月十七日夜
周恩來

千古奇冤
江南一葉
同室操戈
相煎何急!!
周恩來

周恩来为“皖南事变”死难者题字致哀

产党还提出了12条解决皖南事变的根本办法。

在共产党的坚决还击和国内外正义舆论的压力下，不可一世的蒋介石顿时陷入了空前孤立的境地。3月6日，蒋介石不得不在国民参政会上保证，“今后再亦无剿共的军事”，此外，他还一再向共产党作出友善的姿态。然而，信誓旦旦团结御侮的背后，却是又一次反共高潮的准备。1942年7月23日，胡宗南升任第八战区司令官，屯兵西北地区，封锁陕甘宁边区。1943年7月，在蒋介石的授意之下，胡宗南秘密调兵，准备突袭延安，幸运的是，中共中央及时掌握了国民党军事行动的准备情报，并以“宣传闪击”的方式戳穿了蒋介石的反共阴谋，无奈之下的蒋介石被迫改变反共计划。于是，第三次反共高潮在一片反对声中夭折了！

总而言之，国共两党之间频繁的军事摩擦，是使“亲者痛、仇者快”的悲剧，是不利于抵抗外地侵略的。尽管国共双方为了民族的前途，将摩擦控制在有限的范围内，但抗日统一战线却由此留下了难以弥合的裂痕，随着抗日战争形势的逐渐好转，国共之间的争斗必将更加频繁，毕竟他们的理想、信念、目标、路线完全不同。蒋介石不顾抗日战争的大局，公然向“战友”痛下杀手的行径，让他丧失了本该拥有的威望以及政治上的优势，而共产党“以斗争求团结”的原则，则获得了全国人民的同情和支持，自此之后，国共两党力量的对比发生了重大变化。

中国将走向何方

在德、意法西斯节节败退之际，蒋介石敏锐地意识到，日本法西斯已是穷途末路，中国抗战胜利的曙光马上就要降临了。然而，中共领导的革命力量的“坐大”，却让蒋介石心头萌生了一丝寒意。自从上台那一刻开始，坚信“外患不足虑，内匪实为心腹之患”的蒋介石就不断地加紧对红军的屠杀与围剿，即使外国侵略者已打进了家门，他依然没有放弃歼灭内部对手的方针。可是，毛泽东在农村点燃的星星之火，却越烧越旺，越烧越猛，这怎能不让蒋介石坐立不安呢！

国共政治理念的分歧、阶级利益的差异、革命路线的不同，是国内问题的核心。蒋介石本想通过“溶共”政策，将各党派溶于国民党内，以达到壮大自身的目的，孰料，他不仅没有得偿所愿，反而背上了破坏抗战的罪名。原先对蒋抱有希望的中间党派，也逐渐开始向共产党靠拢。与此同时，国民党挑起的国共纷争，让日本找到了可乘之机，国民党军队随之节节败退，一溃千里，尤其是1944年的豫湘桂战役，这是国民党抗战以来的第二次大溃败，在八个月的对日作战中，我方损失了近60万士兵，丢掉了146座城市，丧失了20余万领土，失去了36个飞机场……

用蒋介石自己的话来说，1944年“是我们忧患最深，耻辱最重的一年”，然而，共产党领导的敌后根据地，却在此时成了全国反攻的“前沿基地”，这对力图“溶共”的蒋介石而言，无疑是个巨大的讽刺！在抗日战争即将取得胜利的前夜，在中国面临两种命运抉择之时，为了动员全党的力量同共产党争夺天下，蒋介石于1945年5月5日至21日，在重庆召开了第六次全国代表大会。关于这次大会的主旨，开幕献词中如是说，“革命的建设比革命的破坏更艰难，抗战的结果比抗战的进行更危险”，这番话可谓意味深长，耐人寻味。

国民党要想在抗战结束后继续实施一党专政，就必须消除共产党的威胁。事实上，国民党六大就是为发动反共内战作舆论准备的。鉴于国内外进步舆论的压力，这次大会没有公开表示要消灭共产党，但它却通过了两套关于中共问题的决议案——《对中共问题之工作方针》与《对中共问题之决议案》。非常明显，这两个决议案的字里行间处处透露着反共意图，例如，它恶意攻击共产党“破坏抗战，袭击国军”，企图“颠覆政府，危害国家”，国民党为了保护政府和国家，必须防范、限制共产党。

此外，这些决议案还公然宣称，只有在“不妨碍抗战，危害国家之范围内”，一切问题才可以商谈解决，也就是说，如果共产党不服从蒋介石的命令，不取消根据地和军队的话，国民党就可以在“妨碍抗战、危害国家”的名义下，发动歼灭共产党的内战。5月18日，蒋介石在内部所作的第二次政治总结报告中，更加露骨地表达了他的反共意图，“今天的中心工作在于消灭共产党！日本是我们国外的敌人，中共是我们国内的敌人！只有消灭中共，才能达成我们的任务。”

那么，国民党如何才能在与中共的斗争中占尽上风呢？蒋介石认为“必须在政治上军事上强固党的力量”。为此，在大会闭幕后的两天，蒋介石就调集了 10 个师的兵力，进攻苏浙地区的新四军，7 月，又命令胡宗南向陕甘宁边区进攻。非常明显，蒋介石已经在试探中开始实施局部内战。可是，与国民党生死相搏了多少年的共产党，并没有因此而退缩，相反，他们在中共中央的领导下，更加不遗余力地去反击日本侵略，更尽心尽力地去发展人民军队，他们要以强大的武装来捍卫来之不易的胜利成果。

事实上，在蒋介石致力于加强力量、准备内战之时，毛泽东也在思考着中国未来的走向。毋庸置疑，在携手打败了共同的敌人——日本侵略者之后，蒋介石绝不会允许中共拥有自己的军队和解放区，他在自己所写的《中国之命运》一书中早已给出了答案，然而，日益强大的中共也绝不会答应继续实施一党专政，他们要在人民的支持下建立联合政府，施行民主纲领。于是，在国民党准备“六大”之时，共产党于 1945 年 4 月召开了“七大”，明确提出了建立新民主主义国家，以走向光明前途和光明命运的任务。

总而言之，“坚持独裁、准备内战”的国民党“六大”，与“废除专政，施行民主”的中共“七大”，不仅代表着国民党与共产党的较量，还代表着中国两种不同命运的斗争。其实，自中共“七大”开幕之日起，蒋介石就密切关注着延安的一举一动。当毛泽东的《论联合政府》摆到蒋的书桌上时，其“御用”笔杆子、侍从室主任陈布雷只说了两个字：“内战”。毫无疑问，这是蒋介石的心声，为了让中国驶向自己希望的方向，他不惜付出任何代价，哪怕是再次发起内战，当然了，如果能将“反对和平，挑起内战”的帽子，扣在老对手的头上，那就再好不过了！

第二节　搬起石头砸自己的脚

垄断中国战区受降

在德、意法西斯无条件投降之后，失败的阴影迅即遮蔽了日本的太阳，然而，财源枯竭、政局动荡的日本政府却视若不见，无动于衷。最早垮台的竟然不是力量较弱的小弟日本，而是财大气粗的兄长德国和意大利，如此出乎意料的结局让哀伤之余的日本法西斯分子，有了某种说不清楚的优越感，为此，他们决意不惜一切代价负隅顽抗。为了尽快结束这场带来无数灾难的战争，苏、英、美三国首脑在波茨坦会晤，并以共同宣言的形式，发表了《促令日本投降之波茨坦公告》，然而，妄图进行垂死挣扎的日本政府，却坚决拒绝了盟国的要求。

于是，美国空军于1945年8月6日和9日，分别在日本广岛、长崎投下了原子弹，紧接着，苏联陆海空军150万人，向日本关东军发起了猛烈进攻，与此同时，八路军、新四军也吹响了大反攻的号角。在苏、美盟军和中国军民的反攻如狂飙席卷而来时，穷途末路的日本统治集团决定无条件投降了。这一振奋人心的消息经过电波迅速传遍了华夏的每个角落，浴血奋战了14年的中国人民，不禁欢欣鼓舞，奔走相告，毕竟这是近百年来中国在反对外侮中取得的第一次伟大胜利！

中国战区最高统帅蒋介石的形象，随之变得高大起来。“抗战领袖”、“民族英雄”、“四大盟国首脑之一”的桂冠，不禁让他有些飘飘然了。不过，与陶醉于胜利喜悦中的民众不同，蒋介石在狂喜中还别有心思：他一心一意要消灭的老对手，竟在八年抗日战争的洗礼下，发展为举足轻重的政治力量，这是蒋介石无论如何不能忍受的！为了让中国沿着自己的设想往前发展，为了实现“一个主义、一个党”的梦想，他必须不惜一切代价，抢夺抗战的胜利果实。

事实上，早在日本行将投降的消息传来之时，蒋介石就匆忙发出了三道命令：第一道是给他的嫡系部队的，命令中央军“依照既定军事计划与命令，积极推进，勿稍松懈”；第二道是给待降的日伪军的，命令其“就现驻地点维持地方治安”，非经蒋介石同意，不得接受任何收编，以“趁机赎罪”；第三道命令是给朱德总司令的，命令共产党所属部队“原地驻防待命”，“勿再擅自行动”。蒋介石的意图非常明显，他要利用日军和伪军对付共产党，以迅速夺取战略要地，抢夺抗战果实。值得注意的是，蒋介石的一系列行动均得到了美国的支持。

美、苏对立成为战后世界的基本格局，为了将中国变成自己反苏的前哨阵地，美国决意扶植亲美的蒋介石集团。正如罗斯福总统所说，“美国不惜以战争来支持中国国民政府”。赫尔利就是带着“防止国民政府崩溃，支持蒋介石统治”的使命，出任美国驻华大使的，魏德迈就任驻华美军总司令后，也不遗余力地维持蒋介石的权力基础，并呼吁美国政府加强对国民政府的援助。在抗日战争即将胜利之际，赫、魏等人敏锐地意识到，如果任凭中共势力继续发展下去，国民党将很难控制中国局势，即使得到美国支持也将无济于事。

在赫尔利与魏德迈的强烈建议下，盟军最高统帅麦克阿瑟于1945年8月17日签发第一号受降令：凡在中国战区内的日军，均应向蒋介石委员长投降。随后，蒋介石按照盟国规定的中国战区受降范围，将大陆、台湾、越南境内北纬16度以北的地区，划分为16个军事受降区，至于委派何人担任各区的受降主官，蒋介石可谓花费了不少心思，因为这直接关系着国民党军队各派系力量的消长，所以，各派都希望自己能在受降中大捞一笔。毋庸置疑，蒋介石也希望自己的嫡系部队乘机扩充实力，不过，他又不能给杂牌军队留下攻击自己的口实。

经过一番缜密的筹划和准备，蒋介石公布了各区受降长官的任命，京沪——汤恩伯，洛阳——胡宗南，山西——阎锡山，察绥热——傅作义，长沙、衡阳——王耀武，南昌、九江——薛岳，青岛、济南、德州——李延年，武汉、沙市、宜昌——孙蔚如，平津、保定、石家庄——孙连仲，徐州、安庆、蚌埠、东海——李品仙，嘉兴、杭州、宁波、厦门——顾祝同，郑州、开封、信阳、南阳——刘峙，广州、香港、雷州、海南——张发奎，越南北纬16度以北——卢汉……

从表面上看来，各路诸侯均分到了一杯羹。实际上，蒋介石的嫡系部队占尽了战略要地及物阜民丰之地，而杂牌军要么被调至偏僻地域，要么被派往共军占据优势之地，当然了，他们要想抢占这些地盘，必须得先收复“失地”，无形中，这些杂牌军又成了蒋介石反共的急先锋。值得注意的是，“原地驻扎待命”的八路军和新四军，被完全剥夺了受降的权利，以至于冯玉祥拍案而起，大呼不公。八路军、新四军在八年抗战中，战绩卓越，劳苦功高，但视为“眼中钉”的蒋介石，绝不会再给他们任何发展的机会，正如何应钦反驳记者质疑时所说，“你认为中国应该有两个政府、两个领袖吗?”

其实，日本宣布无条件投降之时，国民党主力部队还远在西南、西北大后方，而肩负中国战区反攻重任的八路军、新四军，则利用自己处于抗日最前线的有利态势，迅速向华北、华南、华中的日伪军发起了猛攻，随后，他们开始向中小城市和广大农村推进，心急如焚而又鞭长莫及的蒋介石，只能借助日军和伪军的势力，抵制共产党武装力量受降。1945年8月15日，蒋介石致电日本派遣军总司令冈村宁次，“军事行动停止后，日军暂保其武装及装备，保持现有态度，并维持所在地之秩序及交通，听候中国陆军总司令何应钦之命令”，何应钦则通令冈村宁次“在中国大陆之日军武器，完全缴交中国中央政府，决不交于其他任何地方部队”。

8月21日，国民政府陆军副参谋长蔡文治更加露骨地表示，对延安部队的受降，“贵军可采取自卫行动”。紧接着，蒋介石授意下的何应钦又致电冈村宁次，“务必做到不使尺寸土地或一枪一弹落入共军之手，……凡战略要点及交通干线，如在接收前被共军所控制，应在交接前由日军部队协助国军夺回固守之”。由此可见，蒋介石对共产党的仇视，远远超过了对日寇的愤恨，为了消灭所谓的“肘腋之患”，以巩固其独裁统治，他宁愿忘却国耻家仇，拉拢杀害同胞的刽子手来对付并肩抗战的“生死兄弟”。正因为蒋介石的私心占据了上风了，直到1945年年底，无条件投降的日军大部分还保持着武装，“被国民党政府用来驻守政府军队尚不能到达的华北铁路沿线各据点”。

蒋介石在利用日军与伪军武装拒绝共产党受降的同时，还加紧空运部队到沿海各大城市港口，以从速接收降军的大量军事装备，并抢夺战略要地及交通要道。毋庸置疑，蒋介石的这些行动离不开美国的大力支持与配合。8月11日，美国总统杜鲁门致电魏德迈，命令“军事援助目前将继续用于支持中央政府部队为收复中国战区现在被日军占领的全部地区所必需的军事行动”，魏德迈随即动员了百分之九十九的力量，将国民党军队空运、海运至北平、天津、上海、南京等各战略要地。此外，美国海军陆战队又先后在塘沽、青岛、秦皇岛等华北沿海登陆，帮助国民党军队接收要地。

日军投降

杜鲁门总统毫不掩饰美国军队帮助国民党的目的，他说：“我们十分清楚地知道，如果当时我们要日本人立即放下武器，开往海岸，那么整个中国将为共产党所接收，因此我们不得不采取异乎寻常的步骤，利用敌人作为守卫，直到我们能空运中国中央军到达华南，并派遣美国海军陆战队来保卫海港。”就是凭借着上述异乎寻常的步骤，以及美国政府的直接干预和援助，蒋介石军队迅速抢占了广州、长沙、青岛、济南、北平、天津等27个战略要地中的22个。获得大量美国军事援助，以及接收大量日伪军事装备的蒋介石军队，迅速扩充至430万人，其中正规军约200万人，此外，国民政府还控制了全国人口、领土面积、城市的各3/4左右。

然而，在国民党盛极一时、风光无限的背后，却隐藏着一颗失败的定时炸弹。为了在经济接收过程中大捞一笔，各接收机关争先恐后，互不相让。汤恩伯的第3方面军与上海警备司令部，就曾为了争夺一所日本俱乐部，闹出了流血冲突的丑闻。此外，巧取豪夺、贪污盗窃、敲诈勒索、大发"胜利财"的现象比比皆是。与此同时，以几何级数猛增的法币如潮水般涌入了收复区，造成了通货膨胀、物价飞涨的恶果。以抗战前夕的物价为主，至1947年7月，上涨了6万倍，到年底更达到14.5万倍，以至于水深火热中的百姓高呼，"想中央，盼中央，中央来了更遭殃"。

事实也确实如此，国民政府只顾着假借接收之名，抢夺战略要地，侵吞敌伪财产，甚至私人财产，而没有想方设法恢复经济，发展实业，以至于大批工厂停工，商店停业，工人失业。据统计，1946年下半年至1947年底，仅上海、天津、重庆等20个城市，就有2.7万多家工商企业倒闭，而经济部在海南接收的43家工厂中，复工者仅有11家，中途停工者18家，继续开工者仅1家。面对"劫收"给社会生产造成的巨大破坏，负责经济接收的邵毓麟担忧地表示，"像这样下去，我们虽已收复了国土，但我们将丧失人心"。

从某种程度上来说，国民党接收人员的骄横凶悍比之敌寇有过之而无不及，正如蒋介石自己所说，"此实为抗战胜利后，革命政府最大之耻辱"。事实上，这也是国民党统治在大陆崩溃的开始。

国共台前幕后的交锋

1945年9月9日，日本投降签字仪式过后，蒋介石在日记中如此写道，"抗战虽胜，而革命并未成功，第三国际政策未败，共匪未清，则革命不能曰成也”。然而，一心一意“清匪”的蒋介石，在全国人民厌恶战争、渴望和平的大潮中，也不敢贸然发动大规模的内战。更为重要的是，蒋介石的命根子大部分还滞留在西南、西北大后方，他需要足够的时间调兵遣将。于是，蒋介石在竭尽全力抢占要地、准备内战的同时，又向共产党施放了和平烟幕。

1945 年 8 月 14 日、20 日、23 日，在智囊团的积极策划之下，蒋介石连发三电邀请毛泽东赴渝面商“国家大计”。实际上，这是蒋介石“将”了共产党一军：如果毛泽东不接受其邀请，他就可以将“反对和平，挑起内战”的帽子，扣到共产党人的头上，正如胡建中、陶希圣等人所言，“(毛泽东决不会来渝谈判)，我们就可以借此发动宣传攻势，说共产党蓄意制造内乱，不愿和谈”；如果毛泽东接受了蒋的邀请，蒋介石还可以趁机诱骗共产党交出军队。

总而言之，在蒋介石看来，不管共产党作出何种选择，他都占尽了上风，为此，他才会对毛泽东采取步步紧逼的办法，以捞取足够多的政治资本。洞悉了蒋介石用意的毛泽东，为了避免再次上演豆萁相煎的民族悲剧，以极大的诚意接受了邀请。不过，吸取了蒋介石在“西安事变”之后扣押张学良的教训，延安方面采取了必要措施，以防备国民党利用和谈，设下“鸿门宴”。

毛泽东与蒋介石在重庆和谈期间的合影

8 月 26 日，中共中央致电驻华美军司令魏德迈，请求美军派出专机专员，接送毛泽东赶赴重庆。美国驻华大使赫尔利随即表示，“获蒋主席同意与充分赞许，以及应中共主席毛泽东之邀请，余将陪同毛氏及其随员来渝”。8 月 28 日，毛泽东偕周恩来、王若飞，在国民党代表张治中、美国大使赫尔利的陪同下飞抵重庆，商讨团结建国大计。战后国共两党的首次交锋由此拉开了帷幕。

事实上，国共两党争论最多、分歧最大的是解放区的军队与政权问题。共产党坚持国民党必须承认其政权与军队的合法性，而国民党则坚持“你交出军队，我给你民主”的立场，要借此取消中共领导的军队和解放区。军队是国共双方的命脉，也是和平谈判的筹码，有谁会轻易交出呢？何况，国民革命的惨痛经历，中共至今仍记忆犹新。于是，和平谈判很快陷入了僵局，其实，“一个想打，一个求和”的现状，早已注定了谈判的结果！

为了逼迫共产党就范，以捞取谈判桌上得不到的东西，蒋介石在重庆谈判期间，亲自颁发了进攻解放区的密令。第二战区阎锡山部随之侵入上党地区，国民党其他部队也纷纷向解放区进攻。早有防备的中共根据“有来犯者，只要好打，我党必定站在自卫立场上坚决彻底干净全部消灭之”的精神，对国民党的进犯给予了坚决有力的反击。为了配合重庆谈判，晋察鲁豫军区在刘伯承、邓小平的指挥下，调动主力 3 万余人，一举歼灭了阎锡山 1/3 的兵力，并击毙了第 7 集团军副总司令彭毓斌，俘虏了 27 名国民党将领。

不过，共产党并没有因为战场上的胜利，而在谈判桌上抬高价码，恰恰相反，为了使谈判能够继续下去，他们主动做出了让步。正是在中共中央和谈的诚意下，国共经过 43 天的讨价还价，于 10 月 10 日签署了《双十协定》。该协定明确了和平建国的基本方针，即“双方必须共同努力，以和平、民主、团结、统一为基础，并在蒋主席的领导之下，长期合作，坚决避免内战，建设独立、自由和富强的新中国，彻底实行三民主义”。但是，国民党依然拒绝承认中共领导的人民军队的合法地位，并明确表示不考虑中共参与受降问题。

重庆和谈期间毛泽东与蒋介石在林间晤谈的石桌

正当全国人民沉浸在《双十协定》带来的和平幻想中时，致力于“剿共”的蒋介石于10月13日命令国民党各战区军队，“遵照中正所订《剿共手册》，督励所属，努力进剿，迅速完成任务”。紧接着，蒋介石又召开了军事会议，妄图在半年内消灭八路军、新四军。于是，秉承校长意志的胡宗南、李品仙、孙连仲、杜聿明、顾祝同各率部队，浩浩荡荡地朝着晋绥、晋察冀、晋冀鲁豫等解放区开去，内战的阴霾顿时笼罩了整个中国。据统计，自日本投降至10月17日的两个月内，国民党侵占了解放区30座城市，而解放区军民也在聂荣臻、刘伯承等的率领下，奋起反击国民党军队的侵犯。

11月27日，十分注意中国动向的美国政府基于自己的战略利益考虑，宣布马歇尔上将以总统特使身份前往中国，调停国、共两党之间的争端。值得注意的是，美国政府在呼吁国共和平共处、避免内战的同时，强调国民政府为唯一合法政府，也就是说，他们希望将中共领导的一切，统一到国民党政府中去。1946年1月7日，在马歇尔将军的主持下，国共两党代表张群与周恩来，就停止冲突、恢复交通问题进行了商谈，并于1月10日签署了发布停战令的协定。不过，依仗着美国政府支持的蒋介石，在签订《停战协定》的前后，密令部队“星夜前进”，“抢占要点”。

各方代表参加的政治协商会议，就是在这一背景下召开的。尽管蒋介石无意按照《双十协定》的规定，邀请各党派代表协商国事，但其嫡系部队在解放区战场的节节败退，以及国统区掀起的反内战高潮，却迫使蒋不得不违心地宣布，将于1月10日召开政治协商会议。为了能够全面控制该会，蒋介石在出席会议的人选上大费了一番心思，本来初步商定会议代表由四个方面的人员组成，然而，在政协会议召开的前夕，蒋介石因意识到民主同盟倒向了共产党，而想方设法把青年党从民主同盟里拉出来，作为第五方代表出席会议，中共从大局出发，也同意了蒋介石的这一方案。

可以说，政治协商会议是中国民主运动史上的特殊一幕，它所通过的五项决议虽与共产党的主张有所差异，但在当时的条件下却是有利于和平、民主、团结的，中共对此也非常重视，并准备真心实意地贯彻这些决议。正如中共中央在2月1日发布的指示中所言，“从此中国即走上了和平民主建设的新阶段”。此外，各民主党派及其他进步人士，也在国民党承诺实行政治民主的前提下，承认蒋介石为全国人民的领袖，中国由此出现了和平统一的一线希望。

然而，在国内形势一片大好的背后，内战已是“箭在弦上，不得不发”了，与各党派一起协商国是，原本就不是蒋介石的本意，所以，他根本不会诚意履行协议。更为重要的是，这时的共产党不论是从军队数量、武器装备还是从所占资源、作战技术上看，均无力与国民党相匹敌。况且，国民党正规军的80%已调集内战前线，正如蒋介石所说，“比较敌我的实力，无论就哪一方面而言，我们都占有绝对的优势……共产党绝对不能打败我们……共匪实已处于最恶劣的环境……其所割据的地盘一天天的缩小，兵源枯竭，粮食缺乏……目前这个时机，正是我们剿灭匪军千载一时的机会”。

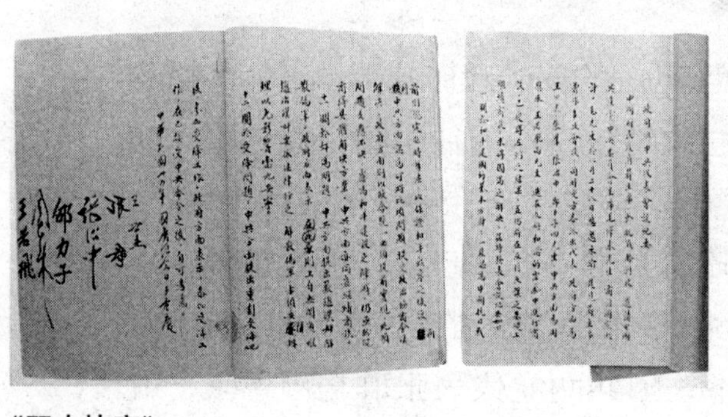
《双十协定》

为此，依仗着各方面特别是军事上的优势，蒋介石在政治协商会议刚刚结束后，就将矛头直接指向了政协协议本身。蒋介石在1946年3月召开的国民党六届二中全会上，就以“就其荦荦大端，妥筹补救”的名义公然撕毁了政协决议。反动分子随之公开叫嚣政协决议的通过“等于党国自杀”，“决不能把统治交给多党政府”，蒋家“小总统”陈诚更是亲自制订了全面内战计划，并狂妄地宣称，完全有把握在五个月内解决共产党。然而，令蒋介石做梦也没有想到的是，他苦心孤诣维护国民党统治的行为，非但没有发挥任何实际有效的作用，反而使自己陷入了政治危机之中，真可谓“搬起石头砸自己的脚”。

第十二章
还都南京，噩梦开始

第一节 国共硝烟再起

1946 年 5 月 5 日，当内战的乌云在中国上空迅猛翻滚之时，南京国民政府举行了盛大的还都典礼。非常明显，“还都”的关键在于“还”上，即还原十年统治的旧秩序，并趁机巩固国民党的一党专政。尽管主持典礼的国民党总裁蒋介石，面对着阅兵式上装备精良的嫡系部队，一副踌躇满志的模样，但他公然撕毁政协决议、与人民为敌的行为，早已使其陷入了孤立境地。事实上，这只是蒋介石噩梦的开始。本来打算携着抗战胜利的余威，一劳永逸地解决共产党的问题，孰料，国民党的八百万大军竟湮灭在人民战争的汪洋大海中，而蒋介石自己也不得不仓皇诀别大陆，偏安孤岛台湾，真是人生无常，世事难料啊！

陈赓大将显神威

日本帝国主义全面侵华的狂风骤雨，将国共逼进了守土抗战的同一战壕，这是一次令人欣慰和感怀的同舟共济、患难与共，就连蒋介石也觉得自己大有领袖风范、宰相肚量。然而，共产党摒弃前嫌、团结御侮的诚意，并没有动摇蒋介石“剿共”的决心。在抗日战争胜利之后，更为确切地说，在日本侵略者深陷战争泥潭不能自拔，而不得不改变对华政策之时，蒋介石就开始迫不及待地反共。为了挽救民族危亡而携手并进的黄埔同门师兄弟们，再次分属为泾渭分明、势不两立的两大阵营，并为了各自利益集团的理想，全力以赴地将矛头指向了对方，国共内战的阴霾随之席卷了整个中国的上空。

中国古代兵家有云，“得天下者必先得中原”，因此，致力于消灭共产党的蒋介石，经过谋士们的精心策划与缜密安排后，选择中原解放区作为内战的突破口。蒋介石他们打的如意算盘是，在迅速消灭中原解放军，消除了心腹之患后，再向苏皖根据地进击，扫荡沂蒙，清剿山东，进犯延安，控制津浦，然后再对东北用兵。直接秉承蒋介石意志的国防部总参谋长、蒋介石的得力助手陈诚，甚至狂妄地向中外记者宣称，从军事上对付共产党，“三个月至六个月便能解决”，“任何一线，均可于两周内打通”，他要“让解放区成为历史上的名词”。

国民党围攻共产党的部署就绪之后，蒋介石于 6 月 18 日电饬郑州绥署主任刘峙，“统一指挥五、六两绥署之部队，围歼李先念部”。曾任黄埔军校战术教官的刘峙，位居蒋介石“五虎上将”之首，素有“北伐福将”、“常胜将军”之称。虽然刘峙貌似忠厚，口齿笨拙，实则内藏机谋，阴险无比。蒋介石制造中山舰事件之后，刘峙忠实地跟随着校长，并公然宣称“校长让我做什么，我就做什么”，正是凭借着这一点，他在短短 7 年时间内便由中校升至二级上将，38 岁又当上了省政府主席，可谓一帆风顺，红极一时。

然而，少年得志的刘峙在抗日战争中，却畏敌如虎，“闻”风披靡，从而被讥笑为“长腿将军”，不过，这丝毫没有影响他的反共立场。1946 年 6 月 26 日，按照蒋介石与陈诚的指示，刘峙指挥 12 个整编师约 30 余万人，向中原解放区发起了进攻，从而点燃了全面内战的炮火。紧接着，蒋介石又先后向苏皖、山东、晋冀鲁豫、晋察冀、晋绥、东北及海南岛等解放区大举进攻。据统计，蒋介石用于全面进攻的兵力，达到了 193 个旅，160 余万人，占到了国民党正规军总数的 80%，蒋介石对共产党的痛恨由此可见。

面对着国民党来势汹汹的猖狂进攻，装备仍是“小米加步枪”的中共，在清醒地估计国内外形势的基础上，提出了“战略上藐视敌人，战术上重视敌人”的指导思想，“和人民群众密切合作，争取一切可能争取的人”的政治方针，以及“以歼灭敌人有生力量为主要目标，不以保守或夺取地方为主要目标，集中优势兵力在运动中各个歼灭敌人”的作战方针。事实证明，这一指导思想和政策方针，比蒋介石攻占城池的战略更胜一筹。

据统计，在战争爆发后的 4 个月内，国民党军共占领解放区 153 座城市，却被歼灭了近 30 万人。更为严重的是，国民党军占领解放军主动放弃的城市后，不得不派重兵把守，从而背上了沉重的“包袱”，军队的机动性随之大大减弱。然而，蒋介石却被这种“表面胜利”冲昏了头脑，为了继续扩大胜利的战果，他不断地向各解放区增兵。经过八年抗战的洗礼，蒋氏黄埔骨干已完成了国民党军界的接班部署，纷纷当上了“剿总”司令、绥靖司令、兵团司令、军团司令以及各军师长，而赤色黄埔骨干也成了红色阵营的栋梁支柱，于是，一场场黄埔精英间的大搏杀，在更广阔的舞台上拉开了帷幕。

1946 年 7 月，国民党第一战区司令长官胡宗南，仗着装备精良，人多势众，肆无忌惮地从陕西楔入晋南，企图在一个月内打通同蒲铁路，并聚歼解放军主力部队。巧合的是，胡宗南的黄埔老同学陈赓率领的中共第四纵队，正好担负着保卫太岳解放区的重任，于是，一场同门之间的交锋在晋南一带上演了。事实上，胡宗南与陈赓这位同班同学私交不错，只是后来由于胡宗南一心一意追随蒋介石，凶残地反共和反人民，才使两人的关系逐渐疏远了起来，并从根本上变成了势不两立的死对头。

还在黄埔军校上学的时候，这对同堂上课、一室生活的冤家，就开始了他们之间的小打小闹，身为孙文主义协会骨干的胡宗南，为了博得校长蒋介石的欢心，经常发表一些反革命言论，与之信仰不同的陈赓则针锋相对，驳得他哑口无言。第二次国内革命战争期间，蒋介石蓄意培养胡宗南的势力，使其在黄土高原逐渐坐大，从而成为自己嫡系中的反共“王牌”。说来也巧，胡宗南又多次与自己的这位黄埔同窗交上了锋，只可惜，不争气的他在与陈赓的多次作战中，几乎都是铩羽而归。例如，1935 年在陕甘宁边区作战时，胡宗南被困于松潘地区，几乎全军覆灭；1936 年在山城堡战役时，胡宗南被消灭了一个旅。

全面内战爆发之后，身为蒋介石心腹的胡宗南，自然再次充当起了反共的急先锋，只是现今全副美械装备的他，早已今非昔比了。于是，胡宗南决意凭借兵强马壮、粮食充足，兴师伐陈、一雪前耻。1946 年 7 月 10 日，胡宗南的先头部队 31 旅、167 旅为了抢头功，孤军深入解放区 70 多公里，且态度骄横、部队分散。抓住胡宗南部弱点的陈赓，立即发起了“闻（喜）夏（县）战役”，一举歼灭了胡的整编 31 旅，并重创其他两个旅。

吃了大亏的胡宗南急令各部收缩战线，白天并肩前进，夜晚猬集宿营，如此战术竟也让陈赓一时无计可施。于是，在留下少数兵力与胡部周旋后，陈赓率领第四纵队主力隐蔽绕道北上 150 公里，突袭同蒲铁路沿线上的阎锡山部，全歼阎部第 39 师，并重创另外两个师。这场战役让胡宗南损失了 6000 余人，阎锡山损失了 8000 余人，可以说，同蒲铁路狙击战是胡宗南从军以来遭受的第一次惨败，不过，这并没有让胡宗南的头脑更加清醒起来。

黄埔名将陈赓

为了扫平太岳根据地的解放军，胡宗南决意向晋南增派 15 个旅的兵力，此外，他还派出了自己栽培多年的精锐部队“天下第一旅”。第一旅是胡宗南的起家部队，也是蒋介石的王牌部队，旅长是黄埔一期生黄正诚。听说“天下第一旅”“光临”前线后，陈赓不禁欣喜若狂，他清楚地知道，只有吞掉了胡宗南的这支精锐，才能给老同学胡宗南真正的教训。9 月 22 日，经过严密侦查与部署之后，陈赓发动了“临（汾）浮（山）战役”。向浮山发起进攻的“天下第一旅”随即落入了我军的口袋阵，紧接着，陈赓命令两头部队力阻敌增援部队，中间部队则以饿狼扑虎之势冲向第一旅。

经过两天激烈的战斗，“天下第一旅”被全歼，黄正诚与副旅长被生擒，第一团团长被击毙，赶来增援的敌 27 旅、167 旅，也在四纵等部的狙击下损失不少，闻讯之后的胡宗南不禁捶胸顿足，嚎啕大哭。这不仅是胡宗南精锐部队的覆灭，也是蒋介石嫡系覆灭的先声，国民党的“五大主力”部队，随之尽没于人民战争的汪洋大海中。在晋冀鲁豫解放区不断传来胜利的喜讯之时，华北、东北解放区也都有力地打击了国民党军队的进攻，歼灭了敌人大量的有生力量。事实上，在华北、东北战场的激烈对峙中，敌我双方均有大批黄埔精英参与，例如，我方的林彪、聂荣臻、张宗逊、罗瑞卿，敌方的杜聿明、郑洞国、廖耀湘、陈明仁、范汉杰、梁华盛……

尽管国民党的这些黄埔系将领，在抗击日寇的战争中屡立奇功，其所率部队亦是令敌闻风丧胆的抗日劲旅；尽管他们与敌方阵营的同门师兄弟们相比，实战经验与作战技巧并不逊色，但他们反共内战的行径却不得民心，所以，在与共产党的决战中，他们几乎是丢盔弃甲、一泻千里。不知道这些装备精良，兵强马壮的黄埔大佬们，当年败给只有“小米加步枪”的同门之时，会有何感想呢？在国民党军界内部，黄埔系有着森严的等级秩序，也就是说，他们的资格越老，获得的权力就越大，然而，在东北战场上败给小师弟林彪的黄埔大哥们，又会作何感想呢？

毫无疑问，蒋介石恼羞成怒了！从 1946 年 7 月至 1947 年 2 月，蒋介石策划的全面进攻，已经进行了 8 个月了，然而，这 8 个月的战绩却让国民党高层极为难堪。尽管战争的前 4 个月，国民党军以“兵”换城的策略，付出了沉重的代价，但即使这样表面的“胜利”，在战争的后 4 个月也很难再现了。以占领解放区最大城市张家口的 1946 年 11 月为界，战场上国民党的攻击、共产党的防守，已完全陷入了胶着状态，国民党占领中共根据地 87 座城市，中共随即收复 87 座城市，而在这一来一往中，国民党却损失了 41 万余人，也就是说，蒋介石现在只见“兵”去，不见“城”来了。

鲁中会战

总而言之，战线过长，兵力分散，后方空虚，使得国民党不仅没有完成战略目标，反而损兵折将，伤亡惨重。完全丧失全面进攻能力的蒋介石，不得不重新考虑其战略政策，“我想在关内的共军，虽以陈毅一股为最顽固，但如果我们能不顾一切，集中兵力，首先来对付这股共军，现在还来得及，如其我们再像过去一样，不听统帅的命令，各自为政，任其东奔西突，各个击破，则二三个月以后，你们大家都要死无葬身之地。……如果我们不能在他重武器部队训练完成以前，将他包围歼灭，那他的势力日益增加，我们无险可守，不仅山东将非我有，就是已经收复的苏北，亦将重变共区！”

蒋介石在党内高级军事将领会议上的这番话，说明了他首先对付陈毅的决心与原因。当然，西攻陕北、吃掉延安，更是重中之重，毕竟延安是中共的军事总部，是全国的革命圣地。正如蒋介石所言，“必须捣毁其老巢，方能算是达到剿匪目的”。基于上述认识，1947 年 3 月，蒋介石批准了国防部和参谋部的报告，把对各解放区的全面进攻，收缩为集中进攻陕北、山东两大解放区，事实上，蒋介石的意图非常明显，西攻延安，断其中枢；东攻山东，歼灭陈毅（部），然后，挥师北上，辐射全国。

为了实施山东沂蒙地区的作战计划，蒋介石将徐州、郑州两绥靖公署，组建为陆军总部徐州司令部，由陆军总司令顾祝同坐镇指挥。1947 年 3 月初，顾祝同亲率欧震、汤恩伯（黄埔教官）、王敬久（黄埔一期）的 3 个兵团，以及王耀武（黄埔三期）、冯治安的两个绥靖区所属的 7 个军，计 17 个整编师，杀向了山东解放区腹地，妄图围歼华东野战军主力，以解除其对徐州、上海、南京的威胁。面对着浩浩荡荡而来的国民党军队，华东野战军在司令员陈毅的率领下，开始了自卫反击战。

同样出身黄埔的陈毅（黄埔军校武汉分校政治部文书），与顾祝同（黄埔军校战术教官）可谓是老对手了。1933 年 9 月，被任命为五省“剿匪”军北路总司令的顾祝同，亲自指挥 40 万大军，扑向了中央革命根据地，而当时担任江西红军总指挥的正是陈毅，八年抗日战争期间，陈毅的新四军编入了第三战区，身为司令长官的顾祝同，在蒋介石的授意下，曾经多次挑起国共间的摩擦，直至“皖南事变”发生。现如今，两位黄埔名将狭路相逢，究竟谁更胜一筹呢？毋庸置疑，智者、勇者胜。

4 月中旬，顾祝同调集军队，向沂蒙山区发起了总攻。陈毅根据中央军委的指示，向敌南北两线展开反击，打退了敌人的第一次进攻。不过，顾祝同与三位兵团司令受到的伤害并不大。因为老谋深算的顾氏，不允许整师整旅孤军外出，以免给共军打歼灭战创造条件，陈毅一时之间也找不到歼敌良机，故而暂且停止了追击行动。顾祝同见集体行动初见成效，便紧接着故技重施，向沂蒙山区发动了第二次进攻，企图通过各军齐步向前，全线推进，寻找华东野战军主力决战。

为了创造歼敌的良机，陈毅率领野战军主力突然转移，被假象迷惑的顾祝同随即决定，第一、二兵团由南往北，第三兵团由东往西，把华野赶至鲁中山区决战。华东野战军针对敌军的部署，集中优势兵力，准备在孟良崮围歼敌军，担任正面主攻的整 74 师，一夜之间淹没在了重重包围之中。闻讯之后的蒋介石高兴异常，认为“山东共匪主力今日已向我军倾巢出犯，此为

粟裕在指挥孟良崮战役

我军歼灭共匪，完成革命之唯一良机，凡我全体将士，应竭尽全力，把握此一战机，万众一心，共同一致，密切联系，协力迈进，各向当面之匪猛攻，务期歼灭共匪……”

事实上，蒋介石的自信并不是没有道理，毕竟整74师是一支屡立战功的部队，不仅位居国民党“五大主力”之首，还达到了美国同类军队的标准，以至于国民党十绥区副主任李延年曾说，“国民党有十个七十四师就能统一中国”。顾祝同与汤恩伯更是认为，陈毅魄力再大也不会同全副美械的74师对阵，因而，他们非常放心地以张灵甫为诱饵，企图内外夹击，中间开花，尽歼顽敌。然而，技高一筹的陈毅抓住有利战机后，立刻发起了猛烈进攻，“枪林弹雨”，“逐波冲锋”，“势如潮涌”，被团团包围的整74师，粮尽水绝，饥渴难熬，实在难以支撑，见势不妙的张灵甫，只能急电南京、徐州驰援。

尽管汤恩伯严令各军马上支援，蒋介石也拼命派军火速靠拢，然而，一切都已经太晚了。1947年5月16日凌晨，华野再次发起总攻击。素以训练有方、作战勇猛而闻名的整74师，在我军凌厉的攻势与猛烈的炮火下，被打得队形不成队形，指挥不成指挥。下午四点左右，我军红旗飘扬在了孟良崮的上空，敌军师长张灵甫、副师长蔡仁杰被击毙，至此，整74师3万余人全部被歼。这一消息如同迅雷般传遍了中外，王耀武泣不成声、悲痛万分，他苦心孤诣培育起来的政治资本，顷刻之间化为了乌有，而蒋介石更是捶胸顿足，大呼“这是我军剿匪以来最可痛心、最可惋惜的一件事”。

张灵甫可谓国军中少有的悍将，他在抗日战争中身经百战，歼敌无数，九死一生。他所属的第74军也是一支抗日的英雄部队，几乎参加了正面战场的所有战役，屡挫日军精锐，毙伤日寇无数，被誉为“抗日铁军”。正是经过了抗战血与火的洗礼，张灵甫赢得了国人，包括对手的尊重。其实，身为同门的陈毅与张灵甫，非但没有任何冤仇，反而惺惺相惜，只可惜，这样的精兵良将竟没于内战，怎不叫人痛心疾首！张灵甫被击毙之后，陈毅专门派人为他收尸，并掩埋于沂水县野猪旺村，也算是一段打断骨头连着筋的黄埔情谊吧。

然而，“剿匪”心切的蒋介石并没有吸取孟良崮丧师的教训，一个多月之后，他又命顾祝同指挥 24 万人，发动了鲁中第三期会战。再次进行反击的华东野战军，迫使敌人于 7 月仓促回撤。这样，蒋介石对山东解放区的重点进攻，最终以失败而告终。与此同时，在陕北被“蘑菇战”打得晕头转向的胡宗南，早已陷入了进退维谷的境地。6 月 14 日，胡宗南在给蒋介石的电报中说，当前战场上我军几乎均处于劣势，危机之深，甚于抗战。至 8 月间，蒋介石对陕北的重点进攻也被粉碎了，西北野战军随之转入了内线反攻。

此外，东北、热河、冀东、豫北、晋南野战军也先后转入了反攻。据统计，从 1947 年 3 月开始至 6 月结束，蒋介石每月平均损失 10 万余人。虽说在这段时间蒋介石抢占了解放区 95 座城市，但又被共产党收复了 153 座城市，由此可见，国民党军队的进攻能力不可遏止地下降了。更让蒋介石心惊肉跳的是，共产党经过一年的内线作战，竟然歼灭了他 112 万军队，而人民解放军则从 120 万，增加到了 190 万，自此之后，蒋介石由进攻转入了全面防御，中共则掌握了战场的主动权。正如蒋介石所承认的，“就整个局势而言，则我们无可讳言的，是处处受制，着着失败”。

第二节　主力对决，败局已定

1947 年 10 月 10 日，转入战略进攻的人民解放军，发出了“打倒蒋介石，解放全中国”的伟大号召，这预示着国共战略决战的时刻来临了。曾几何时，气焰嚣张、不可一世的蒋介石，还叫嚣着速战速决、消灭共匪，然而，在短短的两年时间内，他就被老对手打得鼻青脸肿，虽然其精锐部队尚存，但士气低落、矛盾重重，难以摆脱被动局面。鉴于敌我双方力量对比的显著变化，高瞻远瞩的中共中央毅然抓住战机，连续发动了辽沈、淮海、平津三大战役，其规模之大、歼敌之多、决战之速、拓地之广，在中外战争史上都是罕见的。随着三大战役的胜利结束，蒋介石赖以发动内战的精锐部队丧失殆尽了，自此之后，国民党逐渐退出了大陆的政治舞台。

黑土地上师生大斗法

自全面内战爆发以来，东北战场的国民党军队在解放军凌厉的攻势下，节节败退至长春、沈阳、锦州及周围据点，并成了无法协调的孤立之旅。忧心如焚、如坐针毡的蒋介石，为了挽回在东北的颓势，曾经三易东北国军主帅，然而，他精心挑选的这些心腹良将，最终还是败在了林彪的手下。林彪是黄埔生中的佼佼者，也是蒋介石最器重的学生之一，蒋认为他最厉害的地方是“谋定而后动”，“深得兵家之道”。为了把林彪拉拢到自己的身边，蒋介石可谓费尽了心思，谁曾想，林彪非但没有领他的情，反而投入了红色阵营，并逐渐崭露头角，不仅成为红军的主要将领，也成了蒋介石的一块心病。

黄埔名将林彪

毕竟林彪成长速度之快，连蒋介石都感到吃惊，更为重要的是，林彪“出江西、闹八闽、战长沙”的一系列表现，让蒋介石伤透了脑筋。吃尽了林彪苦头的蒋介石不得不承认，林彪虽不是自己最好的学生，却是黄埔最优秀的将领之一，恨只恨自己当年鬼使神差地放走了他。然而，说这些已经太迟了，现在能做的就是想法设法与林彪周旋了！因此，当决意发动内战的蒋介石听说林彪一行去了东北，在大惊失色之余，一口气派出了杜聿明、郑洞国等一大批黄埔名将，蒋介石的意图非常明显，他希望自己的这些心腹爱将们，继续发扬在抗战中奋勇杀敌的精神，克制林彪，稳定东北。可惜天不遂人愿啊！尽管杜聿明统率的黄埔嫡系部队，在战事初期进展非常顺利，但最终还是栽在了林彪的手下，其中，陈明仁的第71军、廖耀湘的新6军均遭到打击和重创。

陈明仁被誉为“能战名将”、“黄埔楷模”，善于以劣抗优，绝处逢生，无论什么样的部队到他手上，都能当王牌之师使用。在八年抗战期间，陈明仁在对敌作战之时，犹如猛虎下山，蛟龙归海，势不可挡，他统帅的第71军也成为没有王牌称号的王牌军。不过，在十年内战的战场上，陈明仁的表现就不像在北伐和抗战中那么抢眼了，因为他从心底厌恶“兄弟相残”，“豆萁相煎”。可惜，抗战胜利结束之后，第71军又走向了内战战场，陈明仁再次失去了往日的精神，在小师弟林彪的猛烈攻击下，第71军被全歼一个整团，损失惨重。所以，陈明仁虽然是一名难得的虎将，但他却没有给蒋介石留下什么好印象。不过，蒋介石一直深信，陈明仁桀骜不驯、韧劲十足的性格，正是克制林彪的法宝。

事实也确实如此，1947年5月，林彪发动夏季攻势，兵锋直指四平，守将陈明仁再发虎威，他不仅以少数兵力坚守四平40多天，还给林彪心里留下了沉重的阴影。大喜过望的蒋介石亲自表彰陈明仁，并为他颁发青天白日勋章，实指望陈明仁在东北再有一番作为。谁知，怒火中烧的陈诚借口陈明仁纵兵抢粮，而在蒋介石面前大敲边鼓！陈

黄埔名将陈明仁率部起义

明仁一手拿勋章，一手被查办，这可是蒋介石在东北的一大败笔啊！试想，如此做法岂不寒了良将的心？今后又有谁还敢给老蒋卖命，又有谁来冲锋陷阵呢？正是由于不赞同蒋介石再次挑起内战的做法，陈明仁日后毅然抛弃了校长，投入到了解放军一边，对此极为赞赏的毛泽东授予他上将军衔。

介绍完了被强行拉上了内战战车的陈明仁，我们再来看看中国驻印军主力新 6 军。如前所述，新 6 军也是一支英雄的抗日部队，被誉为“中国虎”，军长廖耀湘则被称为“抗战中的狄青”。首府南京光复之后，新 6 军成为首批进驻的部队，这是蒋介石对其辉煌战绩的肯定与嘉奖。然而，这支异域扬威的“虎贲之师”，也没有逃脱没于内战的命运。1946 年 2 月，新 6 军奉命远赴东北战场。凭借着在印度练就的过硬本领，以及全副的美械装备，廖耀湘一上来就给了小师弟林彪迎头痛击，新 6 军急先锋新 22 师，更是所向披靡，锐不可当，它多次以一个团，大败东野一个军。

林彪也绝非浪得虚名之徒，在痛定思痛、总结教训之后，他再次向同门师兄发起了挑战，并在“四保临江，三下江南”战役中，给了新 6 军以重创。自此之后，国民党正规军再也没有到过临江，辽东、南满、吉林则成了进攻沈阳、锦州的前哨阵地。待到陈诚独揽东北军政大权，实行“排斥异己，安插心腹”的政策之后，新 6 军的战斗力更是每况愈下。至 1948 年秋，林彪在东北战场已是无人能敌了。真是莫大的讽刺啊，蒋介石派陈诚替换杜聿明，为的是能挽回东北败局，一雪杜聿明在夏季攻势中遭受的耻辱，然而，一顿瞎指挥的陈诚，却输得一败涂地，只能灰溜溜地逃回南京。

虽然陈诚奉命走马上任后，大肆吹嘘“消灭共军，建设新东北”，但他尽力扩充军队，增强自己嫡系的做法，非但没有提高军队的战斗力，反而引起了东北将领的普遍不满。这也难怪，为了更好地控制新 1 军、新 6 军等王牌之师，陈诚将这些部队的主力分离出去，然后再掺入地方杂牌军，如此一来，谁还能冲锋陷阵呢？所以，陈诚的嚣张气焰与异想天开，并没有给他带来好运。

事实上，让他大为恼火的是，大批改编的军队竟相继倒戈，义无反顾地投入到了敌方阵营，而位列“五大主力”之一的新 5 军，则在 1947 年的冬季攻势中被消灭殆尽。

蒋介石的“中军将军”陈诚走后，“镇军将军”卫立煌不得不来收拾烂摊子了。卫立煌想在东北大干一番，然而，他不过是个光杆司令罢了，那些恃才傲物的天子门生，根本不听从他的命令，谁让他不属于黄埔一派呢。更为关键的是，卫立煌在抗战时与共产党联系紧密，让蒋介石对他产生了极大的怀疑。此外，蒋、卫又在东北战局上难以达成一致，故而，卫立煌即使有心扭转东北的战局，也没有机会、没有条件去实现。这一时期，东北国民党主力的分布如下，卫立煌率 30 万人防守沈阳，郑洞国率 10 万人困守长春，范汉杰率 10 万人驻扎锦州。根据上述局势，运筹帷幄的毛泽东确定了辽沈战役的计划：首先拿下锦州，形成关门打狗之势，然后再歼长春、沈阳之敌。

傅作义（左）、蒋介石（中）和卫立煌三人的合影

1948 年 9 月 12 日，东北野战军开始向锦州进发，北宁线全线溃退，见势不妙的蒋介石，立马飞往北平督战，并急令卫立煌出兵，救援锦州。因辽西走廊河流纵横，很容易被敌军分割包围，因此，卫立煌坚决不接受蒋的命令，即使与亲赴沈阳的顾祝同闹翻，卫立煌也在所不惜。只可惜，蒋介石直接指挥侯镜如为首的东进兵团、廖耀湘为首的西进兵团，分别从锦西、沈阳出发东西对进，增援锦州。然而，不幸被卫立煌言中了，廖耀湘兵团就是在辽西全军覆灭的，当然这是后话。尽管蒋介石仍把共军看做曾

被自己追赶得到处逃跑的游击队，但廖耀湘却很清楚东北野战军的实力，在塔山援军毫无进展之时，他也不敢贸然前进，只是在彰武一带徘徊。

就在此时，林彪指挥东北野战军，向锦州发起了总攻。10月16日，锦州10万守军被全歼，锦州指挥所主任范汉杰被俘。至此，东北的大门关上了，下一步就是打狗了。实际上，早在辽沈战役发动之前，长春就因解放军的封锁包围，变成了一座孤岛和死城。锦州战役打响之后，蒋介石决心主持东北大撤退，10月10日，他电令郑洞国率部突围，然而，从铜墙铁壁式的封锁中突围，不过是送死而已。无奈之下的郑洞国，只能违抗校长的命令。10月15日，蒋介石再次强令郑洞国突围，并警告说，“如不遵令突围，定以军法从事”。就在此时，曾泽生率60军起义。接着，新7军率部投诚，迫于解放军强大压力的郑洞国，也决意站在人民一边。

长春和平解放后，急得团团转的蒋介石，立即任命杜聿明为副总司令，代替卫立煌主持东北事宜。与此同时，蒋还命令西进兵团猛攻黑山，妄图重占锦州，以图起死回生。东北野战军在中央军委的指示下，以一部在黑山进行阻击，而主力则迅速回师，包抄西进兵团，10月28日，西进兵团10万余人全部被歼，廖耀湘也成为我军的俘虏。辽沈战役进行至此，仅剩下沈阳这座孤城了。不过，不甘心失败的蒋介石，仍想做垂死挣扎，10月27日，他电令杜聿明飞往沈阳，召集东北军将领，部

东北野战军与廖耀湘兵团决战

署沈阳防务，然而，杜聿明却无功而返。

东北野战军消灭廖耀湘部后，马上调集重兵，直逼沈阳、营口。11 月 1 日，沈阳最高指挥官周福成向解放军投降，11 月 2 日，东北最大的城市沈阳宣告解放，11 月 8 日，刚上任不久的杜聿明率残部逃离营口，东北全境随之解放了！在这场老师对学生、学生对学生的同门大斗法中，小师弟林彪占尽了上风，东北 40 万国军被他囫囵吞枣，消灭得干干净净。这不仅得益于他娴熟的作战技巧与彪悍的作战风格，更得益于全国人民群众的支持和帮助，自此之后，中国的军事形势发生了根本变化，解放军在数量上超过了国民党军。

“二陈”淮海 PK 众同门

为了保证辽沈战役的顺利进行，中共中央在与蒋介石大军决战东北的同时，发出了“攻克济南”的指示。众所周知，地处津浦、胶济铁路交汇点的济南，是山东的省会和华东的战略要地，北能与平津声援，南可与徐州呼应，地势险要，易守难攻。“为了不让华东及华北的匪区连成一片”，蒋介石专门委派“名将”王耀武坐镇于此。骁勇善战的王耀武，无论是在十年内战期间，还是在八年抗战期间，都让他的对手感到敬畏，抗日战争胜利之后，他曾一度称病住院，企图保持晚节，只可惜天不遂人愿，王耀武最终还是被校长强行推上了内战前线。

为了确保济南的安全，王耀武在原有城防工事的基础上，构建了 600 余公里的永久防御工程，并狂妄地吹嘘济南“固若金汤”，“共军要想攻下一个据点是极不容易的”。然而，在华东野战军凌厉的攻势之下，王耀武引以为豪的防御体系土崩瓦解了，他本人也被解放军生擒。为了稳住开始动摇的军心，蒋介石宣布“王耀武壮烈牺牲”，可令人啼笑皆非的是，就在蒋介石宣布王耀武为“烈士”没几天，王耀武就在解放区电台呼吁，国民党军人应以大局为重，放下武器，及早起义。这不啻于一颗无形的炸弹，轰炸着国民党军的心理防线。

总而言之，济南战役的胜利，切断了国民党华东、华北地区陆路上的联系，既配合了辽沈战役的进行，又造成了威逼徐州、直捣南京的态势，从而为即将进行的淮海战役创造了条件。徐州处于津浦、陇海铁路交叉点，是国府南京的北大门，战略位置十分重要，乃历代兵家必争之地，“守江必守淮”也为国共两党领袖所牢记。正当济南战役激烈进行，但已胜券在握之时，中共中央军委就同意了粟裕的建议，“我们认为举行淮海战役，甚为必要”。于是，华东野战军攻克济南后，迅速移兵南下，抵达徐州以东，中原野战军则移兵东进，集结徐州以西，准备发动淮海战役。

华野、中野东西夹击徐州之势，让国民党当局大为震惊，蒋介石更是心乱如麻，痛苦万分。为了赢得这场中原逐鹿之战，蒋将自己最精锐的部队投入到了这一地区。事实上，济南战役一结束，徐州“剿总”司令刘峙，“剿总”副司令杜聿明，就开始在徐州附近部署80万兵力，企图阻止我军南下，以屏障首都南京。虽然当时刘峙也预感到国民党大势已去，但为了效忠待己不薄的蒋介石，他只有硬着头皮作最后的挣扎。如前所述，蒋介石在收买人心方面，非常重视感情投资，“你是我最信任的人”，“你是我最看重的人”，诸如此类的话往往让听者在兴奋之余，产生“士为知己者死”的冲动，可他们哪里知道，蒋介石在说这些甜言蜜语的时候，心里究竟在想些什么呢！

死心塌地为蒋卖命的杜聿明，或许最能品味其中的酸甜苦辣吧！在淮海战役即将打响之际，蒋介石曾沉痛地对他说，“师生前途，在此一战……你放下枪，我脱军装”，杜聿明看到校长如此信任自己，当即表示了与共军血战到底的决心。然而，让这位虎将没有想到的是，嘴里说着感人肺腑话语的蒋介石，早已盘算着将其家属扣为人质！杜聿明实在没有退路了。这也难怪，淮海战役关系着蒋家王朝的存亡，蒋介石怎么能没有戒心呢？一想起爱将或倒戈或投降的事，他就心惊肉跳，痛苦万分，他不能不防着被委以重任的杜聿明。

1948年11月6日，华东野战军发布了全线出击命令。淮海战役随之在以徐州为中心，东起海州，西至商丘，北起临城，南达淮河的广阔舞台上拉开了帷幕。这时的徐州“剿总”根据敌我的实际情况，正在准备改变作战计划，然而，未来得及撤退的黄百韬兵团，在解放军的步步紧逼下，龟缩于碾庄一带而动弹不得。第三绥区副司令张克侠、何基沣的阵前倒戈，更是让解放军“长驱南下，威胁徐州”，这无疑给了蒋介石当头一棒。如坐针毡、心乱如麻的蒋介石不禁大声呼号，“徐蚌会战实为我革命成败，国家存亡最大的关键”，“一定要解黄百韬之围”，“倘有延误，决按军纪从严惩处，不稍宽贷”。

全权负责徐州作战的杜聿明，在蒋介石的亲自授意下，命令黄维、李弥、邱清泉、孙元良部火速驰援碾庄，此外，蒋介石还亲命顾祝同飞抵碾庄上空，鼓励黄百韬率部突围，并带去了大批粮食、弹药、传单和总统勋章。感激涕零的黄百韬，对着助阵的飞机高呼，“总裁，请放心，我们一定坚持到最后一兵一卒”。然而，这一切都已毫无意义了，步步后退的黄百韬已无招架之功，又谈何还手之力呢？ 11 月 22 日，愚忠反共的黄百韬，在外援无望、大势已去之时，拔出左轮手枪，结束了自己的一生，剩下的残兵游勇也分头散去，各自逃命了。

黄百韬兵团被全歼之后，徐州“剿总”失去了右臂，战斗力更为削弱，而其他兵团提起解放军，犹如谈虎色变般恐慌，南京官员也纷纷搬家南徙，大有朝不保夕、土崩瓦解之势。蒋介石也隐约感到了国民政府的丧钟敲响了，为了鼓励将士做最后的一搏，他将黄百韬树为“效忠党国，自杀成仁”的“光辉典范”，并亲自追赠黄为上将。只可惜，蒋介石此时的任何举动，都无法挽回他的

徐蚌会战打响前的国民党军队

颓势了，他的嫡系部队黄维兵团，在驰援黄百韬兵团途中，被解放军包围于双堆集地区，而驰援黄维兵团的杜聿明，又旧戏重演般地被困于陈官庄地区，其他各部也都自顾不暇。

更令蒋介石痛心疾首的是，这场关乎他生死成败的大决战，竟是黄埔门生间的生死之搏。淮海战役前敌指挥陈毅、中原野战军4纵司令陈赓，都是他曾经非常器重的学生，尤其陈赓还曾不顾个人安危，救过他一命。可蒋介石怎么也想不明白，为什么自己苦心培养起来的学生，宁愿放弃高官厚禄，宁愿不要奢华生活，也要与自己抗争到底？如果这些学生真能“亲爱精诚”，团结在自己身边的话，那将是多么强大的力量。毋庸置疑，蒋介石永远都不会明白，这场老师、同门兵戎相见的独特一幕，很大程度上是他自己酿造的苦酒。

事实上，让黄维第12兵团陷入天罗地网的，正是陈赓率领的解放军第4兵团，这又是一场同班同学间的生死较量。黄维12兵团是在整11师的基础上扩编而成的，而整11师的前身则是陈诚起家的第18军，也就是蒋介石“王牌”中的“王牌”。得知黄维兵团成了瓮中之鳖后，蒋介石犹如热锅上的蚂蚁，急得团团乱转。无奈之下的蒋介石不断给黄维打气，“要固守下去，死斗必生”，此外，他还亲自找来胡琏商讨对策，并要求胡务必救出第18军。

人民解放军对黄维兵团发起进攻

胡琏看到校长对己如此信任，当场拍着胸脯作了保证，毕竟他对曾在黄埔军校担任自己连长的陈赓，还是有着一定的了解。只可惜，历经战火洗礼的解放军早已今非昔比了，即使被毛泽东称为“狡如狐，猛如虎”的胡琏，也无法挽救12兵团覆没的命运了。12 月 6 日，陈赓指挥的第 4 兵团协同兄弟部队，吹响了总攻的号角。如前所述，淮海战场上聚集了众多黄埔师生，他们或曾同堂上课，一室生活；或曾私交甚密，知之甚深，只是因为理想与主义的不同，他们走到了今天这一步。可是再怎么断杀、再怎么拼搏，都无法改变他们曾为兄弟的事实，陈赓也深知自己与黄埔同门并无私怨，因此，他在坚决打击负隅顽抗、愚忠到底的同门之时，还想尽办法争取黄埔友人“弃暗投明”。

黄维兵团第 14 军军长熊绶春，就是他积极争取的对象之一。熊绶春是黄埔三期生，陈赓担任过此人在校时的队长，故而对他相当熟悉。在第 4 兵团向第 14 军据守的杨围子发起总攻之前，陈赓亲笔写了一封劝降信，让第 14 军被俘的参谋长梁岱送去。这是陈赓第二次劝降自己的小师弟了，熊绶春见信后虽感动得热泪盈眶，但对率部投诚之事仍犹豫不决，以致“接受投降”的复信还未送到师兄陈赓手中，解放军总攻杨围子的战斗就打响了。仅仅一个小时的激战，第 14 军守军就被全歼了，熊绶春亦未能免于一死，实在令人遗憾啊！陈赓在战斗结束之后，专门命人为熊绶春立碑，以便其家人日后查找他的尸骨。

还是那句话，打断骨头连着筋，说啥也是一家人，陈赓的黄埔情缘，终其一生都不曾改变，即使后来身居高位，他仍对同门战犯关爱有加，正如陈赓自己所说，“我们从黄埔到大革命是团结在一起的，由于革命形势向纵深发展，把我们分向两条截然不同的道路。此后大家各走各的路，以致‘兄弟阋墙’，打了几十年仗。打来打去现在终于又合到一块来了，这是很难得的。过去的事就不谈了，过去的事就让它过去了。从此以后，我们应该团结走到底，好好在共产党、毛主席领导下做一些事情，永远不再分开了。”正是在这位黄埔老大哥的帮助下，杜聿明、宋希濂、王耀武、郑庭笈、杨伯涛等人，逐渐把立足点转到了共产党一边。

战斗进行至 12 月 15 日，黄维兵团因廖运周、黄子华率部起义，再加上弹尽粮绝，军心散乱，士无斗志，而被解放军打得如鸟兽溃散，纷纷夺路外逃，蒋介石的 12 万精兵就这样被悉数歼灭了，敌兵团司令黄维也当了俘虏。不过，相比在台湾受到排斥的老同事，黄维在大陆的日子过得还不错。他于 1975 年获得特赦，被安排在全国政协文史资料研究委员会工作，并多次受到周恩来总理的亲切接见。在纪念抗日战争胜利 40 周年时，黄维专门撰写回忆文章，表达了自己对“天下黄埔是一家”的期望，“祈求祖国统一，人同此心，心同此理，如统一早日实现，我当亲赴台湾和你们把酒言欢”。

黄维兵团的覆灭对蒋介石而言无异于釜底抽薪，现在他唯一的希望就是杜聿明了，为了鼓励杜聿明部坚守阵地，蒋介石向陈官庄空投了近百万份《黄百韬烈士纪念册》，蒋的意图非常明确，他希望士兵向黄百韬学习，“顽抗到底”，“自杀成仁”。只可惜蒋介石没有意识到，在这风雪交加、天寒地冻的日子里，他的士兵更需要粮食和衣物，而不是毫无用处的《纪念册》。或许，正是蒋介石这些适得其反的行为，帮助我军的政治攻势发挥了效用，以致很多士兵为了能填饱肚子，索性投奔解放军去了。杜聿明也逐渐意识到，蒋介石已是山穷水尽，回天乏术了，所以，他自己对陈官庄的战局也不再抱有希望。

就在杜聿明心乱如麻、无计可施的时候，他的黄埔同门、淮海战役指挥陈毅，专程派人送来了劝降信。信中不乏引起杜聿明共鸣的话，但杜还是不敢轻举妄动，他知道邱清泉是蒋介石派来的人，而且向来对蒋忠心不二，再者说，他的妻儿还在蒋介石的控制之下。其实，蒋介石十分希望自己的得意门生在不能成功的时候“杀生成仁”。既想报答校长之恩，又想保住妻儿的杜聿明，只剩下奋力突围、自杀成仁这一条路了。1949 年 1 月 6 日，杜聿明急电蒋介石，要求派飞机掩护他突围。只可惜，在解放军声势浩大的攻势下，即使国民党空军司令亲至陈官庄上空指挥，也没有帮上杜聿明多大的忙。

可以说，淮海战役的失利，让蒋介石陷入了绝境。在这场历时 66 天的鏖战中，蒋介石不仅输掉了赖以发动内战的资本，还丢掉了长江以北的统治权，更为严重的是，其统治中心南京的门户已完全洞开了，以至于纽约《先驱论坛报》预言，这是南京政府结束的征兆。难怪蒋介石悲叹道，“自此黄河以南地区，匪我兵力悬殊，势难挽转”。事实上，这是蒋介石自己酿就的苦酒，抗日战争胜利之后，久经战乱的人民希望和平建国，休养生息，国内各个党派也纷纷作出让步，承认蒋介石为全国领袖。然而，被胜利冲昏了头脑的蒋介石，却偏偏逆潮流而动，公然违背民意，最终惹得天怒人怨，葬送了大好前程。从这个角度来看，与其说蒋介石被革命力量推倒了，倒不如说他被自己打倒了。

第三节 挥泪卸“冠”

黯然下台

在东北野战军歼灭卫立煌集团之后，淮海战场上的国民党军队败局已定，而华北战场上据守平津的傅作义部，又在解放军的沉重打击下，失去了南北两面依托，陷入了山穷水尽、孤立无援的地步，中共中央决定抓住战机，将傅作义部就地予以歼灭。于是，林彪、聂荣臻组成的平津战役总前委，根据毛泽东制定的作战计划，采取围而不打或隔而不围的方针，分东西两集团着手分割、包围傅作义部，以防惊弓之鸟南逃或西窜。至 1948 年 12 月中旬，东野、华野完全切断了敌人的一字长蛇阵，欲跑不成，欲战不能的傅作义部，由惊弓之鸟变成了笼中之鸟。

紧接着，人民解放军采取了先打两头，后取中间的做法，以百万大军之势层层包围北平，老本基本被打光的傅作义，在西逃化为泡影之后，开始与中共秘密接触谈判。察觉到蛛丝马迹的蒋介石，遂相继派专员前往北平，劝说傅作义“效忠党国”。尽管傅作义曾一度犹豫不决，但在解放军强大的武力压迫与政治攻势下，他最终做出了接受和平改编的抉择，绝望至极的蒋介石不得不恳求傅作义，允其空运嫡系将领及装备南归，决意站在人民一边的傅作义，在解放军的密切配合下，彻底击碎了蒋介石最后的幻想。

可以说，1948 年底至 1949 年初的这段时期，是蒋介石最难熬的日子，他亲自督战辽沈决战，却惨败于学生之手，转而奔赴徐州，指挥淮海战役，却又是铩羽而归……军事上的接连惨败，不仅让蒋介石输掉了“坐天下”的本钱，还让他失去了幕僚心腹的信任。看着曾经忠心不二的嫡系骨干，或“自杀成仁”或“弃暗投明”，蒋介石心中难免空虚惆怅，然而，最终让他陷入绝境的，却是其幕后老板美国！对蒋介石失去信心的美国为了维护自己在中国的既得利益，积极筹划，图谋更换“奴才”。长期被蒋压在脚下的桂系李宗仁，顿时之间成了炙手可热之人，看来蒋家天下确实到了“油尽灯枯”的地步了！

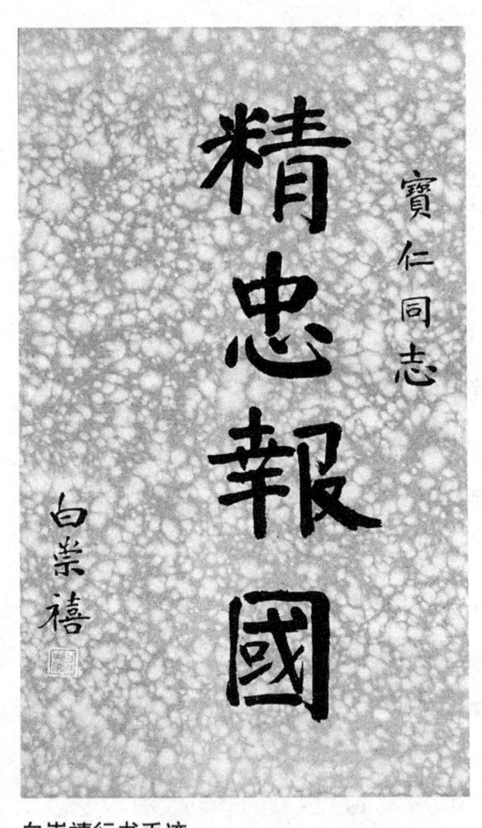

白崇禧行书手迹

就在蒋介石政权日趋瓦解的大背景下，桂系大佬白崇禧上演了一场“逼宫”闹剧。1948 年 12 月 24 日，白崇禧自武汉发出“亥敬”电，“民心代表军心，民气犹如士气，默察近日民心离散，士气消沉，遂使军事失利，主力兵团损失殆尽。倘无喘息整补之机会，则无论如何牺牲，亦无救于各个之崩溃……并望乘京沪平津尚在吾人掌握之中，迅作对内对外和谈部署，争取时间”。紧接着，长沙绥靖公署主任程潜、河南省主席张轸等人，也要求“总统毅然下野”，可以说，美国与桂系联合逼宫的态势，把蒋介石逼上了政治悬崖。

12 月 30 日，白崇禧又向蒋介石发出一电：“当今局势，战既不易，和亦困难。顾念时间迫促，稍纵即逝，鄙意似应迅将谋和诚意，转告友邦，公之国人，使外力支援和平，民众拥护和平。对方如果接受，借此摆脱困境，创造新机，诚一举而两利也。总之，无论和战，必须迅谋决定，时不我与，恳请趁早英断。”非常明显，白崇禧想借与中共和谈之良机，逼迫蒋介石迅即决断，“退位让贤”。面对桂系咄咄逼人的态势，蒋介石恨得咬牙切齿，然而，他已是无可奈何花落去了！1948年12月31日，在总统府举行的新年“团拜”宴会上，被逼无奈的蒋介石发表了以保存伪宪法和反动军队为前提的“求和”声明：

“三年以来，政治商谈之目的，固在于和平；即动员戡乱之目的，亦在于和平。但是今日时局为和为战，人民为祸为福，其关键不在于政府，亦非我同胞同政府的片面的希望所达成。须知这个问题的决定完全在共产党。国家能否转危为安，人民能否转祸为福，乃在于共产党一念之间……只要中共有和平诚意，能作确切表示，政府必开诚相见，愿与商讨停止战争恢复和平的具体方法”。由此可见，发出“求和”声明的蒋介石，并没有和谈的诚意，这不过是他摆脱颓势的权宜之计，因为在他的心目之中，共产党是心腹之患，是挑起内乱的祸首，只有彻底将其歼灭，才能获得真正的和平。

在将国内不能实现和平的责任完全推给共产党之后，蒋介石又“委屈”地表示，“中正毕生革命，早置生死于度外，只望和平能早日实现，则个人进退出处，绝不萦怀，而一唯国民的公意是从”。实际上，蒋介石含糊其辞地提出下野，只是想看看南京国民政府文武大臣的反映，他希望党内重要人士能站出来，支持他，挽留他。以退为进、蓄势待发，是蒋介石惯用的政治策略，每当形势不能随他的心愿时，蒋总是在退中创造机会，在退中投石问路，其结果往往是，他一旦重出江湖，必将获得更大的职权。毋庸置疑，蒋介石希望屡试不爽的“以退为进”策略，也能助他渡过这次难关。

然而，军心已溃，民心已失，蒋介石纵然巧舌如簧，也难以挽回人心了！党内各派对他的下野反应冷淡，固然让蒋心痛不已，但李宗仁的一席话，却让他的心都凉透了，“总统对国家人民贡献甚著，去留出处，总统当有明鉴，我与总统并无不同意见”。“娘希匹！好一个并无不同意见！”蒋介石心中不禁暗骂道，李宗仁可是倒蒋运动的源头和主力，这下他终于得偿所愿了。总而言之，蒋介石费尽心机发表的新年祝词，非但没有达到他“以退为进”的目的，反而徒增了与会者“流水落花春去也”的悲哀，那些感到死亡气息扑面而来的蒋氏死党，不禁在宴会上嚎啕大哭。

不过，心存侥幸的蒋介石仍在观望，如果杜聿明部或傅作义部能够保存，或中共中央同意了他的和谈条件，那么，桂系就失去了“逼宫”的理由，他也可以获得“重整旗鼓”的机会。然而，蒋介石的如意算盘还是落空了，洞悉了其用意的毛泽东在新年献词中，发出了“将革命进行到底”的伟大号召，“至三十八年一月中旬，共军已席卷江北……中共大军百余万饮马长江，南京已微闻炮声，局势发展至此，……‘即死硬如CC分子，亦深信蒋先生下野乃必然之趋势’”。1月21日，万般无奈的蒋介石宣布“引退”，“政府有意息兵言和，无奈共党一意孤行到底，战事仍然未止，和平之目的不能达到……决定身先引退，以冀弭战消兵，解人民倒悬于万一”。

真是世事难料啊！本欲凭借“八百万”军队歼灭“星星之火”，孰料，自己不但一败再败，还输掉了大好江山，一想起败给“小米加步枪”的“共匪”，蒋介石不由得面露无限悲怆之色，其心腹亲信见之，无不黯然涕下。1月21日下午四点十分，黯然下台的蒋介石，在陈诚、陈仪、蒋经国的陪同下，踏上了“美龄号”专机，驾驶员遵照蒋介石的叮嘱，低空绕南京城盘旋一周。潸然泪下的蒋介石深知，“无限江山，别时容易见时难”，随着六朝古都渐渐远去，蒋介石也踏上了不归之路。

暗中操纵

回到溪口老家的蒋介石，表面上不问世事，息隐于山水之间，实际上，他还牢牢地遥控着南京的一切。奔赴溪口、请示裁决的党政要员，源源不断、川流不息。至此，李宗仁才真正清楚了“代总统”的含义了，即形同虚设，毫无职权，其实，早在李宗仁就任“代总统”之时，就已注定他将一事无成。果不其然，李宗仁试图与中共“和谈”，但蒋氏亲信根本不把他放在眼里，好不容易派出了和谈代表，可是没有蒋介石的首肯，任何协定都无法签署，以致和谈代表集体“起义”，投入人民的怀抱，解放军随即挥师南下。

1949 年 4 月 23 日，国民党苦心经营三个半月的长江防线，被中共百万雄师彻底摧毁，李宗仁慌忙乘飞机逃往西南。回顾几个月来当代总统的经历，李宗仁不禁百感交集，悲愤不已，“在蒋先生幕后控制之下，政治无法改革，军队无法调遣，人事无法整顿，军政费无法支付，经济完全崩溃，守江谋和的计划无法实施”，“凡此种种，均系蒋先生有意出此，让我早垮台”。尽管后来蒋介石一再表示“放手”、“不问”，但撤退至广州主持军政的李宗仁，依然处处受到牵制，事事受到掣肘。1949 年 11 月 20 日，不堪忍受蒋幕后独裁的李宗仁，以“胃病复发，十二指肠有流血症象，精神至感疲惫”为由，携妻子儿女“赴美就医”。

逼垮强劲对手李宗仁之后，蒋氏门生开始大造舆论，拥蒋复出。“喜出望外”的蒋介石，更是从幕后走到了台前，亲自为亲信摇旗呐喊。1950 年 2 月 4 日，台湾《中央日报》发表社论，呼吁蒋介石“绾领国事，统帅三军”。紧接着，“监委”、“立委”纷纷致电李宗仁：“总统职权不能再事悬虚，倘若届时不能返国，唯有呼吁总裁继使总统职权。”2 月 21 日，非常委员会再次向李发出最后通牒，坚持李必须于电到 3 日内返回台北，否则即以放弃“代总统”职守论，并要求蒋介石复任。毋庸置疑，这些来自官方与民间的呼吁，自然均秉承了蒋介石的意旨，事实上，早已看清形势的李宗仁，根本不会再做傀儡，而蒋介石复出也成了不可改变的事实。

1950 年 3 月 1 日，经过一番紧锣密鼓地准备后，蒋介石在台湾正式“复行视事”，“际此存亡危急之时期，已无推诿责任之可能。爰于3月1日复行视事，继续行使总统职权”，至此，蒋介石几经周折，又夺回了失落了一阵的“王冠”。在大陆的统治已崩溃，即使是个“落草王”，蒋介石也要抢着当，由此可见，蒋介石是个权力欲望极强的人。蒋介石也是一个睚眦必报的人，事实上，自被桂系“逼宫”下野之日起，他就准备看李宗仁的笑话，以至于李宗仁登场之后，非但没有缓和国内矛盾，反而使矛盾更加激化，从而加速了国民党在大陆的全线崩溃。

第十三章
偏安台湾

第一节 “光复国土，反攻大陆”

重建黄埔

“钟山风雨起苍黄，百万雄师过大江。虎踞龙盘今胜昔，天翻地覆慨而慷。宜将剩勇追穷寇，不可沽名学霸王。天若有情天亦老，人间正道是沧桑。”当老对手毛泽东指点江山、激扬文字之时，惶惶逃亡台湾的蒋介石却在反思，为什么自己麾下将星云集、坐拥美元军械，却会败给“小米加步枪”的“流寇”？遥想当年黄埔起家，北伐督军，王朝开张，抗战统筹……是何等的威风凛凛，而今孤家寡人，众叛亲离，只能退守孤岛苟延残喘，真可谓世态炎凉，变化莫测啊。更让蒋介石伤心欲绝的是，许多追随他多年的黄埔嫡系，在国民党大厦将倾之时，不是竞相逃亡海外，就是公然投入“敌方”，无怪乎蒋介石曾发出如此感叹“黄埔精神不死”，换言之，黄埔学生的精神不肯为蒋死，而为蒋死者非黄埔出身之人。

对这些败逃台湾的一干昔日所谓的精兵良将，蒋介石很难再对他们青睐有加，此外，为了给儿子蒋经国“上位”铺平道路，蒋介石必然排斥曾权倾朝野的元老重臣。所谓“祸兮福之所倚”，大陆时期由于派系复杂，蒋经国又羽翼未丰，资历尚浅，因而要想进入国民党的决策圈，实在是“难于上青天”，如今亡命孤岛的蒋氏父子，已无须顾虑党内平衡。经过大动乱的清洗与淘汰后，

晚年的宋美龄和蒋介石

党内重臣元老已所剩无几，况且，他们大多已失去与蒋一较高下的资本，于是，一大批曾红极一时之人，瞬即被解除了印绶，打入了冷宫，例如，何应钦、白崇禧、阎锡山……

追随校长偏安孤岛的黄埔嫡系，同样失去了往昔的风光。实际上，在数千名黄埔成员之中，在台仍然手握实权者，不过数十人而已。即使曾经显赫一时的胡宗南，也因背负“失去大陆江山”的重责，而黯然无光，辉煌不再了，以致心情低落的胡宗南向部下抱怨，“我们不应该到这里来”。自此之后，胡宗南“西北王”的历史，彻底画上了句号。其他失宠的黄埔将领就更不用说了，他们大多生活无计，苟活于世，相比那些“弃暗投明”的黄埔同仁，他们或许更希望自己当年留在大陆吧。在长沙宣布起义的陈明仁，被毛泽东授予上将军衔；在北京投向人民阵营的张治中，则被誉为“和平将军”……不仅主动走向共产党的黄埔系，摇身变成了新中国的军政要员，即使那些被俘的黄埔将领，经过一段时间的改造之后，也变成了全国人大代表、全国政协委员，真是天渊之别啊！

尽管黄埔系由于各种复杂的原因，在蒋介石逃亡孤岛台湾之后，就不可避免地衰落了，但一提起黄埔岛，蒋介石仍眉飞色舞。为了实现“反攻大陆，光复国土”的幻梦，蒋介石决意继续发扬黄埔精神，培养效忠于己的青年才干。1950 年 3 月 1 日，蒋介石代表国民政府宣布，“陆军官校为革命军基本人才培养的基地，与建军建国的前途有莫大之关系，早就应该恢复……这次任命罗友伦同志为校长，正式恢复军校”。同年10月，黄埔军校以“中华民国陆军军官学校”的名称被重新建立，并续办第24期作为黄埔军校的继续。不过，重新培植起来的黄埔系，已不再像他们的前辈那样，可以领衔“主演”中国错综复杂的现代史，毕竟黄埔军校只是给他们提供了“考试的机会”，而真正造就将军的却是三十年的疆场。战争是最残酷的考场，坚韧、果敢、机智的黄埔幼苗，经过一次又一次的战场洗礼，逐渐成长为掌握战争规律的栋梁，并带领越来越多的后进者取得胜利，可以说，历史特别厚爱黄埔人，也正是风云际会的大时代造就了黄埔的辉煌，尽管败逃台湾的蒋介石，梦想重铸黄埔昔日的辉煌，也期盼黄埔生再创奇迹，助他反攻大陆，实现统一。然而，一批批领路的黄埔老将已经倒下去了，而黄埔幼苗又失去了“实践考试”的机遇，他们要想成长为独当一面的大将，是何其的不容易啊！毋庸置疑，要想依靠他们反攻大陆，也是“难于上青天”。更何况，在共产党在野之时都不能将其彻底歼灭，现在又如何能打败执政的共产党呢？大陆人民在毛泽东的领导下，已犹如铁板一样坚固。

叫嚣“光复大陆”

对蒋介石来说，丢失大陆，退守台岛，是件非常痛苦的事情，想想当年傲视群雄、指点江山，是何其威风！曾经的民国天字第一号人物，难道要孤老在这四海茫茫的小岛上？难道再也看不到“青天白日光明灿烂的国旗”在南京飘扬了？不甘心就此失败的蒋介石，自退守台湾的那一天起，就开始叫嚣着“光复大陆”，尽管他已输光了角逐大陆的本钱，尽管他的黄埔嫡系已无可奈何花落去了！1950年1月1日，蒋介石以“在野”国民党总裁身份，呼吁大陆同胞“接应国军的反攻”，“只要俄国共产侵略主义者在我们中国占有一寸的土地，我一息尚存，必不中止反侵略、反集权的奋斗。我竭诚号召我国同胞，团结一致，万众一心，与共产国际奋斗到底……完成我们反共抗俄，救国保种的神圣使命”。

事实上，蒋介石每逢新年、青年节、双十节，都要重弹“光复大陆”的老调，只是不见他有任何实际行动。更令人啼笑皆非的是，蒋介石制定的反攻日程表，也以种种借口一改再改。1950年，蒋介石提出“一年准备，二年反攻，三年扫荡，五年成功”；1955年，蒋介石又提出“自今天算起，政府确信多则七年，少则五年以内，必定可以完全达成这一任务”……蒋介石深知自己是泥菩萨过河自身难保，“反攻大陆”不过是他的梦想而已，不过，为了维护蒋家小朝廷偏安孤岛的局面，他必须打肿脸充胖子，一路高唱“反攻大陆”的论调。针对蒋介石提出的一再修改计划的解释，李敖先生一针见血地讽刺道，“蒋介石这种你打我，我就立刻反攻，立刻在三个月后反攻；你不打我，我就不立刻反攻，要一年后再反攻的说法，是根本不通的。因为力能反攻，就该反攻，和敌人来不来侵，又有什么关系？”

不管“反攻大陆”是否能实现，蒋介石的方案陆续出台，他甚至异想天开地设立专门机构，负责反攻成功后的大陆“重建”工作。蒋介石还是存在一丝侥幸心理的，如果美国政府“同情支援”，抑或是大陆同胞“起义发难”，那么国军“光复大陆、实现统一”便指日可待。只可惜，蒋介石没有看到大陆人民正以空前的热情建设新生活的事实，正如曹聚仁教授所说，“在大陆的中国人民，从心底期望中共政权能够巩固下去，他们体会到他们的幸福是和中共共存的，他们不愿意再看到一次内战或对外的战争。没有人再提起蒋介石，也没有人再想到他，会想到蒋介石的人，事实上已经不存在了”。

总而言之，“光复国土，反攻大陆”是蒋介石晚年挥之不去的情结，但不管这一幻梦的前景究竟如何，蒋介石眼下面临的最紧迫任务，却是守住孤岛台湾。台湾是他的“流亡政府”的立足之本，也是残兵败将“重整旗鼓”之地，如果连这个小岛都保不住的话，蒋介石集团将“死无葬身之地”。然而，蒋介石带领“国民政府”退至台湾后，整个小岛陷入了危机与混乱之中，人心惶惶，不可终日。的确，一群未经整补训练的乌合之众，一群溃败至孤岛的残兵败将，如何能抵御解放军凌厉的攻势呢？此外，经济上物资匮乏，物价飞涨，政治上领导混乱，人心涣散的局面，进一步加剧了国民党人的挫败感。

党政要员张道藩后来在描述逃台后的心情时说，“我现在觉得一切事情都没有希望，既不能为党国力挽狂澜，也只有暂求苟全生命……如果老是这么拖下去，我真有自杀的可能”。而“西北王”胡宗南更是大呼：“我们应该在什么地方自杀啊？这里真没有意思啊！”置身于到处弥漫着失败主义氛围的孤岛台湾，面临着一触即溃的政治、经济、军事形势，蒋介石本人也无可奈何地供认，“这次大陆反共军事悲惨的失败，并不是共匪有什么强大的力量足够打败我们国民革命军，完全是领导国民革命的本党组织瓦解，纪纲废弛，精神衰落，藩篱尽撤之所致……戡乱失败的最后一步，还是在党的失败。而党的失败主因，实在三民主义信仰的动摇”。

致力于以“田单复国”精神发愤图强，幻想有朝一日，实现反攻大陆的蒋介石，在总结大陆失败的惨痛教训之后，决意改造腐败不堪的国民党，“党内不能团结统一，同志之间派系分歧，利害摩擦，违反党纪，败坏党德，以致整个的党，形成一片散沙，最后共党乘机一击，遂致全盘瓦解，彻底崩溃”。事实上，蒋介石被逼交出“王冠”之后，花费了大量时间探究失败的原因，溃逃至台湾后，他更是反复深思这个与自己命运攸关的问题。自第一次国共合作破裂之后，国民党政治最大的特点就是派系争斗，且不说蒋、桂、阎、冯四大派系相互倾轧，就算蒋介石自己的黄埔系，内部也是矛盾重重，纷争不断，毕竟蒋介石最擅长“制造矛盾，操纵矛盾，利用矛盾，分而治之”的权术。

失去统治根基的惨痛教训，让蒋介石深刻地意识到，如果让派系争斗的局面继续下去，“则党必归于毁灭，永无复兴的希望”，为此，“要不惜牺牲感情与情面，虚心接受在大陆失败的教训，进行彻底改造，愿为‘反攻复国’大业鞠躬尽瘁，争取最后胜利”。蒋的这番“肺腑之言”，让感同身受的部分官员，紧密地团结在了他的周围，并以彻底改造国民党、领导“反攻”斗争为奋斗目标。尽管蒋介石口口声声要消除内耗现象，消灭派系倾轧，但他骨子里还是要借此清除异己，以建立清一色的蒋家天下。蒋介石还要为儿子培植一批心腹，以防止“陈桥兵变”的再现。不过，这场改造运动在一定程度起到了改革和整顿的作用，毕竟它使处于危殆中的国民党稳住了阵脚，而国民党的稳定对台湾日后经济的起飞有着深远影响。

可以说，蒋介石是名副其实的一代枭雄，即使在大陆的统治全线崩溃，他仍能凭借自己的智谋与权术，在孤岛台湾重登权力巅峰，并为儿子继承王位铺平道路。尽管蒋介石“光复国土，反攻大陆”的叫嚣，让我们觉得极其荒唐与鲁莽，但从更深层面上来看，这恰恰反映了他的大智慧。毋庸置疑，背井离乡的蒋介石时刻梦想着回归故土，梦想着重振昔日雄风。随着中共政权越来越稳固，蒋介石慢慢冷静了下来，既然回归大陆已无可能，他就要将台湾建成“复兴”基地。据时任台湾省“主席”的吴国桢后来回忆说：蒋介石早在50年代就已放弃了“反攻大陆”的计划，其政策重点也转移到了岛内，但出于内政外交的需要，他又不得不继续高唱“反攻大陆”。

事实上，与其说“反攻大陆”是蒋挥之不去的心结，倒不如说是他的一种权谋。从大陆溃退至台湾的残兵败将，时刻梦想着“回家”，如果蒋介石不给他们“反攻”的幻想，很容易人心涣散，军心不稳；此外，台湾人民对外来的蒋介石独裁统治，并没有多少认同感，只有制造“反攻大陆”的紧张气氛，才能分散岛内民众的注意力，从而维护蒋家小朝廷的统治。基于上述种种原因，蒋介石的“反攻大陆”基本上是纸上谈兵，没有什么大的动作，更没有形成什么气候。不过，蒋氏父子不断向岛内民众宣传“根在大陆”的理念，以及“反攻大陆”的政策，使得台湾虽与大陆隔绝了几十年，但仍保存着中华文化的血脉，而正是这点血脉维系了“一个中国的认同感”，从而为“反对台独，促进统一”保留了根基。

维护祖国统一

20世纪50、60年代，美国出于遏制中国的战略需求，企图把台湾从中国分离出去，正有求于美国助己“反攻大陆”的蒋介石，在这一关键时刻，与老对手中共形成了某种默契——维护祖国统一，防止台湾分裂。1955 年 2 月 24 日，蒋介石在中外记者招待会上明确表示，“‘两个中国’的说法，真是荒谬绝伦”，“台湾与大陆本属一体，骨肉相连，休戚与共”。可以试想一下，如果蒋介石当年完全听任美国的摆布，割断两岸的脐带关系，现今的海峡两岸会是何种光景呢？与国际上“台湾地位未定论”遥相呼应的是“台独”分子分裂祖国的主张，尽管蒋介石也非常痛恨大陆的共产党政权，也非常希望建设台湾、巩固台湾，但他却更痛恨分裂国家的“台独”分子。在蒋介石“谁搞台独，我就搞谁脑袋”的决心与号召下，“台独”势力无所遁形、毫无作为，而台湾的黄埔后人则在耳濡目染下，高呼台湾与大陆“同宗同源，一脉相承”。

浅浅一弯海峡终究无法阻隔血浓于水的殷殷情义，即便孤悬海外的蒋氏政权在民族大义面前，也牢牢坚守住了“一个中国”的底线。至此，不同信仰、不同政见、不同主义的国共党人，再次找到了他们的交集点。“渡尽劫波兄弟在，相逢一笑泯恩仇”，在战场上为了各自信仰拔刀相见的老一代黄埔人，在新的时代背景下握手言和，把酒言欢，正所谓“钢刀归钢刀，同学归同学”。在这种无法割断的特殊历史情缘下，黄埔后人再次聚到了一起，高呼“宏扬三民主义，发扬黄埔精神，促进国家统一，策进民族复兴”，因为他们深知自己是国共两党唯一的情感纽带，他们担当着承继、发扬两岸历史渊源的重任。

第二节 巩固权力

鼓吹“反共抗俄”

为了总结国民党退守台湾后的改造成果，进一步巩固蒋氏父子的权力核心地位，1952 年 10 月 10 日，蒋介石一手策划的国民党第七次代表大会，在台北阳明山庄大礼堂举行，身着戎装、佩戴青天白日勋章的蒋介石，主持了开幕式，并致开幕词，“这次本党是从大陆剿匪失败撤退到台湾，在风雨飘摇，颠沛流离中，重新改造之后才举行这次代表大会……（它）是我们革命历史的存亡续绝，中华民族的起死回生唯一关键……”此外，蒋介石还在大会上宣布，国民党改造工作“已告一段落”，“本届大会的责任，就是要承本党改造之后，努力完成反共抗俄的国民革命第三任务”。

10 月 13 日，蒋介石代表国民党中央改造委员会，在全体大会上做了政治报告，除了阐述国民党改造的重要性外，他还检讨了国民党最近七年的失败，最近三年的努力，以及朝鲜战争的影响与今后努力的方向。蒋介石宣称，这篇报告是以“一片赤忱，坦率质直”的态度，来“检讨过去的错失，接受革命的教训……以建立本党今后努力的方针，指出各位代表和全党同志今后应尽的责任”，尽管蒋介石对大陆失败的剖析，引起了很多国民党人的共鸣，但他对失败原因中的倒行逆施、政治腐败、经济败坏、军心不齐等却只字不提，毕竟他的专制独裁是失去民心的根本原因，一切依靠个人，而不是民众，导致监督机制缺失，百官擅权而无人敢问，加之自己又不能以身作则，于是，政局便一发不可收拾了。

痛定思痛后的蒋介石深感，“在和共产主义的战斗中，政治意义重大”，他认为国民党之所以全面崩溃、诀别大陆，很重要的原因是宣传不够主动，理论不够充实，“反共复国大业，决不是单靠有形的军事力量来完成的……要知道，革命战争主要是靠社会民众和主义思想的力量来支持和成功的”，为此，蒋介石开始披挂上阵，著书立说，以加强反共“心理建设”，他在 10 月 16 日向大会提交的《反共抗俄基本论》，就是他一系列反共论著中的“经典之作”。

《反共抗俄基本论》打着三民主义旗号，攻击共产主义和中共，指出苏共思想是“建立集权独裁的专制制度，对世界进行征服人类的思想系统”，中共是“流寇与汉奸以及侵略者工具的结合，其暴虐凶顽，为历史上空前未有”，而大陆新政权则是“汉奸政权”，其最终目的是“控制国家，控制人民，把中国政治上并入苏维埃联邦为藩属……经济上加入俄帝国防体系，为其侵略战的工具”，从而使“整个中国属于俄帝的苏维埃政权的版图”，为此，“反共抗俄”已成为国民革命第三期的根本目标，必须打倒“共产国际第五纵队之朱毛奸匪”，以使“社会生存、国民生计和群众生命获得确实保障”。

可以说，蒋介石在《反共抗俄基本论》中的言论和观点，赢得了与会代表的普遍赞赏。大会秘书长张其昀称此为本届大会的“第一议题”和“具有历史性的文件”，列席大会的国民党元老于右任对此更是赞赏有加，大会在《决议》中如此称道，“总裁交议之反共抗俄基本论，对本党主义精华，革命道路，及反共抗俄应采方略，乃至必胜必成之道，提示周详，深切著明，实为本党今后反共抗俄革命建国在思想言论及行动上遵循之准则。本大会兹特郑重决议，敬谨接受，凡我同志，务须因认识之统一，求力量之集中，同时亦应本所提示之基本原则与理论纲领，悉心研讨，实践躬行，以期发扬光大，臻之完善，而本党主义之实现得最后之胜利，亦将于此获得最大之保证”。

1952 年 10 月 18 日，国民党七大秘书长张其昀宣布，根据大会主席团的一致决议，提请蒋介石为国民党总裁。紧接着，王惠生对此任命予以说明，“我们处在这个危险的时候，只有一条路可以自救救人，这一条路是什么呢？就是我们全党同志要坚决一致地精诚团结，一心一德，拥护继总理而领导我们一直到今天的蒋中正同志为总裁，继续领导我们贯彻本党的主义，早日完成反共抗俄的伟大使命，希望各位代表公决”，接着，陈诚也说道，“今天我们有如在海洋上的救生艇，我们要把这个救生艇靠登彼岸，拯救大陆同胞，这是我们的使命。要达到这个使命，最重要的需要有一个领袖，来领导我们使救生艇能够靠过彼岸”，然后，他要求与会人员起立表决，全场遂起立鼓掌，并高呼“总裁万岁”。

根据蒋介石的提名，陈诚、蒋经国、张其昀、谷正纲等 32 人为中央委员，郑介民、毛人凤等16人为候补中央委员，“党国元老”于右任、何应钦、阎锡山等48人为中央评议委员。在随后召开的七届一中全会上，蒋介石的心腹陈诚、蒋经国、张道藩、谷正纲等10人当选为中央常务委员，张其昀复任国民党中央秘书长，周宏涛、谷凤翔任副秘书长。由此可见，经过大动乱的清洗与淘汰，以及国民党的改造与重建，蒋介石将反对派统统挤出了决策圈，曾显赫一时的“党国中坚”，如孙科、何应钦、阎锡山、白崇禧等，或被安排在有职无权的评议委员会，或被封以有名无实的“顾问”头衔，如此一来，台湾成为清一色的蒋家天下，蒋经国也名正言顺地进入了决策圈，从而为继承大统铺平了道路。

连任“民国总统”

众所周知，深受封建传统熏染的蒋介石，皇权思想极其浓厚，自登上权力巅峰那一刻起，他就梦想着有朝一日传位于子，正如吴国桢所说，老蒋“爱权甚于爱国，爱子甚于爱民”，为了实现这一愈来愈迫切的愿望，蒋介石在费尽心机排除各方障碍的同时，也在处心积虑地巩固个人的独裁统治，毕竟只有他的地位稳固了，蒋经国才可能在其荫庇下，一步步地掌握实权。不过，当历史的车轮缓缓驶入1954年时，蒋氏父子却遇到了麻烦。根据“中华民国宪法”第四十七条的规定，“总统、副总统之任期为六年，连选得连任一次”，从蒋介石1948年就任总统算起，他的六年任期行将结束，然而，权力欲望极强的蒋介石，岂肯轻易将手中权柄交出？但若不举行第二届“总统”选举，又不好向台湾民众交代，毕竟这属于违“宪”行为，如何才能顺理成章地连任总统呢？

经过一番苦思冥想之后，蒋介石开始了幕后运作。1953年9月27日，他借口大陆人民“无法自由选举”，批准了“行政院”的建议：第一届“国大代表”继续行使职权，直至第二届“国民大会”召开之日止。按照“中华民国宪法”的规定，每届“国民大会”代表任期6年，行使选举正、副总统的权力一次，然而，第二届“国民大会”何日召开，因“反攻大陆”无望而成了未知数，如此一来，跟随蒋介石逃至台湾的“国大代表”，从六年一任改为了终身制，台湾人民对此非常不满，讥讽这些代表为“万年国代”。事实上，蒋介石的意图已经非常明显了，他就是要依靠这些“终身代表”选举“终身总统”。远在大洋彼岸的李宗仁，对此看得非常透彻。1954 年 1 月 3 日，李宗仁致信蒋介石称：“迩者，总统六年任期届满，正为吾侪还政谢罪之时，岂竟私心恋栈，意欲召集第一届国民大会代表违法选举第二届正、副总统，舆论哗然，国际侧目。中外人士均认为此种选举，违法乱纪，决不可行。”

不管从哪个角度看，李宗仁说的都在理，但蒋介石仍一意孤行地将当年在南京上演的闹剧，再次搬到了台湾地区这个小舞台上。1954 年 1 月 9 日，根据已被中国人民否定的法统，蒋介石颁布了“总统令”：“兹依据中华民国宪法第二十九条之规定，国民大会定于中华民国四十三年二月十九日集会。”然而，麻烦又出现了。因国民党仓皇逃至台湾时，许多“国大”代表或选择移居海外，或选择滞留大陆，故出席 1954 年“国民大会”的代表不足法定人数，伤透脑筋的蒋介石最后不得不修改“选举法”：逾期不报或行踪不明 3 年以上者，依“法”取消代表资格，经过这一番折腾后，3045 名“国大代表”有 1643 人报到，超过法定出席会议的半数，只是这 1643 名代表并不都居住在台湾，也很难保证出席“国大”并投票支持蒋介石，于是，蒋介石又操纵“立法委员”修改了《国民大会组织法》，将“开议人数须半数”改为“三分之一”，这就保证了他连任“总统”的万无一失。

在蒋介石一番紧锣密鼓地准备后，一届二次“国民大会”于 1954 年 2 月 19 日在台北中山礼堂拉开了帷幕，会议临时主席胡适在开幕词中引经据典，说明此次会议的“合法性”。随后，蒋介石在致辞中宣称，“中正受国民托付之重，兢兢业业，唯恐其不能负荷，而最近四年来，大陆各省的失陷，亿万同胞的奴辱，我个人更不愿辞卸其应付的责任。今日中正唯一可以自慰而与代表诸君共勉的，就是自由中国的境地，从暗淡里重见光明，反共抗俄的前途，在险恶中显示了转机……”紧接着，与会代表开始将目光锁在了“罢免李宗仁”与“选举新总统”两项议题上。事实上，早在国民大会召开之前的 2 月 15 日，国民党就召集第七届中央临时全会，内定了总统、副总统候选人的名单。

据称，在与会代表讨论正、副总统候选人时，蒋介石假惺惺地提议，如提名党内同志为总统候选人，则以于右任为适宜；如提名党外人士为总统候选人，则以胡适为适宜。洞悉蒋介石用意的于右任当即表示，“在今天这个局面之下，除了总裁，没有第二人可以担负起领导全国的重任”，全会遂就蒋介石为总统候选人进行了表决，由蒋介石的心腹投票表决，其结果可想而知，蒋以 32 票全票被提名为总统候选人。临时全会将投票结果向蒋介石陈述时称，“今日本党对总统候选人之提名，为海内外爱国同胞希望之所寄，而其希望无不属于总统。我们体念国民的心意，更受全党的付托，惟有对总裁于革命的责任外，再加以政治的责任”，随后，蒋之心腹陈诚被提名为副总统候选人。

为了标榜选举的公平与公正，蒋介石还命令“政治花瓶”民社党提名总统候选人，民社党明知这不过是掩人耳目的伎俩，但是又不敢得罪蒋介石，只能推出“总统府资政”徐傅霖为总统候选人，石志泉为副总统候选人。后来，又有无党派人士莫德惠参加总统竞选，王云五参加副总统竞选，但时隔不久后，两人又宣布放弃竞选。3 月 20 日，“国民大会”进行了第一轮“总统”选举，结果蒋介石得了 1387 票，徐傅霖得了 172 票，尽管蒋总裁在“公平”的竞争中占据了绝对优势，但未能达到法定的 1523 票，依据“总统、副总统选举罢免法”的规定，“如果候选人仅有两名，第一轮投票无人各代表总额过半数之票数时，就该两名重新投票，圈选一人，以得较多票数者当选”。3 月 22 日，“国民大会”举行了第二轮投票，蒋介石以得票较多，如愿以偿地连任“总统”。随后，陈诚也经过两轮投票，击败民社党对手石志泉，当选为副总统。

至此，蒋介石自编自导的这场选举闹剧落下了帷幕。在连任国民党总裁之后，蒋介石又连任了“中华民国总统”，表明他在台湾已逐步站稳了脚跟，这不仅使蒋家小朝廷的“法统”地位得以维持，还为其日后成为“终身总统”铺平了道路，不过，他的非法总统干到1960年，还是出了大问题。根据国民党奉行的“中华民国宪法”有关“总统”任期的规定，总统最多只能当12年。蒋介石1948年出任总统，1954年连任总统，到1960年任期届满，也就是说，在六年一次的政治季风吹临台岛时，蒋介石个人的政治生涯走到了十字路口，现在的他该何去何从呢？是顺势依“法”退下来，还是恋栈高位违“法”干下去？

“终身总统”

毋庸置疑，蒋介石是不肯轻易退位的，经过这么多年的苦心经营，好不容易造成了一统天下的局面，哪能轻易交出权柄呢？然而，明文规定，白纸黑字，清清楚楚，又怎能悍然“违宪”呢？看来这次蒋介石要想连任“总统”，必须要费一阵手脚了，事实上，从50年代末开始，蒋之心腹就不断提出修改宪法，以为连任“总统”扫除法律障碍，如果这条路行得通的话，不失为一条正大光明的捷径，出乎意料的是，坚决反对修改宪法的竟是蒋介石，1959年12月23日，他在参加“光复设计委员会”第六次全会时，系统地阐述了反对“修宪”的理由，见于12月24日的《联合报》所载：

“我还要在此重申我去年在贵会所说的我不赞同修改宪法的主张，关系于我们反攻复国的计划，更为重要，因为当前形势的扩展，使我个人认为是我们政府、民意代表和全国军民同胞，都要全心全力——集中一切意志，一切力量，以及一切时间，用于反攻大陆，消灭奸匪，拯救大陆同胞的基本任务的行动，实莫过于光复大陆；我们光复大陆的武器，亦莫过于尊重宪法，当然宪法之应否修改，乃为国民大会全体代表的职权，非中正个人所能干预，但中正此一愿望恳切地盼能为大家谅解和采纳。”

既要“越法”连任总统，又不允许修改宪法，这可难坏了蒋介石的智囊团，所谓“山重水复疑无路，柳暗花明又一村”，正当他们无计可施之际，突然有人想起了《动员戡乱时期临时条款》。1948年第一届国民大会召开之时，因深感宪法执行起来有些碍手碍脚，与会代表经过一番冥思苦想之后，制订了这一临时条款，以借口“动员戡乱时期”冻结“宪法”的某些条款，从而使总统获得紧急处分权，即“总统在动员戡乱时期，为避免国家或人民遭遇紧急危难，或应付财政经济上的重大变故，得经行政院会议之决议，为紧急处分，不受宪法第二十九条或第四十七条所规定程序之限制”，可以说，国民党以“临时条款”长期冻结“宪法”的做法，在中外法制史上乃一大奇闻，国民党司法专家王宠惠就曾将此比作大房子边上盖个小房子，大房子永远不动，小房子则可根据需要增减。

现在，蒋介石的心腹们又不得不在“小房子”上大做文章了。1960 年 3 月 11 日，第一届国民大会第三次会议修订了《动员戡乱时期临时条款》，增加了“动员戡乱时期总统、副总统得连选连任，不受宪法第四十七条连任一次之限制”等三项内容，蒋介石不愧是玩弄权术的老手啊！他不用“修宪”就保证了“合法”连任。3 月 21 日，国民党中央临时全体会议推举总裁蒋介石、副总统陈诚分别为“中华民国第三任总统、副总统候选人”。3 月 22 日，心中狂喜不已的蒋介石故作姿态地表示，对被推举为候选人“心中感到格外沉重”，其实，明眼人一看便知，蒋介石不过是在半推半就中向世人表示，其“连任”总统并非因个人恋栈高位，而是为了义无反顾地肩负起历史重任。

蒋介石与宋美龄在台湾的日子

5 月 20 日，蒋介石、陈诚在台北中山堂举行就职宣誓，“余谨以至诚，向全国人民宣誓，余必遵守宪法，尽忠职务，增进人民福利，保卫国家，无负国民付托，如违誓言，愿受国家严厉之制裁”，此外，他还称当选之后“中正仍以负疚待罪的心情，基于对国家、对人民，殊有其未尽的责任，不敢诿卸自弃，自当竭智尽忠，效命奋斗，务期达成其复国建国的唯一任务，无负于全体国民所付托之使命”，自此之后，蒋介石成了名副其实的“终身总统”，尽管选举“总统”的闹剧每六年就得重演一次，但这不过是一种象征性的形式，“总统”一职非蒋介石莫属，这是人所共知的事！

“接班人”蒋经国

如前所述，传位于子一直是蒋介石的一块心病，经过一番明争暗斗后，现在的台湾已完全处于他的高压统治之下，是时候培植蒋经国的势力，以为权力的和平过渡铺平道路了。然而，令蒋介石没有想到的是，在台湾只剩下“蒋总统万岁”的声音时，阻碍儿子继位的竟是自己提拔起来的心腹陈诚。众所周知，陈诚是黄埔“八大金刚”之一，又与蒋介石有同乡之谊，故而成为蒋介石最信赖的人，即使大陆军事的溃败，让蒋介石下狠心疏远了大批黄埔嫡系将领，陈诚依然官运亨通，屹立不倒，他先是出任台湾省主席，后又出掌“行政院”，1954年，还由蒋介石推荐当上了“副总统”和副总裁，真可谓一人之下万人之上，以至于港台舆论盛传陈诚将接蒋介石的班，不过，自蒋经国势力逐渐扩张后，陈诚的地位就开始动摇了，尤其是三任“总统”非法连任之后，蒋介石对陈诚也颇有顾忌，为蒋家效尽犬马之劳的陈诚，最终被“爱子胜于爱国”的蒋介石“踢出了官场”。

当然，陈诚离职与他的健康状况也大有关系。1965年3月5日，蒋家“小总裁”陈诚在台北病逝，这对蒋氏父子而言是既悲又喜的消息，悲的是蒋家从此又少了一位忠心耿耿的“奴才”，喜的是蒋经国接班之势已无人可挡，只不过，要想马上继任“副总统”，蒋经国的威望尚显不够，然而，“副总统”职位又不能一直虚悬，于是，老谋深算的蒋介石决意将“没有野心，没有班底”的人推上“副总统”宝座，然后，通过此人逐步将大权过渡给儿子，从而形成蒋经国继承的格局，也就是说，蒋介石既不允许出现阻碍其子上位的人物，又要为蒋经国创造“政绩”，树立“威信”，以造成水到渠成的局面，所以，他一方面暗示“副总统”候选人的年龄宜在60—70岁之间，以剥夺被台湾舆论界看好的张群、孙科、何应钦的候选人资格，另一方面他又提名时任“行政院长”的严家淦为“副总统”候选人。

严家淦没有自己的班底，不擅拉帮结派，又没有权力欲望，为人圆融通达，“天时，地利，人和，使严因缘际会，扶摇直上”，严家淦果然不负蒋介石之望，在受命接替陈诚组“阁”后，他先是任命蒋经国为“国防部副部长”，后又提升其为“国防部部长”，当上“副总统”之后，严家淦更是请辞“行政院长”职务，以为蒋经国上位让道，尽管深感时机尚未成熟的蒋介石，驳回了严家淦的请辞，但“蒋经国的时代已悄悄来临了。院长先生，不过是庙堂里的神像，历史的车轮向后转到二世纪，严家淦原来是刘协（汉献帝）再生”，事实也确实如江南先生评论的这样，蒋经国虽只是名“部长”，但他的地位却愈加显赫，并经常代表蒋介石出访，且受到极高的礼遇，而“院长”严家淦不过是挂名而已，所有这些无不暗示蒋经国即将“君临天下”。

蒋介石就任第五任“总统”后，严家淦再次请辞“行政院长”职务，并推荐蒋经国继任，“蒋副院长坚忍刚毅，有守有为，献身党国数十年，自地方行政单位作起，扬历军政要职，于整军经武，加强战备，安置退役官兵，领导青年，延揽人才，充裕财政，发展经济，推进建设，以及折冲樽俎，肆应世局诸大端，均有卓越之成就……洵属最理想之行政院长继任人选”。紧接着，国民党中央委员会和新闻媒体开始大造蒋经国出任“行政院长”的舆论，以造成蒋介石“内举不避亲”的假象，于是，在各方的“强烈呼吁”与“恳切请求”之下，蒋介石“心安理得”地提名儿子为“行政院长”。自此之后，蒋经国成了名副其实的党政军核心人物，以及蒋介石的“准接班人”，他培养的“第二代政治精英”的基本核心也开始形成。

至此，宝岛台湾完全成了蒋家的天下，整个社会亦在蒋家的严密管制下，失去了往日的生机与活力。据称，在蒋介石掌权的时代，从党政机关到中小学校，从军队系统到社会各界，蒋家特务无处不在，无时不有，警察网络更是遍布社会的各个角落，可以说，人们的衣食住行、言论思想、学习工作，无不处在警察的监视之下，再加上另外六大系统的特工人员，使人们的生活始终走不出警察和特务的阴影。此外，蒋介石抛出的"保密防谍"口号，更使得台湾地区处处充满了大逮捕、大屠杀的恐怖气氛，以致风声鹤唳，人人自危。然而，这些却丝毫没有挡住台湾经济的腾飞。

众所周知，台湾光复之初，满目疮痍，破败不堪，加之蒋介石"军事第一"、"反共第一"的庞大军费，更使得市场崩溃、经济萧条的台湾雪上加霜，据统计，1949 年台湾物价上涨率由 1947 年的 77% 增至 1189%，就当时的情形而言，台湾的经济无异于随时都能爆炸的火药桶，如何将混乱的危局稳定下来，如何挽救衰败的经济，是蒋家小朝廷的当务之急。尽管蒋介石一门心思"反共复国"，但台湾殖民时期的经济基础设施，以及蒋介石大撤退时带来的大批技术人员，却在无形之中帮了蒋氏父子的忙，此外，美国大量的经援与军援，以及蒋介石偷运至台湾的大量黄金，也为台湾经济持续增长、跻身"亚洲四小龙"之列贡献了不小力量，对蒋是父子而言，这可谓是"无心插柳"吧。

第三节　暂厝慈湖

孤立与半隐退

当历史的车轮滚滚驶入 20 世纪 70 年代时，孤悬海外的台湾岛陷入了凄凉、绝望的氛围中：1971 年 10 月 25 日举行的第 26 届联合国大会，经过 6 天对中国代表席位的辩论，通过了驱逐蒋介石当局的提案，台湾几乎一夜之间沦为了"国际孤儿"，许多国家纷纷与之"绝交"，这一突变让风烛残年的蒋介石精神上受到了极大的刺激，高呼"联合国已向暴力屈服，已成众恶之源"；1972 年

2月21日，蒋介石最主要的"外交盟友"美国总统尼克松秘密访华，更是抽掉了台湾赖以生存的国际反共基础，台湾地区由此进一步陷入了动荡与不安之中。紧接着，蒋介石另一"外交盟友"日本首相田中角荣也紧步尼克松后尘，踏上了中国大陆进行友好访问，喊了二十余年的"反共复国"之梦已再无实现可能，年近85岁的蒋介石如何能经受如此严酷打击，心力交瘁的耄耋老人终于倒下了，自此之后，他的健康状况一蹶不振。

不过，让蒋介石感到欣慰的是，儿子蒋经国的根基已经牢固，继承大统的布局也已安排就绪，他总算可以安心养病，尽享天伦了。此后，蒋介石在政治上基本处于半隐退状态，然而，为了蒋氏天下的稳固，以便为长子接班做更充分的准备，蒋介石在生病住院期间，总是封锁消息，秘而不宣，此外，他还会偶尔在重大场合露露脸，向公众表明他的健康状况，以及自己并未暗中隐退。可惜，年龄不饶人啊，蒋介石就任第五届"总统"时，身体已见不得人，只好尽力掩饰，就职不到一个月，他的心脏已经扩大，大有一触即发之势，此外，他的虚弱身体还屡屡引发肺炎等旧疾，可以说，这时候的蒋介石健康时间少，卧床时间多，决不可能真正视事，事实上，在近三年的总统任期内，蒋介石仅公开露面三次，1972年8月后，他实际已避不见客了。

1974年12月1日，蒋介石再度因感冒引发肺炎而住院治疗，尽管医生、护士、家人的细心呵护，使其多次转危为安，但身体机能早已减退的蒋介石病情日趋恶化，12月27日，他的慢性摄护腺炎再度复发，同时膀胱出血，脉搏增快，并伴有心室性期外收缩症，蒋经国见父病状毫无起色，深感不安，夜不成眠，我们从他的日记中可窥一斑，"1月1日，父亲在睡眠中，病情颇重，儿心殊苦；1月4日，父亲病情无好转，惟神智甚清，每日探病至少三次，体温不退，常呈不安，儿心伤痛，夜不成眠；1月9日，父亲之病，仍无好转迹象，父亲在病床上以左手紧握儿子右手良久，语音甚低，儿心忧苦；2月10日，父亲卧病以来，多次均能转危为安，此乃天意，佑我邦家，惟望兔年开始复元，是儿之大愿也；

3月26日，父亲之病，于今晚八时恶化，经三小时治疗后好转”。

清明“崩殂”

1975年3月29日，深感来日无多的蒋介石召集重臣口述遗嘱。此遗嘱在《中华民国史事纪要》中有所记载：“自余束发以来，即追随总理革命，无时不以耶稣基督与总理信徒自居，无日不为扫除三民主义之障碍、建设民族宪政之国家，艰苦奋斗。近二十余年来，自由基地日益精实壮大，并不断对大陆共产邪恶，展开政治作战；反攻复国大业，方期日新月盛，全国军民、全国同志，绝不可因余之不起，而怀忧丧志！务望一致精诚团结，服膺本党与政府领导，奉主义为无形之总理，以复国为共同之目标，而中正之精神自必与我同志、同胞长相左右。实践三民主义，光复大陆国土，复兴民族文化，坚守民主阵容，为余毕生之志事，实亦即海内外军民同胞一致的革命职志与战斗决心。惟愿愈益坚此百忍，奋励自强，非达成国民革命之责任，绝不中止！”

口授完遗嘱之后，蒋介石病情忽好忽坏，蒋家上下一片愁云！1975年4月5日，又到了一年一度的清明节，家家户户都在祭扫祖坟，显然，这一天对病人来说并非吉日！当天上午，蒋介石病情稳定，精神颇佳，然而，这不过是回光返照而已，下午，蒋介石感到腹部不适，精神不安，医疗小组会诊之后，给蒋服用少量利尿剂，使其腹内积尿排出，晚上八点，医护人员发现蒋介石脉搏突然转慢，当即施行心脏按摩及人工呼吸，并注射药物进行急救，一二分钟后蒋心跳恢复正常，不过，四五分钟之后，其心脏又停止了跳动，再用上述急救诸办法，但效果不佳，心跳时有时无，呼吸则未恢复，血压更无从测量。

于1975年10月13日发表在《中央日报》上的《总统蒋公治疗休养及逝世经过报告》中提到：“至十一时三十分许，蒋公双目瞳孔，已行放大，但心脏仍偶有轻微之跳动，故急救工作，仍继续施行，曾数次注入心脏刺激剂，但终不能恢复心脏正常之跳动，最后乃应用电极，直接刺入心肌，刺激心脏，但仍属无效，于是群医束手，回天乏术，一代完人，终于是晚十一时五十分崩殂。”

国民党媒体称蒋介石之死为“崩殂”，完全袭用了封建帝王去世时的笔法，显然，他们是在以帝王相应他们的主子，国民党自称推翻帝制，建立民国，然而，革命到头，民国竟成了“家天下”，父死子继，一崩再崩，真是最大的讽刺啊，“中华民国”实乃“中华帝国”也。巧合的是，在蒋介石去世的时候，台北狂风大作，暴雨倾盆，雷电交鸣，于是，蒋之心腹开始就此“异象”大做文章，称“风云异色，天地同哀”，“上天为巨星的陨落而伤感”。

蒋介石去世七个多小时之后，严“副总统”继任“总统”，其速度之快乃历史罕见。如前所述，严家淦的上位乃是蒋介石的刻意安排，以为蒋经国作嫁衣裳，严家淦对此深有体会，然而，蒋经国与其父一样，擅长“以退为进”，蒋介石去世的当天深夜，蒋经国便向国民党中央委员会请辞“行政院长”，“经国不孝，侍奉无状，遂致总裁心疾猝发，遽尔崩殂，五内摧裂，已不复能治理政事，伏恳中央委员会矜念孤臣孽子之微衷，准予解除行政院一切职务”，每个人都心知肚明，蒋经国此举不过是做做样子而已，谁若真把此话当真，非得付出惨重代价不可！4月6日七点，国民党中常委召开临时会议，对蒋经国请辞“行政院长”职务予以慰留，并望其“深维古人墨绖之义，勉承艰大，共竭其效死勿去之忠荩”。就这样，蒋经国在父亲去世之后，迅速独揽了党政军大权，诚惶诚恐的严“总统”，不过是聋子的耳朵罢了，一切还得听从蒋院长兼党主席的指示。

蒋介石在台北的纪念馆

4月9日，蒋介石的灵柩移往国父纪念馆，蒋经国在父亲遗体前一次又一次地“长跪致哀”。于是，他手下的政界要人也纷纷效仿，率部在灵堂或路边跪祭蒋介石，《中央日报》还专门刊登了省政府主席率部长跪泣悼念蒋介石的照片，以证明蒋介石得到台湾民众的普遍拥护。移灵仪式结束之后，蒋夫人宋美龄“由蒋经国院长和蒋纬国将军扶持，哀痛地步出灵堂，蒋夫人戴着一副墨镜，面容哀戚，蒋院长更是神色憔悴”，此后，严家淦和全体治丧人员开始轮流在国父纪念馆为蒋介石守灵。4 月 16 日是蒋介石的大殓日，宋美龄、蒋经国决定按照蒋介石的意愿，将其灵柩暂厝于慈湖，“以待来日光复大陆，再奉安于南京紫金山”。

百花·闲趣（宋美龄）

距台北 60 余公里的慈湖原名埤尾，阡陌纵横，棕榈处处，故蒋介石易名“慈湖”，有“台湾溪口”之称，将蒋介石灵柩暂厝于此，也表明了黄埔枭雄蒋介石回归故土的最后愿望，正如《中央日报》报道的退伍老兵的话，“我一直期盼着总统蒋公能带我们回去，现在他老人家竟然先走了”，或许，这是所有背井离乡的国民党老兵共同的期盼吧。

然而，带着遗恨在孤独、凄凉、绝望中过世的蒋介石，一时只能浮厝海岛之上，眺望西北方向。若他在天有灵的话，或许让他更悲痛欲绝的是，苦心经营的蒋家小朝廷，在“二世”之后就归于终结了。谁让这个世界局势变化太快呢！随着蒋经国的与世长辞，蒋家呼风唤雨的时代，最终画上了令蒋家后人不甘的句号！

尽管蒋介石、毛泽东等老一辈人没有看到两岸统一，但历史的车轮滚滚前行，天下黄埔是一家，黄埔人及其后继者为继往开来的海峡两岸的和平统一事业，奔走呼号，不遗余力。“黄埔”这一诞生于大革命战火之中的利剑，曾经担负起了引导中国人民走向胜利的历史重担，也必定成为中华民族和平年代走向统一的守护坚盾，肩负起新时代所赋予的历史使命。

蒋介石年表

1887年　1岁

10月，出生于浙江奉化溪口，名中正，原名瑞元，谱名周泰，学名志清。

1892年　6岁

入家塾开蒙。

1894年　8岁

冬，祖父蒋斯千逝世，享年81岁。

1895年　9岁

父亲蒋肇聪身染时疾病逝。

1898年　12岁

入私塾读书。先后师从姚宗元、毛凤美、毛思诚等学习《尚书》、《易经》、《左传》。

1901年　14岁

与时年19岁的毛福梅成亲。

1902年　15岁

去奉化县城参加童子考试，失利。由此产生了放弃科举、进入新式学堂的念头。

1903 年　16 岁

进入凤麓学堂就读。

1905 年　18 岁

升入箭金学堂。

1906 年　19 岁

4 月，自费留学日本，就读于东京清华学校，结识陈其美。

冬，回国。

1907 年　20 岁

考入“通国陆军速成学堂”。

1908 年　21 岁

春，保送日本振武中学，学习炮兵专业。

经陈其美介绍加入中国同盟会。

1910 年　23 岁

4 月，长子蒋经国出生。

冬，毕业于振武中学，以士官生候补的身份，进入日本陆军炮兵部队第 13 师团第 1 连队实习。

1911 年　24 岁

11 月 4 日，率“先锋敢死队”攻克浙江巡抚衙门。

任陈其美的沪军第 5 团团长。

1912 年　25 岁

1 月，奉陈其美之令，暗杀革命元勋陶成章，因孙中山下令“严速纠缉”，被迫逃往日本。

7 月，在日本创办《军声杂志》，开始用“介石”的名字发表文章。

1913 年　26 岁

1 月，从日本回国，正式娶姚冶诚为侧室。

7 月，进攻江南制造局。

10 月 29 日，由张静江介绍加入中华革命党。

12 月，在东京与孙中山单独会面。

1914 年　27 岁

5 月，在上海策划“反袁”武装起义。因消息泄露，未成功。

6 月，遭袁世凯通缉，逃往日本。

1915 年　28 岁

参与肇和军舰起义。

1916 年　29 岁

4 月 16 日，参与江阴战斗，积极策反守军，江阴不攻而克。

7 月 31 日，任东北军参谋处长，协助参谋长兼代理总司令许崇智整顿军队。

10 月 6 日，次子蒋纬国出生。

1917 年　30 岁

9 月 1 日，孙中山在广州成立护法军政府。

9 月 20 日，向孙中山递交《对北军作战计划书》。

11 月 1 日，任大元帅府参军。

1918 年　31 岁

3 月 12 日，应孙中山之命离沪赴粤，途中写成《今后南北两军行动之判断》。

3 月 15 日，任援闽粤军总司令部作战科主任。

9 月 26 日，提升为粤军第二支队司令。

1920 年　33 岁

1 月，参与酝酿的上海证券物品交易所公开成立。

7 月，上海证券物品交易所正式营业。

1921 年　34 岁

6 月 14 日，母亲王采玉溘然长逝。

12 月 5 日，与陈洁如在上海永安大楼举行婚礼。

1922 年　35 岁

6 月 16 日，陈炯明炮轰总统府。孙中山被迫避难于永丰舰。

6 月 29 日，冒险穿越叛军封锁线之后，登上了孙中山驻节的永丰舰，孙中山随即授以海上指挥全权。

1923 年　36 岁

6 月 16 日，被孙中山任命为大元帅府行营参谋长。

8 月 16 日，率“孙逸仙博士代表团”赴苏联考察。

12 月 15 日，向孙中山上呈《游俄报告书》。

12 月 17 日，在慈庵举行“五代神主升龛”仪式，并撰写《慈庵记》以纪念母亲。

1924 年　37 岁

1 月 24 日，被孙中山任命为陆军军官学校筹备委员会委员长。

5 月 3 日，被正式任命为黄埔军校校长。

10 月 19 日，率黄埔学生军平定商团叛乱。

1925 年　38 岁

2 月 3 日，率黄埔学生参加讨伐陈炯明的第一次东征。

3 月 12 日，孙中山于北京病逝。

6 月 5 日，指挥军队平定杨希闵、刘震寰叛乱，后兼任广州卫戍司令。

7 月，撰写《军政意见书》，论述军制、军费、军备、军事教育、及改良士兵生活等问题。

8 月 26 日，任国民革命军第 1 军军长。

9 月 28 日，任东征军总指挥，指挥军队第二次东征。

1926 年　39 岁

1 月，当选中央执行委员之后，又当选中央常务委员，从而跻身国民党中央领导决策圈，成为仅次于汪精卫的第二号人物。

3 月 20 日，制造“中山舰事件”，既打击了共产党，又打击了汪精卫，从而实际控制了广东的局面。

5 月 15 日，在国民党第二届二中全会上抛出“整理党务案”。

6 月，任国民革命军总司令，集党权、军权、政权于一身。

7 月 1 日，发布北伐动员令，8 天后誓师北伐。

1927 年　40 岁

1 月 3 日，召开中央政治会议临时会议，擅自决议国民政府改迁南昌，遭到武汉政府的反对。

2 月，在南昌发表演说，公然称自己是中国革命的领袖。

3 月 10 日，国民党二届三中全会在武汉召开，该会针对蒋介石的独裁倾向，从组织上给予了一定限制，但没有削弱其军权。

4 月 12 日，发动“四·一二”反革命政变，大肆屠杀共产党人和革命群众。

4 月 18 日，南京国民政府举行成立大典，宁汉对立局面形成。

8 月 13 日，宣布下野，以李宗仁为首的桂系在南京占据主要地位。

9 月，东游日本，寻求支持。

12 月 1 日，与宋美龄在上海举行婚礼。

1928 年　41 岁

1 月 7 日，通电宣告恢复国民革命军总司令职务，负责筹备四中全会事宜。

1 月 18 日，任北伐全军总司令。

2 月 7 日，操纵二届四中全会将自己的权力，“合法”地扩大到党政军领导机关的各个方面。

4 月 7 日，发布“北伐”宣言，第二次北伐正式开始。

5 月 3 日，日军制造“济南惨案”，蒋介石命令军队忍辱负重，绕道北伐。

8 月 8 日，国民党二届五中全会召开，推举蒋介石为国民政府主席。

12 月 29 日，张学良改旗易帜，南京政府宣布“统一告成”，在名义上统一了全国。

1929 年　42 岁

1 月 1 日，召开“全国编遣会议”裁军。

3 月 15 日，主持召开国民党第三次全国代表大会，从此独揽国民党中央大权。

3 月 29 日，亲自督师，制定讨桂计划，蒋桂战争正式爆发。

5 月 24 日，蒋冯战争爆发。

8 月，召开了第二次编遣会议，也称“全国编遣实施会议”。

10 月 10，冯部将领宋哲元发表通电讨蒋，蒋冯战争再次爆发。

11 月，第二次蒋桂战争爆发。

1930 年　43 岁

4 月 5 日，中原大战正式爆发，其历时之久、杀戮之惨、破坏之大、百姓之苦，皆是北洋军阀混战时所未曾见。

10 月，以纪念双十节为名，提出“肃清匪共”、“整理财政”、“澄清吏治”、“发展经济”、“厉行地方自治”等措施。

12月，以鲁涤平为总指挥，对中国工农红军发动了第一次“围剿”。

1931年　44岁

2月28日，囚禁反蒋领袖、国民党元老胡汉民。

4月，以何应钦为总司令，采取“稳扎稳打、步步为营”的战术，兵分四路向中央根据地发动了第二次“围剿”。

7月1日，亲率30万军队，采取“长驱直入、分进合击”的战术，向中央根据地发动了第三次“围剿”。

7月30日，提出了“攘外必先安内”的卖国方针。

9月18日，“九·一八”事变爆发。蒋介石命令东北军对日军的挑衅，“不予抵抗，力避冲突”。

12月，蒋介石宣布第二次下野，由孙科出面组织的“统一”政府随即成立。

1932年　45岁

1月，“一·二八”事变前夕，提出了“不绝交、不宣战、不讲和、不订约”的“四不”方针。

3月初，指使黄埔核心人物戴笠、康泽、贺衷寒等人，成立“中华民族复兴社”，专门从事特务活动。

3月14日，任军事委员会委员长兼参谋本部参谋总长。

4月1日，军事委员会调查统计局成立，任命贺耀祖为局长，戴笠为副局长。

5月5日，国民党政府与日本签订《淞沪中日停战协定》，上海成为不设防城市。

5月31日，与日本签订《塘沽协定》，华北门户为之洞开。

6月19日，自任鄂豫皖“剿匪”总司令，宣布第四次“围剿”开始。

1933年　46岁

7月11日，在庐山开办军官训练团，蒋介石为团长，陈诚为副团长。

8月，开办党政人员训练班，企图以法西斯主义和封建主义“挽救国魂”。

9月25日，下达第五次“围剿”总攻击令，最终逼迫红军开始了长征。

12月，自任“讨逆军总司令”，进攻福建人民政府，扼杀了这一抗日民主政权。

1934年　47岁

2月19日，发起“新生活”运动，企图以封建伦理道德束缚国民，以为其政治、军事“剿共”服务。

7月1日，成立“新生活运动促进总会”，自任会长。

11月，电奖各“剿共”部队，并下达“绥靖计划”，以“铲草除根”、“消除后患”。

1935年　48岁

4月1日，发起“国民经济建设运动”。

6月27日，与日本签订了丧权辱国《秦土协定》。

6月10日，颁布“敦睦邻邦令”，禁止中国人民组织抗日团体，及发表抗日言论。

1936年　49岁

11月22日，下令逮捕上海救国会领袖沈钧儒、章乃器等爱国七君子，以压制爱国救亡运动。

12月22日，“西安事变”爆发，被迫走上了联共抗日的道路。

1937年　50岁

1月6日，撤销西北“剿匪”总司令部。

2月，承认“停止内战，联共抗日”的政策。

7 月 7 日，“卢沟桥事变”爆发，号召全民抗战。

8 月 9 日，在南京召开了最高国防会议，确定了“持久消耗战”为抗日的最高方针。

8 月 13 日，指挥淞沪会战。

9 月 22 日，在庐山发表《对中国共产党宣言的谈话》，承认中国共产党的合法地位，宣告抗日民族统一战线正式形成。

11 月，组织南京保卫战。

1938 年　51 岁

6 月 9 日，为保卫郑州，蒋介石批准了炸开黄河大堤、阻止日军前行的方案，致使 90 余万人淹死，600 余万人陷入洪水中。

11 月 13 日，对长沙采取“焦土战术”，致使大部分房屋被烧毁，2 万余居民葬身火海。

1939 年　52 岁

1 月，主持召开五届五中全会，确立了“溶共、限共、防共”的方针。

12 月 12 日，原配夫人毛福梅被日军炸死。

1940 年　53 岁

10 月 19 日，指使何应钦、白崇禧致电中共，强令长江南北和黄河以南的八路军、新四军，在一个月内全部开赴黄河以北。

12 月 9 日，密令第三战区司令长官顾祝同妥善部署安排解决新四军问题。

1941 年　54 岁

1 月 4 日，制造了震惊中外的“皖南事变”。

3 月 6 日，因积极反共、消极抗日而陷入政治孤立，不得不在国民参政会上保证，“今后决无剿共的军事”。

12 月 10 日，正式对日宣战。

1942年　55岁

1月1日，签署《联合国家共同宣言》。

1月2日，出任中国战区最高统率，派远征军入缅作战。

2月，访问印度，与英国驻印官员、国大党领导、土邦王公及伊斯兰领袖，进行了广泛地会谈。

7月23日，任胡宗南为第八战区司令官，屯兵西北地区，封锁陕甘宁边区。

8月，首次巡视西北。

1943年　56岁

3月10日，出版《中国之命运》一书，掀起第三次反共高潮。

7月，秘密授意胡宗南调兵遣将，企图突袭延安。

11月18日，出席开罗会议，会议期间签署《开罗宣言》。

1945年　57岁

5月，当选国民党总裁，正式确定了在国民党内的独裁地位。

8月，开始采取一系列措施，垄断中国战区受降权，以抢夺抗战胜利果实。

10月10日，签署《政府与中共代表会谈纪要》。

10月13日，发布内战密令，企图一举消灭中共。

1946年　59岁

1月5日，承认外蒙古独立。

1月10日，在重庆召开各方代表参加的政治协商会议，通过了《政府组织案》、《和平建国纲领》等。

2月10日，制造“较场口血案”。

3月，公然在国民党六届二中全会上，撕毁政协决议。

6月23日，制造“下关惨案”。

6月26日，大举围攻中原解放区，掀起了全面内战。

11月，召开“制宪国大”，通过《中华民国宪法》。

1947年　60岁

3月，召开国民党六届三中全会，宣布与共产党彻底决裂，并决议以武力讨伐。

5月20日，制造“五·二O”惨案。

7月7日，公布《动员戡乱完成宪政实施纲要》。

1948年　61岁

3月29日，召开“行宪国大”，标榜要“还政于民”。

4月19日，第一届国民大会召开，当选为总统。

8月19日，颁布《财政经济紧急处分令》、《整理财政及加强管制经济办法》等文件，实施“经济改革”。

9月，亲自督战辽沈决战。

11月，指挥淮海战役。

12月29日，任命陈诚为台湾省主席。

1949年　62岁

1月1日，被迫发出“求和”声明。

1月21日，宣告“引退”，回到奉化，暗中操纵政权。

12月，国民党中央被迫迁至台湾，随之住进了台北草山官邸。

1950年　63岁

3月1日，在台湾地区正式复职“总统”，提名陈诚任“行政院长”。

4月，宋美龄主持成立“中华妇女反共抗俄联合会”。

7月，以“总裁”身份组建中央改造委员会，开始对国民党进行改造。

1951年　64岁

1月，成立“行政院设计委员会”，专门设计反攻大陆后的各项“建设”方案。

1952 年 65 岁

4 月 28 日，签订“日台合约”，放弃日本战争赔款。

10 月 10 日，召开国民党第七次“全国代表大会”，继续当选国民党总裁。

10 月 16 日，向国民党七大提交《反共抗俄基本论》。

10 月 31 日，成立“中国青年反共救国团”。

1953 年 66 岁

7 月 30 日，发布《告韩境华籍反共义士书》。

11 月 28 日，与韩国总统李承晚举行正式会谈，重申反共立场，倡议建立“反共联合战线”。

1954 年 67 岁

3 月，当选中华民国第二任“总统”，陈诚当选“副总统”。

12 月 2 日，签订《中华民国与美利坚合众国间共同防御条约》。

1955 年 68 岁

2 月 8 日，发表长篇演讲，强调大陆、台湾都是中国的领土，反对“两个中国”的主张。

6 月 25 日，炮制“孙立人兵变案”，为蒋经国上位开道。

1956 年 69 岁

6 月 24 日，出版《苏俄在中国》。

1957 年 70 岁

10 月，提出“反共复国的六条共同行动目标和三项保证”。

1958 年 71 岁

6 月，再次任命陈诚“组阁”。

7 月，蒋经国正式进入“内阁”，为日后的进一步升迁铺平道路。

8月，宣布台湾海峡形势紧张，军队进入紧急作战状态。

1960年 73岁

3月21日，第三次连任当选“总统”。

6月18日，与美国总统艾森豪威尔会谈，并发表“联合公报”。

9月4日，以“煽动叛乱”为名，下令逮捕《自由中国》发行人雷震以及3名工作人员，“中国民主党”胎死腹中。

1962年 75岁

10月10日，发表《告中共陆海空各级干部官兵书》，号召各级官兵倒戈起义。

11月，命令国民党中常会制定《光复大陆指导纲领》。

1963年 76岁

12月，推举严家淦出任“行政院长”。

1965年 78岁

1月，开始在国民党军队内部开展“毋忘在莒运动”。

3月5日，蒋家“小总裁”陈诚去世，为表彰陈诚的功绩，准备了隆重的治丧典礼。

1966年 79岁

3月，当选第四任“总统”。

姚冶诚病逝台湾。

1967年 80岁

1月，提出“讨毛救国”的口号。

7月28日，成立“中华文化复兴运动推动委员会”，掀起中华文化复兴运动。

1969 年　82 岁

3 月 29 日，国民党十全大会召开。会议期间修改党章为给蒋经国掌权铺平道路。

1971 年　84 岁

10 月 31 日，第 26 届联合国大会通过了驱逐蒋介石当局出联合国的提案。

1972 年　85 岁

3 月，当选第五任“总统”。

5 月，正式提名蒋经国任“行政院长”。

1974 年　87 岁

3 月，设宴招待美国驻台“大使”马康为夫妇。

1975 年　88 岁

3 月 29 日，于病床前口授遗嘱。

4 月 5 日，因病在台北逝世。

4 月 9 日，灵柩移往设在国父纪念馆的灵堂。

4 月 16 日，举行大殓安厝典礼。

1996 年

11 月 20 日，蒋氏故居被列为全国重点文物保护单位。

2006 年

3 月 31 日，蒋介石早年日记首次在斯坦福大学公布。

参考文献

1. 刘艳宇:《蒋介石一家人——从溪口、南京到台北》，华文出版社，2001 年版。

2.[日] 古屋奎二:《蒋总统秘录》，中央日报社版，1974 年版。

3. 王升:《蒋公总统行谊》，台湾黎明文化事业股份有限公司，1981 年版。

4. 张宪文、方庆秋:《蒋介石全传》，河南人民出版社 1996 年版。

5. 蒋介石:《先考肃庵府君行略》。

6. 黎东方:《蒋公介石序传》，台北联经出版事业公司，1976 年版。

7. 蒋经国:《风雨中的宁静》，台北实践出版社，1985 年版。

8. 杨天石:《找寻真正的蒋介石》，山西人民出版社，2008 年版。

9. 张秀章:《历史内幕：蒋介石日记揭秘》。

10. 李敖、汪荣祖:《蒋介石评传》，中国友谊出版社，2004 年版。

11. 徐骏华:《蒋介石成败录》，团结出版社，2004 年版。

12. 谭仁凤:《石叟牌词》，《近代史资料》，1956 年版。

13. 蒋介石:《粤军第二支队进攻永泰情况始末》，1919 年版。

14. 秦孝仪:《总统蒋公思想言论总集》，1956 年版。

15.《蒋介石日记》（手稿本），1923 年 10 月。

16.《苏俄政府第一次对华宣言》，《中国近代对外关系史资料选辑》，上海人民出版社，1977 年版。

17.《鲁迅全集》第 9 卷，人民文学出版社。

18. 李宗仁口述:《李宗仁回忆录》，广西人民出版社，1988 年版。

19. 毛思诚:《民国十五年以前之蒋介石先生》, 1937 年印行本。

20.《中国工会历史文献》, 工人出版社, 1981 年版。

21. 张长江:《蒋介石宋美龄在南京的日子》, 华文出版社, 2003 年版。

22.《时局关系重要文件汇存》,《国文周报》, 1928 年。

23.《国闻周报》,《一周间国内外大事述评》, 1929 年。

24. 武树臣:《中国传统法律文化词典》, 北京大学出版社, 1999 年版。

25. 赵晓耕:《中国法制史》, 中国人民大学出版社, 2004 年版。

26. 齐涛:《中国通史教程·现代卷》, 山东大学出版社, 1999 年版。

27. 胡汉民:《武力统治者的法西斯运动》。

28.《国闻周报》第 7 卷第 41 期,《一周间国内外大事述评》, 1930 年。

29. 李刚:《犁与刀: 百年中日问题忧思录》, 中国三峡出版社, 2006 年版。

30. 军事科学院军事历史研究部,《中国抗日战争史》, 解放军出版社, 1994 年版。

31. 江涛:《抗战时期的蒋介石》, 华文出版社, 2005 年版。

32. 秦风:《淞沪会战: 一寸山河一寸血》, 原载《三联生活周刊》。

33.《中华民国重要史料初编——对日抗战时期》, 第 3 编, “战时外交”, 台北中国国民党中央委员会党史委员会版。

34.《中华民国史事纪要》(1939 年 1 月—6 月), 台北国史馆, 1991—1993 年版。

35. 万高潮:《蒋介石与他的爱将》, 中国文史出版社, 2005 年版。

36. 荣孟源主编:《中国国民党历次代表大会及中央全会资料(下)》, 光明日报社, 1985 年。

37. 张宪文主编:《中华民国史纲》，河南人民出版社，1985 年版。

38. 何应钦:《八年抗战之经过》,《近代中国史料丛刊》第79辑，台北文海出版社，1972 年版。

39.《中美关系资料汇编》，第 1 辑，世界知识出版社，1960 年版。

40.《中华民国重要史料初编——对日抗战时期》，第 4 编，“作战经过”，台北中国国民党中央委员会党史委员会版。

41.《今井武夫回忆录》，上海译文出版社，1978 年版。

42. 邱维达:《国民党受降和何应钦的“锦囊妙计”》,《江苏文史资料选辑》第 5 辑。

43.《马歇尔使华》，中华书局，1981 年版。

44. 邵毓麟:《胜利前后》，台北传记文学出版社，1967 年版。

45. 中共重庆市委党史工作委员会等编:《重庆谈判纪实》，重庆出版社，1983 年版。

46. 张其昀:《先总统蒋公全集》第 2 卷，台北中国文化大学出版社，1984 年版。

47. 郑洞国:《从猖狂进攻到放下武器》，全国政协文史资料研究委员会编:《文史资料选辑》，第 20 辑，文史资料出版社，1979—1986 年版。

48.《毛泽东军事文集》，第 5 卷。

49.《戡乱简史》，台湾出版，1962 年。

50. 黄维:《第十二兵团被歼纪要》，全国政协文史资料研究委员会编:《淮海战役亲历记》，1983 年。

51. 郭胜伟:《同室操戈——黄埔将帅战场争锋录》，中央党史出版社。

52. 高景轩:《蒋介石与台湾》，新华出版社，1997 年版。

53. 江南:《蒋经国传》，中国友谊出版公司，1984 年版。

54. 刘雍熙:《蒋经国在台三十年》，香港大联印刷公司，1985 年版。

后 记
魂浮孤岛望故乡

蒋介石，一个中国现代史上举足轻重的人物，一个左右中国历史走向的人物。在他的身上，智慧与权谋、勇气与奸诈有机地结合在了一起。长久以来，人们对蒋介石的功过是非的评价呈多样化态势，而此书则以客观、公正的立场对蒋介石的一生进行了描述，从民国“枭雄”的角度对蒋介石的政治生涯进行了总括，让人信服。

毋庸置疑，蒋介石是在民国政坛翻云覆雨的顶级高手。纵观他的政治生涯，从 1911 年加入革命，籍籍无名时起，仅十多年的时间，他就声名鹊起，成为影响民国人民命运的统帅。其中入主黄埔，篡党夺权，奠都南京，统一全国，在这一系列的重大事件中，他无不费尽心机、耍尽手腕以排斥异己，达到独揽大权的目的。正如李宗仁曾评价说，蒋介石“权力增长的过程，实得于权诈的多，得于资望功勋的少”，此为确论。

不可否认，蒋介石是使国共合作分裂、兄弟阋墙的罪魁祸首。蒋介石向来把中共视为心腹大患，欲除之而后快。从 1923 年蒋介石访问苏联，对苏共心怀厌恶之后，他反共、灭共的步伐就从未停止。只是他在羽翼未丰、力量不够强大之时，总是伪装成“左派”人士，以麻痹共产党并换取共产党的帮助，而一旦时机成熟，他就会毫不犹豫地举起屠刀。“中山舰事件”、“清党”行为便是明证！即使在日寇进攻中国、国土沦丧之际，他仍然认为共产党乃是“肘腋之患”，以“攘外必先安内”为由剿杀共产党，致使反击

后记
魂浮孤岛望故乡

蒋介石，一个中国现代史上举足轻重的人物，一个左右中国历史走向的人物。在他的身上，智慧与权谋、勇气与奸诈有机地结合在了一起。长久以来，人们对蒋介石的功过是非的评价呈多样化态势，而此书则以客观、公正的立场对蒋介石的一生进行了描述，从民国"枭雄"的角度对蒋介石的政治生涯进行了总括，让人信服。

毋庸置疑，蒋介石是在民国政坛翻云覆雨的顶级高手。纵观他的政治生涯，从1911年加入革命，籍籍无名时起，仅十多年的时间，他就声名鹊起，成为影响民国人民命运的统帅。其中入主黄埔，篡党夺权，奠都南京，统一全国，在这一系列的重大事件中，他无不费尽心机、耍尽手腕以排斥异己，达到独揽大权的目的。正如李宗仁曾评价说，蒋介石"权力增长的过程，实得于权诈的多，得于资望功勋的少"，此为确论。

不可否认，蒋介石是使国共合作分裂、兄弟阋墙的罪魁祸首。蒋介石向来把中共视为心腹大患，欲除之而后快。从1923年蒋介石访问苏联，对苏共心怀厌恶之后，他反共、灭共的步伐就从未停止。只是他在羽翼未丰、力量不够强大之时，总是伪装成"左派"人士，以麻痹共产党并换取共产党的帮助，而一旦时机成熟，他就会毫不犹豫地举起屠刀。"中山舰事件"、"清党"行为便是明证！即使在日寇进攻中国、国土沦丧之际，他仍然认为共产党乃是"肘腋之患"，以"攘外必先安内"为由剿杀共产党，致使反击日寇的良机白白丧失，使民国大众陷入水深火热之中。这等行径实乃民族的罪人！就是在国共合作、共击日寇之际，蒋介石也从未放弃消灭共产党的念头。可以说，“剿共”是蒋介石终其一生的“事业”，他的手上沾满了无数共产党人的鲜血！

但是，我们也必须承认，蒋介石也是一个爱国者，他曾经是一个爱国的热血青年。“腾腾杀气满全球，力不如人万事休。光我神州完我责，东来志岂在封侯！”激情澎湃的蒋介石投身于民主革命，并非仅出于权谋。随着他的革命领路人陈其美为革命出生入死，参加杭州光复之役，进攻江南制造局，策动肇和舰起义，攻打江阴要塞，以命相搏，这些革命举措也绝非作秀。他进行第二次北伐，剪灭各派旧军阀势力，虽说是出自独裁的野心，但在客观上实现了形式上的“统一”，顺应了民意。建都南京之后，他推行的一系列新经济政策也有利于经济的发展。

说蒋介石爱国，更是因为他对国土统一的维护、对侵略者的反击。蒋介石于 1923 年访问苏联后对苏共的态度急转直下，其中很重要的原因是他看清了苏俄侵略中国外蒙古地区的野心！在日寇侵略中国之际，无论是出于被迫，无论有多少无奈，蒋介石最后还是选择了国共合作之路。况且，国民党军队在抗日战场上奋勇杀敌、血洒疆场，是日后抗战取得胜利的一个重要保障。可以说，蒋介石领导的国民党军人在抗日战场上立下了汗马功勋。出于个人独裁的野心，蒋介石总想把共产党置于死地，但他那是想大权独揽，一旦外敌入侵，蒋介石考虑的首要问题仍是国家的独立与统一。这一点在他建都南京便要废除领事裁判权一事中也可看出。即使在偏安海岛之后，他也拒绝美国“两个中国”的计划，坚决打击“台独”分子。在蒋介石心中，“台湾与大陆本属一体，骨肉相连，休戚与共”。回归大陆，魂归故里，恐怕是蒋介石晚年最强烈的愿望了。

半个多世纪已经过去了，在纪念辛亥革命发生一百年之际，回首民国那段历史让人感慨万千。尽管蒋介石在他的一生中惯耍手腕，颇用心机；尽管他多次向同胞举起屠刀，但他终归也曾是